「現場のプロ」×「DXリーダー」を育てる

決定版

学び直しの
カイゼン全書

中崎 勝
著

日刊工業新聞社

は じ め に

　今、日本の製造業にとって最も大きな課題は賃金アップです。直接的な狙いは、物価高対応と人材の獲得ですが、その背景には日本人の給料が30年以上上がっていないという事実があります。そして、その理由は日本の生産性が低いことにあります。

　つまり、企業側から見ると、給料を上げられないことには理由があるわけです。給料をもらう個人にしてもその事情がわかっており、日本全体のデフレによりあまりその辛さを感じず、縮小均衡状態が続いてきた30年でした。したがって、賃金アップには生産性の向上という条件がつきます。

　要するに、「生産性向上→賃金アップ」というストーリーが成り立つとき、賃金アップは一過性のものではなくなります。

　そこで、登場するのが**リスキリング（学び直し）**です。

　生産性を向上させるスキルを学び（直し）、個人と企業の生産性を向上し、賃金を上げるための方法です。しかし、ものづくり現場におけるこのリスキリングには、3つの勘違いがあるようです。

　1つ目の勘違いは、**リスキリング＝デジタル人材の育成**という考え方です。この考え方は、業務など情報を扱う分野では間違えてはいません。しかし、材料やモノ、作業、設備を抱えるものづくり現場（工場）においては、デジタル化だけでは足りません。

　アナログ改善も必要なのです。つまり、**ものづくり現場におけるリスキリング＝アナログ改善×デジタル改善**となります。

　2つ目の勘違いは、アナログ改善に関してです。リスキリングという言葉を和訳した「学び直し」という言葉のせいか、「従来の手法を学び直す」という勘違いをしている方々がいるようです。しかし、従来の手法は経年劣化し、スピーディーに生産性を上げることができません。

　つまり、**リスキリングで求められるアナログ改善は、スピーディーかつ確実に生産性を上げる手法**であるべきです。

1

3つ目の勘違いは、リスキリングの対象となる人たちのモラル（やる気）の問題です。2022年に米・ギャラップ社が調査した「グローバル職場状況レポート」によると、日本企業の従業員のエンゲージメント（やる気）は世界129カ国中128位、ほぼ最下位という結果でした。

　実際、いざ「リスキリングをやろう！」と現場に言っても、現場は作業が忙しく、「そんなことやっている暇はない」という反応が返ってきます。したがって、そういう前提でリスキリングを進めなくてはなりません。つまり、実際にリスキリングを進めるには、対象となる人たちのモラルを上げる手法が必要です。

　以上3つの勘違いを課題としたのが、本書で紹介する「リスキリング手法」です。

　特徴は3つあります。

1. スピーディーかつ確実に効果を上げるアナログ改善

　アナログ改善は、32年のコンサルティングの経験則から導きました。実際に現場で生産性を上げ、品質を向上し、コストを下げた事例からそれぞれの課題、要因、対策を導き出し、それを体系化しました。

　その際に必要となった考え方が、論理的思考と現場・現物でした。その結果、従来の手法では解決できなかった課題（問題）を解決でき、新たなコンセプトとツールをつくることができました。

2. ものづくり現場に必要なデジタル改善

　デジタル改善は、ものづくり現場42年の経験と36年のITコンサルティングの経験の融合により生まれました。したがって、現場のニーズにピタっと合うデジタル改善が進められます。もちろん、現場以外の管理・監督者、品証、生産管理、技術、設計の業務を改善し、デジタル化するコンセプトとツールも紹介します。

3. やる気を醸成し、自律性のある人材を育てるモラルアップ

　モラルアップの手法は、コンサルティングの中で生まれてきました。それに理論づけし、実践により正式なツールとして完成しました。

はじめに

本書では、狙い別に7つの章に分けて合計21のツールを紹介します。

章	狙い	ツール（アプローチ）
1	職場のあるべき姿を実現する	1. 災害ゼロへのアプローチ
		2. 実践2Sへのアプローチ
2	止まらない設備をつくる	3. 原則整備へのアプローチ
		4. 故障ゼロへのアプローチ
		5. 段取り改善へのアプローチ
3	手作業の基盤づくり	6. 標準整備へのアプローチ
		7. ビデオ標準作成へのアプローチ
4	不良をゼロにする	8. 不良ゼロの5原則
		9. 異物ゼロへのアプローチ
		10. ポカミスゼロへのアプローチ
		11. キズゼロへのアプローチ
5	クレームをゼロにする	12. クレームゼロへのアプローチ
		13. 検査作業改善へのアプローチ
		14. 設計ミスゼロへのアプローチ
		15. 部材の品質マネジメント
		16. 海外工場の品質マネジメント
6	デジタル改善	17. 業務改善へのアプローチ
		18. ものづくりSCM
		19. ものづくりDX
7	やる気を引き出す	20. ロスの見方と考え方
		21. モラルアップへのアプローチ

そして、第8章ではツールの適用法を解説します。

最後に、まとめとして、21のツールのポイント（要点）を載せました。

　読み方に関してですが、本書は左側に文章、右側に図という構成にしています。右側の図の役割は、左側の文章の内容を鳥瞰してもらい、現象や要因、対策の関係を把握し、図や写真でイメージを持ってもらうことです。したがって、本書を1回目に読むときには左の解説を読みながら、右側を見ていただくと理解しやすくなります。

　2回目に読むときには必要なページの右側を見ていただき、覚えていないところを左側の解説で思い出して読み進めると、さらに理解が深まります。そして、いよいよ活動を始めるときには、右側の図を見ながら運用イメージを頭に描きつつお進めください。

　この30年、日本の製造業はグローバル競争においてその地位を下げ続けています。これは、日本の競争力が下がったのではなく、海外の競合の競争力が上がり、相対的に下がったと言えます。

　リスキリングは、その現状から脱する手法です。日本の改善（KAIZEN）は、日本の製造業のみが保有する国際競争力です。「アナログ改善×デジタル改善」で、ものづくりのしくみを再構築し、再び世界一に返り咲くのを読者のみなさんと目指したいと思います。

2024年12月

著　者

「現場のプロ」×「DXリーダー」を育てる

決定版 学び直しのカイゼン全書

目　次

はじめに　・1

第〈1〉章　職場のあるべき姿を実現する

Tool 1 ▶ 災害ゼロへのアプローチ

1. 災害の要因と対策 ……………………………………… 14
2. ビデオによる災害学習 ………………………………… 16
3. 危険を察知する注意力マネジメント ………………… 18
4. 立ち下げ・立ち上げ手順書の作成 …………………… 20
5. 安全装置の位置・動作確認 …………………………… 22
6. 危険な状態の改善 ……………………………………… 24
7. 危険な作業の改善 ……………………………………… 26
8. 始業点検・事前確認で回避 …………………………… 28
9. 3つの課題を解決する実践型KYT（危険予知訓練）……… 30
10. 災害をゼロにする3つの考え方 ……………………… 32

Tool 2 ▶ 実践2Sへのアプローチ

1. 「実践的2S」に取り組む意義 ………………………… 34
2. 第1ステップ〜現状分析 ……………………………… 36
3. 第2ステップ〜整理（1S）…………………………… 38
4. 第3ステップ〜整頓（2S）…………………………… 40
5. 第4ステップ〜維持・管理 …………………………… 42

Column 「更地化」は失敗経験から生まれた　・44

第2章 止まらない設備をつくる

Tool 3 原則整備へのアプローチ

1. 設備の不具合現象をとらえる ………………………………… 46
2. 不具合現象の対策 …………………………………………… 48
3. 第1ステップ〜データ分析 ………………………………… 50
4. 第2ステップ〜全体清掃 …………………………………… 52
5. 第3ステップ〜分解清掃 …………………………………… 54
6. 第4ステップ〜メカニズムの解明 ………………………… 56
7. 第5ステップ〜基準書の作成 ……………………………… 58
8. 結果としてカーボンニュートラルを実現 ………………… 60

Tool 4 故障ゼロへのアプローチ

1. 故障とは ……………………………………………………… 62
2. 2つの劣化 …………………………………………………… 64
3. 保全作業の課題と施策 ……………………………………… 66
4. 5つのステップで予防保全 ………………………………… 68
5. 改善要求を反映する改良保全 ……………………………… 70
6. 事後保全と予防保全、どちらがお得? …………………… 72

Tool 5 段取り改善へのアプローチ

1. 段取り改善とは ……………………………………………… 74
2. 第1ステップ〜作業の統一 ………………………………… 76
3. 第2ステップ〜準備作業改善 ……………………………… 78
4. 第3ステップ〜作業改善 …………………………………… 80
5. 第4ステップ〜設備改善 …………………………………… 82
6. 第5ステップ〜動作改善 …………………………………… 84

Column 調整作業のやり直しは原則整備によりなくせる ・86

目　次

第 3 章　手作業の基盤づくりで人材を活性化

Tool 6　標準整備へのアプローチ

1. 標準とは……………………………………………………88
2. 現場に標準はあるのか、ないのか?………………………90
3. ない標準はつくる…………………………………………92
4. 標準を整備する……………………………………………94
5. 人の作業に限界を感じたらEA化を図る…………………96

Tool 7　ビデオ標準作成へのアプローチ

1. ビデオ標準とは……………………………………………98
2. 作成時のポイント…………………………………………100
3. 第1ステップ〜絵コンテの作成…………………………102
4. 第2ステップ〜ビデオの撮影……………………………104
5. 第3ステップ〜編集………………………………………106
6. ビデオ標準を活用した教育・訓練………………………108
7. 多能工化への適用…………………………………………110

Column 計画的人材育成で職場を活性化しよう　・112

第 4 章　不良をゼロにする

Tool 8　不良ゼロの5原則

1. 原則1:不良は結果………………………………………114
2. 原則2:不良の要因………………………………………116
3. 原則3:対策は52…………………………………………118
4. 原則4:10のツール………………………………………120
5. 原則5:要素別改善につなげる…………………………122

7

6. 実際の活動への適用 ……………………………………………… 124

7. 不良ゼロは最強の改善 ………………………………………… 126

Tool 9 **異物ゼロへのアプローチ**

1. 不良に直結する異物 …………………………………………… 128

2. 異物不良の発生メカニズム …………………………………… 130

3. 異物のポテンシャル …………………………………………… 132

4. 第1,2ステップ〜異物分析→発生工程の推定 ……………… 134

5. 第3ステップ〜徹底清掃 ……………………………………… 136

6. 第4ステップ〜メカニズムの解明 ………………………… 138

7. 第5ステップ〜異物対策 ……………………………………… 140

8. 第6ステップ〜清掃基準書の作成 ………………………… 142

9. 第7ステップ〜異物管理 ……………………………………… 144

10. 異物は感性 ……………………………………………………… 146

Tool 10 **ポカミスゼロへのアプローチ**

1. ポカミスとは …………………………………………………… 148

2. 集中力マネジメントによる対処 …………………………… 150

3. ポカミスの要因 ………………………………………………… 152

4. ポカミス対策の要点 …………………………………………… 154

5. ポカミス教育の展開 …………………………………………… 156

6. ポカミスが発生したら ………………………………………… 158

7. うっかり対策1：脳のメカニズムを応用 ………………… 160

8. うっかり対策2：IE＋2Sで …………………………………… 162

9. 作業者と一緒にポカミスをゼロにする …………………… 164

Tool 11 **キズゼロへのアプローチ**

1. キズは結果 ……………………………………………………… 166

2. 当たり源への対策 ……………………………………………… 168

3. 歯止めをかける4つの施策 ………………………………… 170

Column キズは要素別改善でなくす ・172

8

目　次

第 5 章 クレームゼロは ものづくり企業の使命

Tool 12 クレームゼロ（品質保証体制整備）へのアプローチ

1. 実現に向けた２つの考え方 ･･････････････････････････････ 174
2. 顧客条件による全数検査 ･･････････････････････････････ 176
3. 課題の解決 ･･･ 178
4. 品質保証体制刷新のポイント ･････････････････････････ 180
5. 品質保証部門の活動１：対応を速く ･･･････････････････ 182
6. 品質保証部門の活動２：再発を防ぐ ･･･････････････････ 184
7. 真の顧客第一主義に回帰 ･････････････････････････････ 186

Tool 13 検査作業改善へのアプローチ

1. 従来の検査の課題と解決 ･････････････････････････････ 188
2. 人の特性を活かしたST検査 ･･････････････････････････ 190
3. 検査者思いの改善 ･･･････････････････････････････････ 192
4. AIの音声入力による検査データ収集 ･･････････････････ 194
5. AIの画像認識による外観検査 ････････････････････････ 196
6. 完全版 検査作業の改善ツール ････････････････････････ 198

Tool 14 設計ミスゼロへのアプローチ

1. 設計業務の実態 ･････････････････････････････････････ 200
2. 設計ミスの要因 ･････････････････････････････････････ 202
3. 設計ミスをなくす７つの施策 ･････････････････････････ 204
4. 業務の標準化とデジタル化 ･･･････････････････････････ 206
5. 設計ミス対策は絶大な効果をもたらす ･････････････････ 208

Tool 15 部材の品質マネジメント（購買へのアプローチ）

1. 購入品の品質マネジメント ･･･････････････････････････ 210
2. 部材不良の流入がなくならない理由 ･･･････････････････ 212
3. 協力工場の部材の品質を上げるには ･･･････････････････ 214

9

4. 協力工場の品質を上げたいなら一緒に苦労する・・・・・・・・・・・・216

Tool 16 海外工場の品質マネジメント

1. 海外工場の特徴 ・・218

2. 品質を維持できる現地人材の養成 ・・・・・・・・・・・・・・・・・・・・・・・220

3. 生産委託工場の品質マネジメント・・・・・・・・・・・・・・・・・・・・・・・・222

Column 日本と海外の差はスキルと感性　・224

第〈**6**〉章　成功するデジタル改善の秘訣

Tool 17 業務改善へのアプローチ

1. 8つの業務ロスをあぶり出す・・・・・・・・・・・・・・・・・・・・・・・・・・・・・・226

2. 業務改善に向けた7つのステップ・・・・・・・・・・・・・・・・・・・・・・・・228

3. 第1ステップ〜実態把握・・・・・・・・・・・・・・・・・・・・・・・・・・・・・・・・230

4. 第2ステップ〜メールロスの排除 ・・・・・・・・・・・・・・・・・・・・・・・232

5. 第3ステップ〜会議ロスの排除 ・・・・・・・・・・・・・・・・・・・・・・・・・234

6. 第4ステップ〜不要な業務の排除 ・・・・・・・・・・・・・・・・・・・・・・236

7. 第5ステップ〜情報（ファイル）の2S・・・・・・・・・・・・・・・・・・238

8. 第6ステップ〜業務ミス対策＋トラブル対応・・・・・・・・・・・・240

9. 第7ステップ〜標準化 ・・・・・・・・・・・・・・・・・・・・・・・・・・・・・・・・・242

10. スタッフ部門のロス排除に大きな効果・・・・・・・・・・・・・・・・・・244

Tool 18 生産最適化のためのものづくりSCM

1. SCMとは・・・246

2. 具体的な進め方の要点・・・・・・・・・・・・・・・・・・・・・・・・・・・・・・・・・248

3. データ分析から課題を明確にする ・・・・・・・・・・・・・・・・・・・・・・250

4. 自社に合うSCM構築・・・・・・・・・・・・・・・・・・・・・・・・・・・・・・・・・252

5. SCMを始める前に・・・・・・・・・・・・・・・・・・・・・・・・・・・・・・・・・・・254

6. 需要予測／顧客と同期するしくみづくり・・・・・・・・・・・・・・・・・256

目　次

7. VMI/TOCによる工程計画 ················ 258

8. 現場の実態を把握する工程管理システム ·········· 260

9. SCMに求められるワンフロア管理／倉庫スルー ······· 262

10. SCM誕生と新しいものづくりモデル創出 ·········· 264

Tool 19 **工場にものづくりDXを正しく実装する**

1. DXの真意 ···································· 266

2. ものづくりDXの正しい像 ·················· 268

3. ものづくりDXで得られる効果 ·············· 270

4. DX着手前に知っておきたいテクノロジー ······· 272

5. プログラミング言語を学ぶ ················· 274

6. 効率的な導入の手順 ······················ 276

Column　自社の戦略的DXについて考える　・278

第⟨7⟩章　活動指標とやる気のマネジメント

Tool 20 **ロスの見方と考え方**

1. 製造原価と改善活動 ······················ 280

2. ムダとロスの関係 ························· 282

3. ものづくり現場に潜む17のロス ············· 284

4. 業務にもロスがある ······················ 286

5. ロスの連鎖 ······························· 288

6. ロスをコストに換算する ··················· 290

7. ロスはツールで改善する ··················· 292

8. ロスで改善対象を明確にして活動を管理 ········· 294

Tool 21 **モラルアップへのアプローチ**

1. モラルとは ······························· 296

2. 自己実現のためのモラルマネジメント ·········· 298

11

3. まず自分がやる、そしてやる意味を教える ……………………… 300
4. 目標を与え、アドバイスし、成功させる ………………………… 302
5. 「ほめる」はモラルを上げる最高のマネジメント ……………… 304
6. 活動がうまく行かないときの打ち手 …………………………… 306
7. 尊敬される上司になる …………………………………………… 308

Ⓒolumn 「やる気」を出せば何かが変わる！　・310

第⟨8⟩章　改善ツールの適用法
〜全部門展開へ

1. 工場キックオフを軌道に乗せる方法 …………………………… 312
2. 全社展開に向けた部門別活動 …………………………………… 314
3. 改善の効果と成果を明示する …………………………………… 316
4. 7つの活動支援ツールを駆使 …………………………………… 318
5. リスキリングがもたらすもの …………………………………… 320
6. 21ツールの要諦〜一言で言うとこういうこと ……………… 322

Ⓒolumn 「アナログ改善×デジタル改善」は日本のものづくり戦略　・326

参考文献　・327

索引　・328

そのまま使えるカイゼン「お役立ち」シート　・331
　　　危険度チェックリスト / 2S診断シート / 3現シート / 2原シート /
　　　設備点検基準書 / 故障レポート / 徹底清掃準備リスト / 清掃基準書 /
　　　セミナー事前アンケート / ポカミス分析シート / 品質チェックシート /
　　　SCM 4つの分析 / SCMのコンセプト / 要件定義書：定義すべき項目 /
　　　ワンペーパー要件定義書 / ロスコスト計算式 / 活動コンセプト

第1章

職場のあるべき姿を実現する

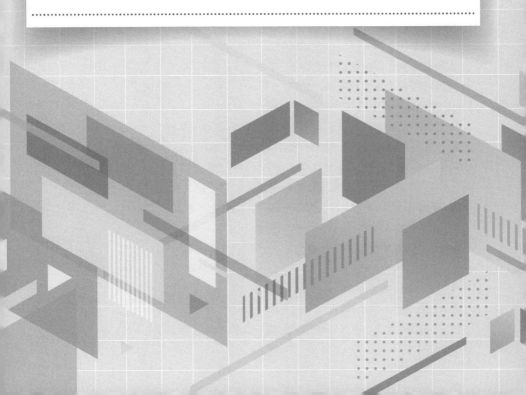

Tool 1 ▶ 災害ゼロへのアプローチ

 災害の要因と対策

　災害とは、人の行動やモノの状態、その変化により人の体に被害を及ぼす事態を言います。具体的には打撲や切創、感電、やけど、中毒、呼吸困難（酸素欠乏）などの気道障害という6つがあります。

▶ 災害の要因

災害の要因は9つです。
①災害を恐ろしいと思っていない
②ルールを守らない
③不注意
④設備を停止せずに作業をする
⑤安全装置の不備
⑥危険な状態の放置
⑦危険な作業
⑧始業点検・事前確認しない
⑨現場作業からかけ離れたKYT

▶ 災害ゼロへのアプローチ

　災害をゼロにするには、災害を起こさないという気持ち（マインド）を持ち、危険な状態をなくし、危険な行動を取らないことが必要です。各要因に対し、8つの施策を打つのが「災害ゼロへのアプローチ」です。

1. 災害学習：災害の恐ろしさを頭の中にダイレクトにインプットする
2. 注意力マネジメント：災害を避ける注意力を身につける
3. 立ち下げ・立ち上げ手順書の作成
4. 安全装置の位置・動作確認
5. 危険な状態の改善 　｝災害のポテンシャルを下げる
6. 危険な作業の改善
7. 始業点検・事前確認
8. 実践型KYT：実際の現場で危険な状態と作業を認識しKYTを実施

災害は 8 つの施策でゼロにする

災害は 6 つ

| 打撲 | 切創 | 感電 | やけど | 中毒 | 呼吸困難（酸素欠乏）気道障害 |

設備、モノ　　　　　電気　　熱（湯）、薬液、ガス

軽度 ──────────────────→ 重度

要因は 9 つ

① 災害を恐ろしいと思っていない　　⑥ 危険な状態の放置
② ルールを守らない　　　　　　　　⑦ 危険な作業
③ 不注意　　　　　　　　　　　　　⑧ 始業点検・事前確認しない
④ 設備を停止せずに作業をする　　　⑨ 現場作業からかけ離れた KYT
⑤ 安全装置の不備

災害ゼロにするには

災害を起こさないという気持ち（マインド）を持つ

　　危険な**状態**をなくす　　　危険な**行動**を取らない

8 つの施策

マインド	1. 災害学習 → 災害を恐れる	**重要！**
	2. 注意力マネジメント → 災害を避ける	
危険な状態を改善	3. 立ち下げ・立ち上げ手順書の作成	⎫
	4. 安全装置の位置・動作確認	⎬ 災害の
	5. 危険な状態の改善	⎬ ポテンシャル
危険な行動を改める	6. 危険な作業の改善	⎬ を下げる
	7. 始業点検・事前確認	⎭
	8. 実践型 KYT → 災害を避ける	

Tool 1 ▶ 災害ゼロへのアプローチ

ビデオによる災害学習

　従来の災害学習は、「災害ゼロへのアプローチ」を学び、過去の災害報告書を説明してディスカッション〜発表会と進めていました。しかし、あるとき休業災害を起こした作業者が、その数カ月後さらに重度の休業災害を起こしたのです。そこで、「災害は怖くないの？」と聞くと、「全然怖くありません」と返ってきました。そのとき、**人は、災害の怖さや痛さ、悲惨さを脳にしっかり記憶させないと災害を起こすことを知りました**。

▶ **災害学習を改訂する**

　災害の恐ろしさを十分に伝えていないのは、従来の災害報告書が原因でした。従来の報告書は文章と写真だけであり、生々しさが伝わらない、災害過程がわからない、被災者の痛さが伝わらない、結局、文章を読んでも写真を見ても災害の怖さが記憶にも残らない、ということがわかりました。

　そこで、人の特性である**ネガティビティバイアス（同情回路）**を使い、災害の生々しさを脳に伝え、災害を出したくないという気持ちを植えつける方法を考え出しました。それが、**ビデオによる災害学習**です。準備としては、「過去起きた災害のビデオ」と「その災害を避ける回避行動のビデオ」を作成します。

▶ **自然に回避行動を取れる**

　災害学習では、そのビデオを見せ、災害に至る過程を理解させ、災害による痛みを生々しく脳に記憶させます。そしてビデオを見ながら「何で災害が起きたか」を考え、9つの要因から災害の原因を選んでもらい、「どうすればなくせるか」を8つの施策から選んでもらいます。

　その後、対策後の回避行動ビデオを見てもらい、「どうすればこの災害を回避できるか」を頭に刻み込んでもらいます。これによりその作業をする際、現場で自然に回避行動を取るようになります。仕上げとして、ディスカッションの内容を発表し、決意表明してもらいます。この学習パターンを過去起きたすべての災害に対して行い、災害の再発を防止します。

第1章 ▶ 職場のあるべき姿を実現する

脳に災害の怖さを記憶させ、回避行動を取らせる

【従来の災害学習】

セミナー → 事例紹介 → ディスカッション → 発表会

ある日　　驚愕の事実
人は災害の怖さを知らないと災害を起こす

文章と写真だけの災害報告書
1．文章：生々しさが伝わらない
2．写真：災害に至った過程がわからない
3．被災者の**痛さ**が伝わらない

}結局、わからない
↓
記憶に残らない

【災害学習を改訂】　　従来の災害報告書 → 災害ビデオ

セミナー　→　過去すべての災害の**災害ビデオ**を見せる　→　**記憶に残る**
　　　　　　　（動画と音）　　ネガティビティバイアス（同情回路）

「災害を起こしたくない」
という気持ちになる

↓

ディスカッション（ビデオを見ながら）

　何で起きたか？（要因を選ぶ）　→　どうすればなくなるか？（施策を選ぶ）

↓

対策後の **回避行動** ビデオ　→　**記憶に残る**

こうすればいいんだ　　自然に回避行動を
　　　　　　　　　　　取るようになる

↓

ディスカッション：どうすれば災害を起こさないか　→　発表会

過去起きたすべての災害に対して行う→ 再発防止

17

Tool 1 災害ゼロへのアプローチ

危険を察知する注意力マネジメント

災害を避ける最も基本的な力が注意力です。

▶注意力とは

注意力とは、視覚や聴覚から入ってくる膨大な情報から、自分に必要な情報を見つけ出す能力です。注意力には**分散注意力**と**集中注意力**の2つがあります。普段働いているのが分散注意力です。視野に入るすべてのモノから情報を得て、必要な情報、視野内での動き、突然の音など変化をとらえると集中注意力に切り替えます。

一方、集中注意力はその変化に反応し、詳細な情報を得ようとします。ただ、集中注意力は膨大なエネルギーを必要とし、脳に大きな負担をかけるため、脳が注意をする必要がないと判断する場合には分散注意力に切り替えます。

このように、現場にいる人たちは常に分散注意力を働かせ、異常状態を見つけ、集中注意力で危険を避けるような行動を取ります。この2つの注意力の働きが災害発生の可能性を事前に発見します。

▶注意力マネジメントの実践

注意力はいつも正常に働いているわけではありません。疲れや体調不良により低下し、眠気により途切れ、声をかけられると中断し、あせると混乱します。災害は、注意力が正常に働いていないときに発生します。いわゆる**不注意**という現象です。

したがって、現場にいるときは、いつでも注意力を働かせていられるようにしなくてはなりません。そのマネジメントを**注意力マネジメント**と呼んでいます。具体的には、休憩、休む、十分な睡眠、作業中の声かけ禁止、ミスや災害が発生してもあわてない、が施策となります。

注意力マネジメントができるようになると、危険な状態であっても、危険な作業をしなくてはならないときでも災害を避けることができるようになります。注意力マネジメントは災害ゼロに必須な能力と言えます。

第 1 章 ▶ 職場のあるべき姿を実現する

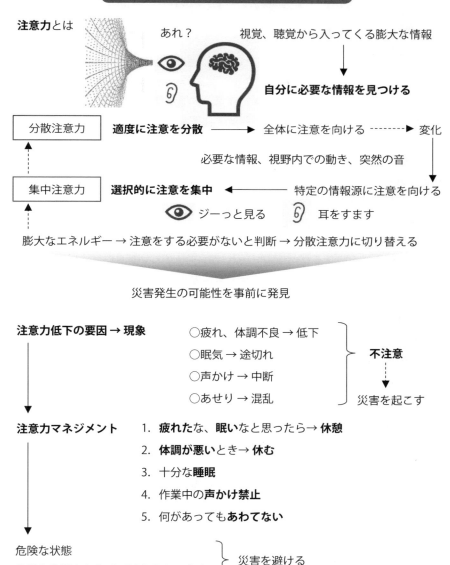

Tool 1 災害ゼロへのアプローチ

 立ち下げ・立ち上げ手順書の作成

　災害は、設備のチョコ停復帰や保全作業、段取り作業時に発生しやすくなります。それは、設備が止まっていない状態で作業をするからです。それを防ぐために、設備をきちんと立ち下げてエネルギーゼロ状態にしなければなりません。このような状態をつくり出すのが「設備の立ち下げ・立ち上げ手順書」です。

▶ **エネルギーゼロ状態とは**

　エネルギーゼロ状態とは、
　○電圧ゼロ（ブレーカーOFF）
　○エアの残圧ゼロ（エアバルブを締めて残圧を抜く）
　○ガスや薬液の残りゼロ（使っていれば残ったガスや薬液を抜く）
のことを指しています。設備は、エネルギーゼロ状態になると予想外の動きをしなくなります。

▶ **立ち下げ・立ち上げ手順書の作成**

　立ち下げ・立ち上げ手順書の作成上のポイントは4つです。

　1. **操作→確認→操作→確認**

　一つの操作をしたら、その操作が設備に作用したかどうかを確認し、〔操作→確認→操作→確認→操作→…〕を繰り返してエネルギーゼロ状態にします。操作しても確認ができない設備の場合には、確認できるように表示装置を取り付けます。

　2. **目で見る管理**

　設備図や設備本体、操作パネルに、誰にでもわかるように操作点や確認点を、操作手順に従い番号で表示します。

　3. **やってみる**

　作成後に作業者・保全員全員で実施し、やり方を覚えます。

　4. **チェックリスト**

　チェックリスト欄を設け、毎回の立ち下げ・立ち上げ時に使用します。

第1章 ▶ 職場のあるべき姿を実現する

> 設備はきちんと立ち下げてから作業をする

災害は、**設備のチョコ停復帰、保全作業、段取り作業時に発生**する

災害を防ぐには、**設備をきちんと立ち下げて**から作業をする

エネルギーゼロ状態

○電圧ゼロ（ブレーカー OFF）
○エアの残圧ゼロ
○ガスや薬液の残りゼロ

設備の立ち下げ・立ち上げ手順書の作成

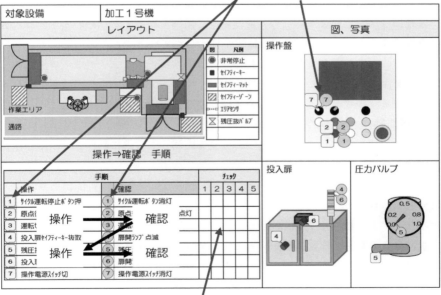

21

Tool 1　災害ゼロへのアプローチ

安全装置の位置・動作確認

　災害を防ぐために、重要かつ基本的なしくみが設備の安全装置です。しかし、実際の現場ではこの安全装置が意外と盲点になっています。

▶安全装置への知識が乏しい現状

　その盲点とは、
○安全装置のついている位置がわからない
○安全装置の動作範囲がわからない
○必要なところに安全装置がついていない
○今まで安全装置（非常停止装置）を使ったことがない

という状態です。そこで、安全装置に関する知識を学び、実際に位置・動作の確認をし、災害を守るための安全装置を設置します。

　設備には、人を保護するための安全装置、設備を保護するための安全装置、製品を保護するための安全装置の3種類が備えられています。その中で、人を保護するための安全装置が重要です。具体的には非常停止スイッチやセーフティキースイッチ、エリアセンサー、セーフティマット、エア・油圧系統の残圧抜きバルブ、溶液系統の残液抜きバルブ、ガス検知器などがあります。

▶実際に動作させることが大事

　これらの機器に対して**一つひとつの位置を確認し**、**実際に動作させ**、**動作範囲を確認**します。実際の作業では、非常停止スイッチを押したことがない作業者がほとんどです。そこには、「押したくない」という気持ちが本質的にあり、その気持ちがいざという時に押すことを一瞬ためらわせます。その気持ちを動作確認することにより払拭します。

　次に、自分たちの作業範囲を回って安全装置の有無を確認し、**ついているべき箇所についてないときはつけます**。仕上げとして、自分たちが安全に作業できるエリアをセーフティゾーンとして設定し、**セーフティマップ**を作成して現場に掲示します。当然、作業はセーフティゾーンで行います。

安全装置、きちんと動作していますか？

災害を防ぐためのしくみ　→　設備の安全装置

現場の実態
- 安全装置のついている位置がわからない
- 安全装置の動作範囲がわからない
- 必要なところに安全装置がついていない
- 今まで安全装置（非常停止装置）を使ったことがない

安全装置の位置・動作確認

一つひとつの位置の確認
↓
実際に動作させる
↓
動作範囲の確認

ポイント

非常停止スイッチを実際に押す
↓
「押したくない」という気持ちを払拭

【実践】自分たちの作業範囲を回り、安全装置の有無を確認
↓
安全装置がついているべき箇所についてない場合　→　つける

セーフティマップ

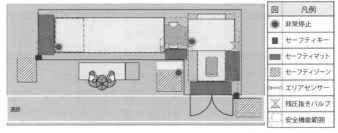

セーフティゾーン

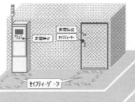

セーフティゾーン、セーフティエリアで作業する

Tool 1　災害ゼロへのアプローチ

危険な状態の改善

　災害が慢性化している職場に行くと、危険な状態を放置し、ハード対策に着手していないことが多いようです。その一方で、KYTなどのソフト対策で切り抜けようとする傾向が見られます。
　これでは、現場の災害ポテンシャルが高い状態で維持され、いつかは災害が発生してしまいます。そこで現場の危険な状態を洗い出し、改善し、現場の**災害ポテンシャル**を下げ、災害が発生する可能性を低くします。

▶危険な状態とは

　ポイントは**28個**あります（107工場の災害報告から抽出）。
【全　体】①雑然としている　②モノが多い　③不要なモノがある
【通　路】④狭い　⑤見通しが悪い　⑥仮置き　⑦段差　⑧凹凸
　　　　　⑨足が滑る部分がある　⑩足をぶつける部分がある
【設　備】⑪回転物・駆動部がむき出し　⑫鋭利なモノがむき出し
　　　　　⑬手がはさまれる部位がある　⑭頭をぶつける部位がある
　　　　　⑮体の一部がはさまれるスペースがある
　　　　　⑯危険なエリアにカバー・囲いがない　⑰ピットが空いている
　　　　　⑱ローラー上の歩行が可能
【作業域】⑲狭い　⑳モノが落ちそう　㉑手を切りそうな部分がある
【台　車】㉒不安定　㉓落下防止柵がない　㉔台車上が雑然としている
【モ　ノ】㉕高く積んである　㉖倒れそう　㉗落下防止柵がない
　　　　　㉘重量物の置き場に囲いがない

▶実施する手順

　現場を回って28の危険な状態を洗い出し、対策計画を立て、すべて改善します。改善後は、その状態を維持するルールを決めて守らせます。
　安全な状態（環境）をつくることで、作業者は安全な職場の状態がわかり、それを普通の状態として認識します。それにより崩れたとき、危険な状態と認識し、復元したり安全な行動を取ったりするようになります。

第 1 章 ▶ 職場のあるべき姿を実現する

災害のポテンシャルを下げる

危険な状態を放置 ◀------ **災害が慢性化**している職場 ◀──┐
（ハード対策しない）　　　　　↓　　　　　　　　　　　　　　│
　　↓　　　　対策：人の行動で避ける（ソフト対策）　　　　　│
　　　　　　　　　　　　　　　↓　　　　　　　　　　　　　　│
災害のポテンシャルが高い ──▶ いつかは災害発生 ──▶ 災害がなくならない

　　　　　　　　　　現場の**危険な状態**を改善
　　　　　　　　　　　　　　⇩　　　　　　　　　　災害発生の
　　　　　　　　現場の災害ポテンシャルを下げる　可能性を低くする

職場全体
①雑然としている　②モノが多い　③不要なモノがある

通路　　④狭い　⑤見通しが悪い　⑥仮置き　⑦段差　⑧凹凸
　　　　⑨足が滑る部分がある　⑩足をぶつける部分がある

　　　　　　　　⑪回転物・駆動部がむき出し　⑫鋭利なモノがむき出し
設備　⑬手がはさまれる部位がある　⑭頭をぶつける部位がある
　　　　　　　　⑮体の一部がはさまれるスペースがある
　　　　　　　　⑯危険なエリアにカバー・囲いがない　⑰ピットが空いている
　　　　　　　　⑱ローラー上の歩行が可能

作業域　⑲狭い　⑳モノが落ちそう　㉑手を切りそうな部分がある

台車　㉒不安定　㉓落下防止柵がない　㉔台車上が雑然としている

モノ（置き場）㉕高く積んである　㉖倒れそう　㉗落下防止柵がない
　　　　　　　　㉘重量物の置き場に囲いがない

安全な職場 ─▶ **安全な状態を認識** ─▶ **崩れる** ─▶ **危険な状態と認識**
　　　　　　　　　　　　　　　　　　　　　　　　　　　　　　↓
　　　　　　　　　　　　　　　　　　　　　　　　　　　　　復元

Tool 1 ▶ 災害ゼロへのアプローチ

 危険な作業の改善

　災害は人の行動により発生します。したがって、災害を防ぐには、**災害を起こす可能性のある危険な作業（行動）を改善する**ことが必要です。

▶ **危険な作業とは**

4つに分類でき、**20個挙げ**られます。

【危険な道具を使っている作業】
　①カッター　②ハンマー　③バネ　④タガネ　⑤ハンドグラインダー
　⑥電動カッター　⑦先端が鋭利なモノ
　改善：1. 使わない　2. 安全な道具に代える　3. 手扱い基準の作成

【危険な用具を使っている作業】
　①台車　②クレーン　③ホイスト　④リーチ
　改善：1. 転倒防止／落下防止　2. 法的安全ルールの厳守

【危険なモノを扱っている作業】
①重量物　②破片　③コイル　④金型　⑤薬液・ガス
　改善：1. 補助装置の活用　2. 保護具の着用
　　　　3. 手扱い基準の作成　4. 法的安全ルールの厳守

【危険な作業をしている】
　①二人作業　②仮止め　③両手ふさがり　④階段を下りる
　改善：1. 手順の作成　2. 方法改善　3. 台車／エレベーターの使用

▶ **実施する手順**

作業標準書から危険作業を洗い出し、ビデオに撮ります。
①みんなで見て20の危険作業から危険作業を挙げ、改善案を出し、改善します
②改善された作業は**要注意作業**と記して作業標準書に盛り込み、全員に教育し、守ってもらいます

　危険な作業に対して対策ができなくても、作業者は危険な作業と認識することで集中注意力を働かせ、災害を避けることが可能になります。

第1章 ▶ 職場のあるべき姿を実現する

危険な作業を認識し、行動を変える

災害は人の行動により発生 ↑　災害を防ぐ ↑

4つの分類
20の危険作業

災害を起こす可能性のある**危険な作業（行動）**を改善

危険な道具
①カッター　②ハンマー　③バネ　④タガネ　⑤ハンドグラインダー
⑥電動カッター　⑦先端が鋭利なモノ
1. 使わない　2. 安全な道具に代える　3. 手扱い基準の作成

危険な用具
①台車：転倒／落下　→　転倒防止／落下防止
②クレーン　③ホイスト　④リーチ　→　法的安全ルールの厳守

危険なモノ
①重量物　→　補助装置の活用
②破片　③コイル　④金型　→　保護具の着用 ｝手扱い基準の作成
⑤薬液・ガス　→　法的安全ルールの厳守

危険な作業
①二人作業　→　ルールを決め、声をかけ、作業
②仮止め→方法改善：やらない／安全な方法
③両手ふさがり／足元が見えない運搬　｝台車／エレベーター
④階段を下りる：両手ふさがり／重量物

作業標準書から危険作業を洗い出す ――→ ビデオに撮る

危険作業を挙げる ――→ 改善 ――→ 作業標準書に盛り込む ――→ 教育
　　　　　　　　　　　　↓　　　　（要注意作業と明示）　　　　↓
　　　　　　　　　　　できない　　　　　　　　　　　　　　　守る
　　　　　　　　　　　　↓　　　　　　　　　　　　　　　　　↓
　　　　　　　　　　危険な作業を認識 ――→ **集中注意力** ――→ 災害防止

| Tool 1 | 災害ゼロへのアプローチ

 始業点検・事前確認で回避

災害は、**作業開始直後に発生する可能性が高く**なります。これに対し、始業点検や事前確認を徹底することで対応します。

▶ **始業点検・事前確認が必要な箇所／作業**

7つあります。これらは危険な状態への対応、危険な作業への注意喚起が始業点検、事前確認の項目となります。

【設備の操作】手／指の位置、スイッチ／ボタン／レバー／ペダルの**位置**
　　　　　　　開閉センサーの位置、洗浄槽の液量
【モノを吊り上げるケーブル】ねじれ、ひっかかり、位置ズレ
　　　　　　　　　　　　　　当たるところがないか、接続部の強度
【モノをつかむチャック】保持力／固定力
【フタ】ロック
【座席】モノ／危険物がないか
【台車】車輪／倒れ止め
【消火器】位置、手を伸ばす範囲、取りに行くパスライン

▶ **実施する手順**

3つの手順で進めます。

1. 7つの箇所および作業の始業点検手順書と事前確認リストを作成します。
2. 現場のすべての作業者に、始業点検および事前確認の不足のために発生した災害のビデオを見せ、必要性を認識してもらいます。
3. チェックリストにより、始業点検と事前確認の実施を徹底します。

始業点検および事前確認は、
○危険な状態に対して安全機構の劣化確認
○作業終了時の片づけ不足への対応
○危険な作業に対してのうっかり防止（注意喚起）

になります。特に注意しなくてはならないのが**片づけの徹底**です。災害防止には、やりっぱなし厳禁や片づけの徹底が必須です。

第 1 章 ▶ 職場のあるべき姿を実現する

作業開始直後の災害を防止する

災害は**作業開始直後に発生** ⇨ **始業点検、事前確認の徹底**

必要な箇所／作業は 7 つ ⇦ 危険な状態（の変化）への対応
危険な作業への注意喚起

設備
○手／指の**位置**
○スイッチ／ボタン／レバー／ペダルの**位置**
○開閉センサーの**位置**
○洗浄槽の液量

位置が多い！

確認しないで
手を伸ばす

ケーブル：モノを吊り上げる
○ねじれ
○ひっかかり
○位置ズレ
○当たるところがないか
○接続部の強度

チャック ○保持力／固定力

フタ ○ロックがかかっていない

座席 ○モノ／危険物がないか

台車 ○車輪／倒れ止め

消火器
○位置
○手を延ばす範囲
○取りに行くパスライン

あわてる

【手順】

1. 7 つの箇所／作業 → 点検手順書と事前確認リストを作成

2. すべての作業者 → 点検・確認不足で発生した災害のビデオ

→ 必要性を認識

3. 始業点検および事前確認の実施（チェックリスト）

【始業点検・事前確認の内容】

○危険な状態：安全機構の劣化確認

作業終了時の**片づけ不足への対応**

○危険な作業：うっかり防止（注意喚起）

片づけの徹底
が重要！

やりっぱなし厳禁!!

29

| Tool 1 | 災害ゼロへのアプローチ |

3つの課題を解決する実践型KYT（危険予知訓練）

KYTの4ラウンド法は最もポピュラーな災害予防策です。しかし、従来の進め方には3つの課題があり、それらを解決しないと災害の防止にはなりません。

▶課題1：KYT対象の選択

KYTの対象を、紙に書いた自分たちの現場や災害とまったく関係ない場面を対象にして、進めているところがあります。KYTを災害防止に役立てるには、実際に自分の働く現場を対象にしなくてはなりません。

そこで、KYTの対象は自分たちの働く現場の危険、災害をなくしたい場所とし、実際に現場を見に行き、作業をビデオ撮影します。

▶課題2：危険作業の洗い出し

1ラウンドでは危険作業を洗い出しますが、危険な作業がなかなか浮かばないのが実態です。

そこで、本ツールで紹介した28の危険な状態と20の危険な作業をチェックリスト化し、ビデオをコマ送りしながら実作業をチェックリストと照合します。それにより、実作業に潜んでいる危険な作業や行動が漏れなく、想像ではなく現実的な作業および行動として洗い出せます。

▶課題3：タッチ＆コールの仕方

4ラウンドでは、最も危険な要因に対し、災害を避ける行動目標を決めタッチ＆コールします。タッチ＆コールは、視覚・聴覚・運動感覚のマルチチャネルで危険要因を確認することにより、脳が危険要因を認識し、注意力が増して役に立ちます。しかし、合言葉が「安全ヨシ！」などと、具体的な行動に伴っていないとただの形式行動になり、指差箇所が実際に災害の発生する可能性がある場所を指していないと効果が出なくなります。

タッチ＆コールの指す場所は、実際に災害が発生する可能性のある場所とし、合言葉は実際に災害を避ける具体的な行動とします。3つの課題を解決することにより、KYTは災害防止のツールとなります。

第 1 章 ▶ 職場のあるべき姿を実現する

従来のKYT・3つの課題を解決する

3つの課題を解決
KYTは災害防止に有効なツール

Tool 1　災害ゼロへのアプローチ

災害をゼロにする3つの考え方

　173の工場で災害教育を行い、32,039件の災害分析をしたところ、わかったこと（なぜ災害が発生するのか）が5つありました。
　○災害の恐ろしさを心の底からわかっていない
　○災害に関する具体的な知識が不足している
　○再発が多い（同じ災害を違う人が起こしている）
　○不注意で多くの災害が発生している
　○ハード対策せず、人に頼った対策が中心になっている
　それに対し、3つの考え方で災害をゼロにしていきます。

1.「災害を出したくない」という気持ち
　一番大切なのが、「自分は災害を出したくない」という気持ちです。これは、「ビデオによる災害学習」で持ってもらいます。この気持ちが、災害をゼロにするための必要条件となります。

2. 知識を習得し、実践する
　災害を出したくないという気持ちを持っても、危険な状態や危険な作業がわからなくては災害を避けることができません。そこで、災害分析から得られた28の危険な状態と20の危険な行動を学び、危険な状態を安全な状態にして安全な行動をルール化し、これを守ります。
　しかし、日々生産をしていると、いつしか安全な状態は元の危険な状態に戻り、守っていたルールも守らなくなってきます。そこで安全な状態を維持するために、危険な状態になっていたら復元し、ルールを守らない人がいたらその場で注意し、ルールを守らせます。
　これが、災害をゼロにするための十分条件となります。

3. 注意力マネジメント
　最後に残されるのが不注意による災害です。これに対しては、分散注意力と集中注意力で災害を事前に回避します。
　以上の考え方と施策により、災害ゼロが達成、維持できるようになります。

災害をゼロにする必要条件と十分条件

災害教育（173工場）＋ 災害分析（32,039件）

【わかったこと】
- 災害の恐ろしさがわかっていない
- 災害に関する知識が不足している
- 再発が大部分
- 不注意による発生が多い
- 人に頼った対策（ハード対策不足）

なぜ災害が発生するのか

【災害をゼロにするには】

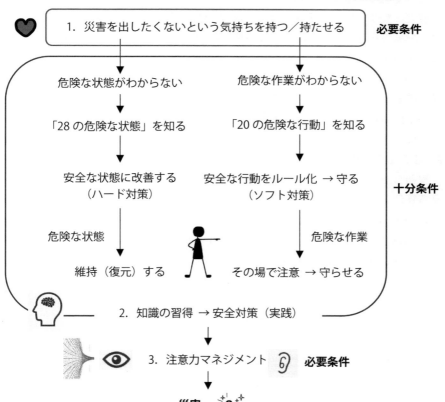

| Tool 2 | 実践 2S へのアプローチ |

「実践的2S」に取り組む意義

　みなさんの職場ではこんな問題はありませんか。何がどこにあるかわからない、モノを探すのに時間がかかる、歩行距離が長い、欠品が発生する、モノがあふれている、モノの流れがわからない、現場が狭い…。このような問題は、「職場のあるべき姿」ができていないと発生します。

▶ 2Sで職場のあるべき姿を実現

　整理・整頓（2S）は職場のあるべき姿を実現し、このような問題を解決します。職場のあるべき姿とは見た目が整然としており、安全で働きやすくて、管理しやすい職場です。

　2Sの対象は、床や設備、作業台、棚、治具、部品、台車、在庫（部材、仕掛品、製品）と職場にあるすべてのモノになります。整理（1S）では、職場の不要品を排除し、必要品の置き場所を決定します。それにより職場に十分なスペースが確保され、理想レイアウトを実現することができるようになります。

▶ 目で見る管理が基本

　整頓（2S）では、必要品の置き方を決定して**取り出しやすさを追求し**、**目で見る管理**を実施します。その効果は、以下の8つがあります。

1. 危険な状態の改善 → 災害防止
2. 歩くロス、探すロスの削減 → 生産性の向上
3. 段取り台車の作製 → 段取り時間の短縮
4. 標準整備のための環境づくり → 作業時間の短縮、ポカミス防止
5. 整理時のエリア清掃 → 異物不良の削減
6. モノの流れがわかる → SCMの基盤 → 在庫の削減
7. 購入品の整理・整頓 → 購入ロスの削減
8. 整理・整頓状態の維持、片づけの徹底 → ルールを守るヒトづくり

　整理・整頓は他の活動の基礎となり、大きな効果を生みます。活動は4つのステップで進めます。

第 1 章 ▶ 職場のあるべき姿を実現する

職場のあるべき姿を実現する

こんな問題がありませんか？

| 何がどこにあるかわからない | 歩行距離が長い | モノがあふれている |

| モノを探すのに時間がかかる | 欠品が発生する |

狭い

モノの流れがわからない

整理・整頓（2S） ⇐ 職場のあるべき姿ができていない

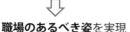

職場のあるべき姿を実現　☆整然　☆安全　☆働きやすい　☆管理しやすい

【対象】

 作業台 棚 治具 台車 在庫
設備　　　　　　　　　　　　　　　　　　部品　　　　　　　　　職場全体
床

【具体的な活動】

整理：不要品の排除 → **十分なスペース** → **理想レイアウト** → 置き場所決定

整頓：置き方決定 → 取り出しやすさの追求 → 目で見る管理

【効果】
1. 災害防止
2. 生産性の向上
3. 段取り時間の短縮
4. 作業時間の短縮、ポカミス防止
5. 異物不良の削減
6. 在庫の削減
7. 購入ロスの削減
8. ルールを守るヒトづくり

　　　大きな効果

　　　↑
　　活動の基礎

4 つのステップで進める

35

| Tool 2 | 実践 2S へのアプローチ |

 第1ステップ〜現状分析

　まずは、整理・整頓（2S）を実践するための準備をします。
　1．動線分析（歩くロスの調査）
　対象エリアにおける動線（各作業者の歩く距離）を調査し、歩くロスを時間とコストで把握し、動線マップを作成します。動線分析リストには、どこからどこに何回行ったかを記録し、歩くロスを時間とコストで算出します。測定期間は最低1週間です。
　2．探すロスの調査
　作業者が何かを探すとき、探しているモノや場所、時間、回数を測定し、探すロスを把握します。これも、測定期間は最低1週間です。
　3．理想レイアウトの設計
　歩くロスが最小（動線が最短）で、かつ探すロスも最小になる理想レイアウトを複数設計します。通路は直線直行とし、十分な広さ（人が歩く通路：1.75 m以上、台車が通る通路：台車の幅の1.5倍×2以上）に設定します。複数の案を持ち寄ってみんなで話し合い、理想レイアウトを決めていきます。
　4．必要品リストの作成
　対象エリアの作業標準書から必要なモノ（品名）と必要数量を明確にし、使う頻度により分類します。そこから必要品リストを作成します。
　【分類】A：毎時間、毎作業使う
　　　　　B：毎ロット使う
　　　　　C：毎日使う
　　　　　D：毎週使う
　　　　　E：毎月、毎年使う
　分類で気をつけなくてはならないのが、必要の定義です。必要の「要」は、対象とするモノを使う頻度を意味しています。頻度で分類することにより、作業の効率を上げる優先順位が決まります。

第 1 章 ▶ 職場のあるべき姿を実現する

2Sを実践する前に準備

対象エリアの決定　○作業単位　○ワンフロア　○1日で2Sができる

1. 動線分析

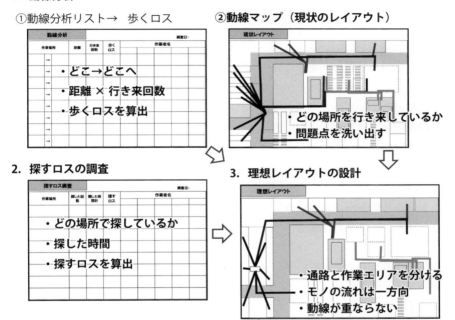

2. 探すロスの調査

3. 理想レイアウトの設計

4. 必要品リストの作成

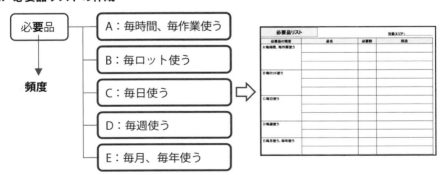

使用頻度と必要数により現場で必要なものを
AからEでランク分けし、必要品リストを作成

37

Tool 2　実践 2S へのアプローチ

第2ステップ〜整理(1S)

　従来の整理（1S）は、職場に置いてあるモノを一つひとつ必要か不要か選別し、不要と判断したモノを職場から出すという方法で進めていました。この方法には、必要か不要かの判断に個人差が出る、膨大な時間がかかる、作業をしていると元に戻ってしまう、結局やり直しになる、という課題がありました。
　この課題を「**更地化**」という方法で解決していきます。

1. 更地化
　職場のすべてのモノを仮置き場に出します。更地化した職場を見て、誰もが「ウチの職場ってこんなに広かったんだ！」と感じます。その後、清掃して、ペンキを塗る必要がある職場はペンキを塗ります。

2. 理想レイアウトの実現
　更地化されたエリアに、理想レイアウトに合わせてテープやペンキで、通路と置き場所を表示します。その後、必要品の名称をラミネートフィルムで床に貼ります。

3. 置き場所の決定
　必要品リストの分類に従い、必要品を置きます。**仮置き場に残ったものが不要品**です。仮置き場に置いてある不要品の多さを見て、「こんなに不要品があったんだ。これでは狭く感じるよね！」とみんなが納得します。
　また、理想レイアウト上に必要品が整然と配置された職場を見て、爽快感を味わうことができます。この気持ちがその状態を保つ下地になります。

4. 不要品リストの作成
　不要品一つひとつをみんなで見て、不要品リストを作成します。停滞理由からは、不要品を職場に持ち込まないルールを決めます。残された不要品のうち、必要以上あるものは倉庫に入れ、使えない、または使っていない不要品は廃棄します。
　以上の手順で、整理を1日で完了させます。

第 1 章 ▶ 職場のあるべき姿を実現する

更地化で 1 日で整理（1S）を終わらせる

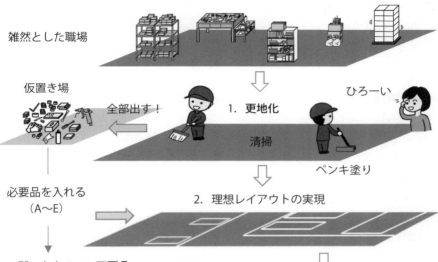

4．不要品リストの作成

3．置き場所の決定

分類	置き場所
A	身につける／作業台上
B	段取り台車上
C	作業エリア内の保管場所
D	作業エリア外の保管場所
E	倉庫

不要品　必要以上にある → 倉庫
　　　　使えない、使っていない → 廃棄

1S 完了

整然とした職場

Tool 2　実践2Sへのアプローチ

第3ステップ〜整頓(2S)

　分類によって整頓（2S）します。
▶ **安全確保、生産性向上、ポカミス防止に役立つ**
【分類A】
　身につけるか、作業台上に並べます。身につける際のポイントは取りやすい、戻しやすい、取るときに手を切らない、転んだときに刺さらない、作業中・歩行中に回りのモノにひっかからない、の5つです。
　作業台には、作業手順に従い部品を取る順序、治具を使う順序で並べます。進め方のポイントは、使う順序に並べる、使う頻度の順に並べる、混同しやすいものは離す、体に無理がない、作業に無理がない、使った後の戻しが楽、置き場所と置くモノの双方に表示をする、の7つです。これにより、安全の確保や生産性の向上、ポカミスを防止します。
【分類B】
　段取り台車の整頓は、作業台の整頓と同じになります。
▶ **探すロスの削減や返却管理・在庫管理・安全の確保に寄与**
【分類C】
　作業エリア内の保管場所に、必要なモノを並べます。ポイントは保管場所がわかる、見つけやすい、取り出しやすい、返していないモノがわかる、不足数がわかる、の5つです。
【分類D】
　分類Dは、作業エリア外の保管場所（主に棚）が対象になります。ポイントは、分類Cの5つの内容に、「中身が見えるように、ドアなしか透明なカバーをつける」「高さ制限」の2つが加わり、7つになります。
【分類E】
　倉庫管理も入ります。ポイントは分類C,Dの7つに、「通路が広く運びやすい」が加わり8つになります。分類C〜Eの効果は、探すロスの削減や返却管理（返していないのがわかる）、在庫管理、安全の確保になります。

第 1 章 ▶ 職場のあるべき姿を実現する

整頓（2S）で職場を整える

分類 A

身につける　　作業台上

① 取りやすい
② 戻しやすい
③ 手を切らない
④ 刺さらない
⑤ ひっかからない

① 使う順序に並べる ┐
② 使う頻度の順に並べる ┘ どちらか
③ 混同しやすいものは離す
④ 体に無理がない
⑤ 作業に無理がない　　・作業に集中
⑥ 使った後の戻しが楽　・疲れにくい
⑦ 双方表示：目で見る管理

分類 B　段取り台車上

安全確保／生産性向上／ポカミス防止

分類 C　作業エリア内の保管場所

形や色で区分　　表示　　色別管理

① 保管場所がわかる
② 見つけやすい
　◇ 双方表示：目で見る管理
　◇ 色別管理
③ 取り出しやすい
④ 返していないモノがわかる
⑤ 不足数がわかる
　　＋

分類 D　作業エリア外の保管場所（主に棚）

高さ制限

⑥ ドアなし：中身が見える
⑦ 高さ制限
　　＋

分類 E　倉庫

⑧ 運びやすい：通路が広い

探すロスの削減（モノの管理）／返却管理／在庫管理／安全の確保

Tool 2　実践 2S へのアプローチ

5　第4ステップ～維持・管理

　2Sの実践は簡単です。しかし、作業をすることでその状態はすぐに崩れてしまいます。その崩れを4つの施策で防ぎます。

1. 片づけの徹底

　分類A, B, Cは、毎時間、毎作業、毎ロット、毎日使うモノですから一度整理・整頓してもやりっぱなし、置きっぱなし、仮置き、返却しないという事態が発生する可能性があります。

　そこで分類A, B, Cのモノに関しては、作業終了後、治工具の使用後に片づけの徹底をルール化します。その上で、作業前にモノの置き場所と置き方（部品の個数）の点検をルール化し、守らせます。これにより「**ルールを守るヒトづくり**」をします。

2. モノの置き場所リストの作成

　分類D, Eには、整理・整頓後に探す時間がかかるという課題が残ります。これに対して「モノの置き場所リスト」を作成し、何が、どこに、いくつあるかをわかるようにします。

3. ITによる支援

　「モノの置き場所リスト」でモノを探すのにも時間がかかります。そこでシステム化します。しかし、システム化しても検索時間がかかります。

　追加の施策として、音声で聞くことによりモノの置き場所を教えてくれる「AIの音声認識システム」を導入することを勧めます。

4. 2S診断

　一度整理・整頓した後、半年から1年経つとやはり職場全体が雑然としてきます。そこで、全職場を対象とした2S診断を行います。各職場の代表が他の職場を診断書に基づき診断し、整理・整頓の状態をチェックします。指摘事項がない場合には「認定」とし、指摘があったら復元して再度診断を受け、合格したら「認定」となります。

　これも「ルールを守るヒトづくり」の施策となります。

第 1 章 ▶ 職場のあるべき姿を実現する

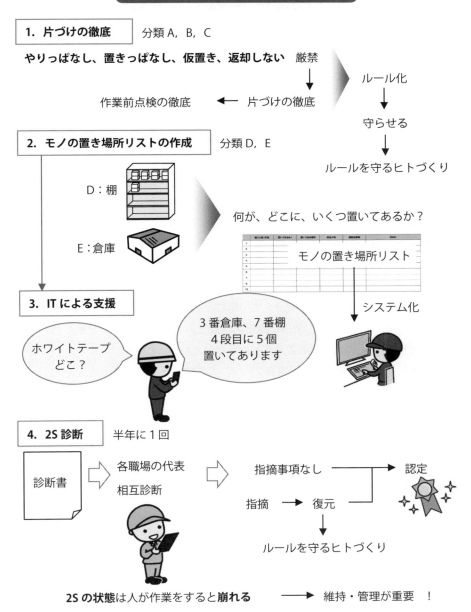

「更地化」は失敗経験から生まれた

　液晶工場の検査職場で1S（整理）を実施しました。作業者がいない土日に職制が行ったため「これ必要かな？」「わからない」「もしかして必要だったらマズイから残そう」「これ私物だからいらないよね？」「いや、私物を勝手に処分したら怒られるから、とりあえず不要品置き場に置いておこう」とすべてのものを一つずつ必要・不要を分け、2日かけて不要品と思われるものを不要品置き場に置いておきました。

　そして月曜日の朝、不要品置き場の前に「必要なモノがあったら持ち込んでください」という立札を立て休憩に入りました。1時間後に職場に戻ると、不要品置き場のほとんどのモノが検査職場に戻っていました。2日間の活動は水の泡でした。この経験が、「更地化」をつくるきっかけになりました。

　その後、「更地化」を1Sの進め方に組み込みました。更地化は短時間で1Sを実践できますが、それ以外にメリットを見つけました。それは、やった人たちの気持ちです。更地化後、自分たちの職場が広いことに気づき、不要品が多いことを実感し、ペンキを塗った後に爽快感とみんなでやった満足感を感じる、という心理的効果があることがわかりました。

　「更地化」をベースにした「実践2Sへのアプローチ」は、やった人たちのマインドも変えることが可能です。

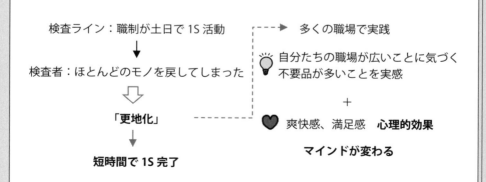

第2章

止まらない設備をつくる

Tool 3　原則整備へのアプローチ

設備の不具合現象をとらえる

　設備は、搬送路と本体（加工／組立）の2つのユニットで構成され、それらを分解すると部品という最小単位になります。その部品と部品の間、ユニットとユニットの間、設備本体にはそれぞれ求められる機能があり、機能を果すための条件があります。それらを原理・原則と言います。

▶**原理・原則に注目**

　原理とは、パーツに直接触れて働きかけている部分（部位）に求められる機能です。たとえば、溶接機であれば「2つの母材を圧着し、溶かし、溶接すること」となります。通常、原理は設備の呼び名になっています。

　原則とは、各部位が正しく（原理通りに）働くために必要とされる条件（状態や動き）です。たとえば溶接機であれば、「チップの芯ズレや位置ズレがないこと」「チップ先端が摩耗していないこと」など25項目があります。これら25項目の原則が崩れていると、溶接機に**不具合現象（故障、チョコ停、不良）**が発生します。つまり、**設備の不具合現象の要因は原則の崩れ**なのです。

▶**原則の崩れは状態悪化を招く**

　原則の崩れは20個あります。
- ○異物　①ごみ　　②汚れ　　③錆び
- ○劣化　④詰まり　⑤漏れ　⑥ゆるみ　⑦伸び　⑧ガタ　⑨摩耗　⑩キズ
　　　　⑪変形　⑫硬化（軟化）　⑬帯電化
- ○精度不良　⑭ズレ（芯、軸、位置）　⑮クリアランス　⑯調整不良
　　　　　　⑰タイミング　⑱組付精度　⑲設備設置の水平度
- ○設計ミス　⑳部品の仕様外使用

　これら原則の崩れは互いに影響し合い、状態を悪化させます。異物は劣化を促進し、劣化は異物を発生させ、精度不良は劣化を促進し、劣化は精度不良を起こします。したがって原則を整備するには、すべての要因に対策を打っていかなくてはなりません。

第 2 章 ▶ 止まらない設備をつくる

原則の崩れが不具合現象を起こす

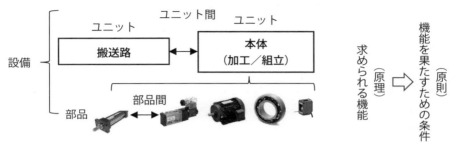

【原理】パーツに直接触れて働きかけている部分に求められる機能
　　溶接機：2 つの母材を圧着し、溶かし、溶接すること

【原則】各部位が正しく働くために必要とされる条件
　1. チップの芯ズレ、位置ズレがないこと
　2. チップ先端が摩耗していないこと

　　　　… 25 項目 …

溶接機

原則が崩れる → （現象）溶接不良が発生

設備の**不具合現象の要因は原則の崩れ**

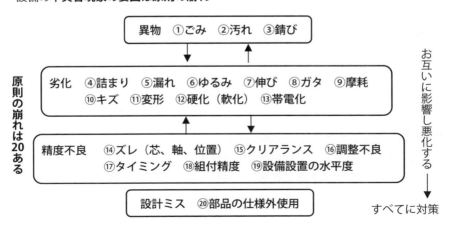

原則の崩れは20ある

お互いに影響し悪化する

すべてに対策

Tool 3 原則整備へのアプローチ

 # 不具合現象の対策

20の原則崩れ（要因）に対する**対策は8つ**あります。
○異物 → 1. 清掃
○劣化 → 2. 増締め　3. 給油　4. 部品交換
○精度不良 → 5. 精度出し　6. 調整　7. 水平出し
○設計ミス → 8. 部品の仕様の見直しと変更

「原則整備へのアプローチ」では、これら8つの対策を打ちます。特に重要なのが清掃と部品交換、精度出しです。原則整備へのアプローチは5つのステップで進めます。

▶第1ステップ～データ分析
○不具合現象が突発か慢性かを区分し、突発に対策を打つ
○発生傾向分析を実施し、原因を推定する
○不具合現象マップを作成して改善対象を決定する
○現行処置分析を行い、改善する際のヒントを得る

▶第2ステップ～全体清掃
設備全体を清掃して7つのリストを作成し、対策します。これにより、すべてもしくは一部の不具合現象がなくなります。

▶第3ステップ～分解清掃
全体清掃をしてもなくならない不具合現象に対しては、設備の動きや不具合現象の発生プロセスを**現象観察**し、3現シートを作成します。さらに2原シートを作成して設備の構造を知り、どの部位と部品を分解するかを決めた上で、2原シートに沿って設備を部品レベルまで分解します。

▶第4ステップ～メカニズムの解明
現象の連鎖を把握し、不具合現象の発生**メカニズム**を解明します。

▶第5ステップ～基準書の作成
全体清掃と分解清掃の結果から、清掃・給油・点検・部品交換基準書を作成します。また、点検の簡素化のために目で見る管理を実施します。

第 2 章 ▶ 止まらない設備をつくる

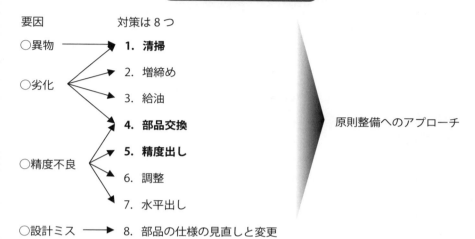

第1ステップ　データ分析	1. 突発、慢性の区分 → 突発対策（人への対策） 2. 発生傾向分析 → 原因の推定 3. 不具合現象マップ作成 → 改善対象の明確化 4. 現行処置分析 → 改善のヒントを得る
第2ステップ　全体清掃	全体を清掃し、7つのリストを作成し、対策を打つ
第3ステップ　分解清掃	1. 3現シートの作成→現象観察（設備の動きを知る） 2. 2原シートの作成→設備の構造を知る→分解清掃
第4ステップ　メカニズムの解明	現象の連鎖を把握 → 不具合現象発生のメカニズムを解明
第5ステップ　基準書の作成	○全体清掃、分解清掃の結果から 　　清掃・給油・点検・部品交換基準書を作成 　　→ 遵守 ○目で見る管理：点検の簡素化

> Tool 3　原則整備へのアプローチ

3　第1ステップ〜データ分析

　データ分析により不具合現象の発生傾向をつかみ、原因を推定し、改善対象を明確にします。

▶ 突発と慢性の区分
　不具合現象の発生件数（率）の推移グラフを書いて、慢性（±5％）と突発を区分します。**突発不具合現象が発生する原因は人**です。すなわち突発不具合現象が発生した場合は、作業者が何をやったか、標準（いつも）と違うことをやらなかったかどうかを調査し、**行動規制**によって**対策**を打ちます。

▶ 発生傾向分析
　不具合現象に対して2つのデータ分析をします。
　○不具合現象が発生した金型、刃具、治具、工具のナンバー
　　＞不具合現象が多いものに対して原則整備
　○不具合現象が発生している品種や部材
　　＞現設備の仕様と合っている（良品をつくれる）かチェック

▶ 現行処置分析
　現場の作業者は不具合現象が発生したときに、再発させないために何をしているか（処置）、生産に入る前に不具合現象を発生させないように何かしているか（予防）インタビューを実施します。これをもとに、改善のヒントを得るようにします。

▶ 不具合現象のデータ収集
　不具合現象の実態把握と目標設定、効果測定のために、不具合現象の発生件数（率）を収集します。

▶ 不具合現象マップの作成
　不具合現象マップを作成し、原則整備の優先順位を決めます。マップは、設備図面に示した不具合箇所にカラーシールを貼っていきます。また、部位別・製品別の発生傾向がわかるようにパレート図を書きます。

不具合現象の傾向、改善の方向性をつかむ

突発と慢性の区分

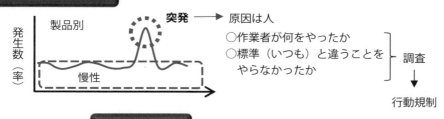

突発 → 原因は人
- 作業者が何をやったか
- 標準（いつも）と違うことを やらなかったか

→ 調査 → 行動規制

不具合現象

発生傾向分析

① 金型、刃具、治具、工具のナンバー → 原則整備
② 品種、部材 → 現設備の仕様と合っているかチェック

現行処置分析　現場の作業者にインタビュー

- 発生したとき、何をしているか（処置）
- 発生させないために、何かしているか（予防）

▶ 改善のヒント

データ収集

故障、チョコ停、設備起因の不良、異物不良の発生件数（率）
▷ 実態把握、目標設定、改善前後の効果測定

マップの作成

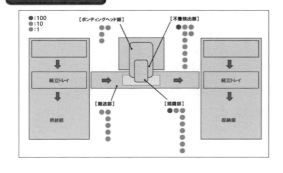

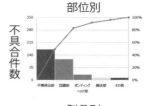
部位別

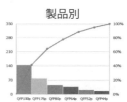
製品別

Tool 3　原則整備へのアプローチ

 第2ステップ〜全体清掃

設備のカバーを外し、設備全体を清掃します。

1. 事前準備
清掃に適した服装、手袋、掃除機、清掃ウェス、工具、測定器、潤滑油、養生シート、設備図面など必要なモノを準備します。

2. 安全確保
事前に設備を見に行き、危険な状態と危険な作業を確認し、全体清掃を対象としたKYTを実施します。当日は、立ち下げ手順に従ってエネルギーゼロ状態にし、各担当エリアにおいてタッチ＆コールをしてから清掃を開始します。

3. 全体清掃
清掃しながら原則の崩れを見つけて復元し、7つのリストを作成します。清掃の様子はビデオに撮っておきます。

①異物リスト：ごみ、汚れ、錆びがあったら採取・除去し、リストに記入します

②劣化リスト：劣化があったら復元し、リストに記入します
　　　　　　　交換部品が必要な部品は交換します

③精度不良リスト：部位、ユニット、設備の精度を測定し、精度出し、水平出し、調整をしてリストに記入します

④疑問点リスト：疑問を感じたらリストに記入します

⑤清掃困難箇所リスト：清掃、点検、給油、精度出し、調整、水平出しがしにくい部位があったらリストに記入します。

⑥不要品リスト：機能上不要なモノは排除しリストに記入します

⑦落ち部品リスト：部品が落ちていたら回収しリストに記入します。その際、発生箇所を確認します。

4. 効果測定
清掃前後のチョコ停や不良の推移を把握し、効果を確認します。

第 2 章 ▶ 止まらない設備をつくる

異物を除去し、劣化、精度不良を復元する

1. 事前準備　必要なモノ、必要数をリスト化 → 準備

2. 安全確保　事前：危険な状態・危険な作業の確認、全体清掃 KYT
　　　　　　　　当日：立ち下げ手順 → エネルギーゼロ状態
　　　　　　　　　　　各担当エリア → タッチ＆コール → 清掃開始

3. 全体清掃

カバーを外して
原則の崩れを見つける

ボルト入れ　　ビデオに撮る

原則の崩れを復元／7つのリストをつくる

○原則の崩れ → 復元する
○復元できない → 後日実施
○部品交換を要する部品 → 手配 → 後日、交換

4. 効果測定　清掃前後のチョコ停・不良の推移を把握 → 効果確認

Tool 3 原則整備へのアプローチ

5 第3ステップ〜分解清掃

　全体清掃しても不具合現象が残る部位に対し、分解清掃を実施します。
1．3現シートの作成
　不具合現象が発生したら観察し、3現シートを作成します。3現シートにはワークの状態や設備の状態、その他気づいたこと、観察された現象を描き込みます。現象は、写真ではなく絵（立体図）で描きます。絵で描くことにより、**現象をしっかりと見る観察力**が身につきます。
2．2原シートの作成
　3現シートを作成した部位に対し、2原シートを作成します。2原シートには部位の構造図（平面図）を描き、原理・原則を書き込みます。
　原則は、ワークに近い部位から、20の原則に照らし合わせて洗い出します。精度は定量的に書きます。2原シートにより設備の構造が理解でき、原則の崩れが発生する部位・部品がわかるようになります。
3．分解清掃
　2原シートに沿って部位を部品まで分解し、原則の崩れを見つけます。部品は分解した順に養生シートに並べ、組立時には逆順に組み立てます。
　①各原則において成立度を○△×で判定（△は要調査）
　②×と△に対し、どのように崩れているのかを定量的に書き込む
　③×は原則欄を赤脇で囲み、構造図に番号で書き込む
　④×を復元したら復元欄に○をし、復元後の状態を定量的に書く
　分解および組立しにくい部位は「清掃困難箇所リスト」に記入します。
4．効果測定
　分解清掃後は不具合現象がゼロになります。もし、ゼロにならない場合は復元が不十分か、原則の洗い出しが不十分、現象の連鎖が起きている、の3つの理由が考えられます。それに対して、復元のやり直し、原則の洗い出しのやり直し、現象の連鎖の把握→分解清掃で、不具合現象をゼロ化します。

原則を整え不具合現象をゼロにする

1. 3現シートの作成

不具合発生 ─→ 観察 ─→ 3現シートの作成

ジーっと見る

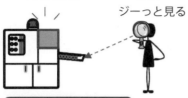
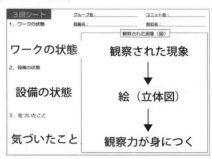

2. 2原シートの作成

不具合現象発生部位の2原シートを作成

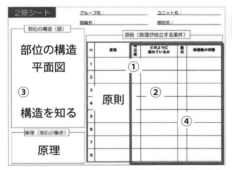

原則の崩れを見つける

3. 分解清掃

部位を部品まで分解
分解した順に養生シート上に並べる

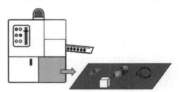

組立時には逆順に組み立てる

① 成立度を○△×で判定

② ×と△ → どのように崩れているのかを定量的に書き込む

③ × → 原則欄を赤脇で囲み、構造図に番号で書き込む

④ 復元 → 復元欄に○ → 復元後の状態を定量的に書く

4. 効果測定

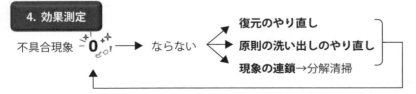

不具合現象 ゼロ！ → ならない → 復元のやり直し / 原則の洗い出しのやり直し / 現象の連鎖→分解清掃

| Tool 3 | 原則整備へのアプローチ |

第4ステップ
～メカニズムの解明

　分解清掃しても不具合現象がなくならない場合、現象の連鎖が起きている可能性があります。**現象の連鎖**とは、あるユニットに原則の崩れがあってもそこで不具合現象が現れず、後のユニットで発生する現象です。

▶後工程で不具合が現れる

　実例で説明します。半導体の測定機の供給部でトレイの位置ズレが発生し、それにより搬送中に製品のズレが生じ、収納部でもズレが起きて不良が発生していました。そのため、収納部を分解清掃しても不良はなくなりませんでした。現象の連鎖です。

　現象の連鎖が起きると、不具合現象が発生した工程（収納部）だけの分解清掃では、不具合現象をゼロにできません。対応するには、不具合現象の発生したユニットから前のユニット、前のユニット…へと遡り、分解清掃していきます。これを**パスライン清掃**と言います。

▶不具合現象全体を解明する

　現象の連鎖が起きている場合、発生メカニズムの解明が必要です。メカニズムとは不具合現象の原因が何であり、複数存在する原因同士がどのような流れ（関係）で最終的な不具合現象に至ったかのプロセスです。このプロセスを解明することを**メカニズムの解明**と言います。メカニズムを解明すると不具合現象全体の原因構造が明確になり、効果的な対策が打てるようになります。この図を**原因構造図**と呼びます。

　原因構造図で不具合現象を直接起こしている原因を**直接的原因**と呼び、設備の清掃・点検で見つけることができます。右図の測定機で言えば、スプリングの変形やバッファ部の位置ズレ、位置決めの摩耗になります。

　しかし、原則の崩れを復元しても設備の利用中に再発します。それは人が原因です。この人起因の原因を**管理的原因**と呼びます。右図の測定機で言えば、スプリングやバッファ、位置決めの点検・復元を怠ったことになります。対策としては、基準書の作成と遵守により不具合現象の再発を防ぎます。

第 2 章 ▶ 止まらない設備をつくる

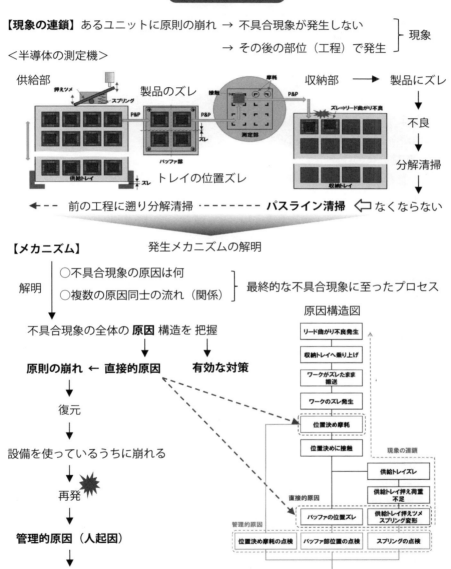

Tool 3 　原則整備へのアプローチ

 第5ステップ～基準書の作成

　仕上げに、清掃・給油・点検・部品交換基準書を作成します。従来の設備点検基準書は、原理・原則が明確になっていない、現場の負担が大きい、という2つの課題がありました。その課題を解決します。

1. 仮基準書の作成

　ここまでの活動で原理・原則を追求し、「どこを、どのように点検・復元すれば不具合現象はなくせる」ということがわかりました。その経験則をもとに仮基準書を作成します。仮点検基準書の項目は、異物・劣化・精度不良リストで挙げられた項目と2原シートで×がついた項目です。

2. やりにくさの改善

清掃でつくった清掃困難箇所リストで挙げられた項目を改善します。
○清掃しやすくする：カバーが外しやすい、手が入る
○給油しやすくする：給油口が外に出ている、集中している
○分解・組立しやすくする：ボルトレス化、ワンタッチ化
○調整の調節化：ストッパー化、ゲージ化、マーク化、数値化

3. 目で見る管理

ひと目で点検できるように、目で見る管理を実施します。
○異物や劣化の点検：透明なカバー、劣化ゲージ
○ゆるみの点検：アイマーク
○給油口への表示：給油者、油種、給油周期
○交換部品への表示：交換日、交換者、次回の交換月

4. 点検周期の決定

点検周期は、最初は短めに設定します。点検して問題がなければ徐々に延ばし、原則の崩れの状態を発見したらそこを点検周期とします。もし、点検周期よりも早く原則が崩れている場合は強制劣化対策を実施します。

　以上の4つの進め方で、**効果を実感でき、現場の負担が少ない**清掃・給油・点検・部品交換基準書が出来上がります。

第2章 ▶ 止まらない設備をつくる

効果的効率的な基準をつくる

従来の設備点検基準書の課題　○原理・原則が明確になっていない
　　　　　　　　　　　　　　○現場の負担が大きい

1. 仮基準書の作成

ここまでの活動
＝
原理・原則の追求

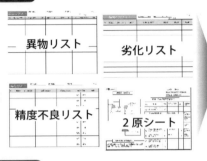

2. やりにくさの改善

○清掃しやすい　　○給油しやすい
○分解・組立しやすい　○調整が楽
　　　　　　　　　　　　　　　　｝短時間でできる
　　　　　　　　　　　　　　　　　　　＝
　　　　　　　　　　　　　　　　現場の負担を軽減

3. 目で見る管理

○異物や劣化の点検　　○ゆるみの点検
○給油口への表示　　　○交換部品への表示
　　　　　　　　　　　　　　　　｝ひと目で点検できる
　　　　　　　　　　　　　　　　　　　＝
　　　　　　　　　　　　　　　　保全の負担が軽減

4. 点検周期の決定

1 週間
2 週間　　徐々に延ばしていく
1 カ月

点検周期よりも早い原則の崩れ
↓
強制劣化対策

効果を実感、現場の負担が少ない清掃・給油・点検・部品交換基準書完成！

Tool 3 原則整備へのアプローチ

8 結果として カーボンニュートラルを実現

　電子デバイス工場で生産性向上活動を18カ月展開しました。その結果、故障が85％減、チョコ停は91％減、段取りが51％減、不良は73％減、生産性が72％向上しました。

　活動の区切りがついたとき、世の中でカーボンニュートラルが注目され始めました。そのような折り、会社のトップから「カーボンニュートラルに取り組むように」との指示が出たのです。

▶ 工場のエネルギーの内訳を知る

　そこで、まずは工場で消費しているエネルギー（電力量）の内訳を調査することにしました。その結果、エアが占める割合が24％、動力は21％、空調が34％、照明が21％であることがわかりました。

　次に、電力量の推移調査したところ、生産量がほとんど変わらないにもかかわらず、2年前の電力量と比較して今年は31％も減っていました。このことから、4つのことがわかりました。

　①原則整備によりエア漏れを43％削減し、電力量を8％削減できた
　②設備の稼働率が上がり、設備が余剰となり、それを停止した
　③余剰設備を廃棄・集約し、省スペース化した
　④不良を減らすことにより、生産時間を短縮できた

▶ 原則整備と不良改善の合わせ技の効果

　上記②〜④の結果、電力量が23％削減でき、①と合わせるとトータル31％の電力量を削減でき、その結果、カーボン排出量を48％削減することができました。このように原則整備と不良改善に着手することで、カーボンニュートラルが実現できるのです。

　もし、みなさんが原則整備活動をするときは、電力量をベンチマークの一つとして把握してみてください。また、カーボンニュートラルをしたいと思ったら、原則整備をしてみてください。結果として、カーボンニュートラルが実現できることがわかるはずです。

第 2 章 ▶ 止まらない設備をつくる

原則整備によるカーボンニュートラルの実現

【電子デバイス工場：生産性向上活動】

1. 故障：85％減
2. チョコ停：91％減
3. 段取り時間：51％減
4. 不良：73％減

➡ 生産性：72％向上

カーボンニュートラルに取り組んで

【電力量の内訳】

- 照明 21％
- エア 24％
- 動力 21％
- 空調 34％（クリーンルーム）
- 2直生産（照明）

主に設備（エア・動力・空調）

【カーボンニュートラルの実現】

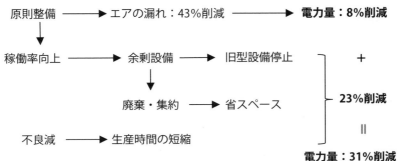

生産性向上活動

- 原則整備 → エアの漏れ：43％削減 → **電力量：8％削減**
- 稼働率向上 → 余剰設備 → 旧型設備停止
  - → 廃棄・集約 → 省スペース
  - **＋ 23％削減**
- 不良減 → 生産時間の短縮

＝ **電力量：31％削減**

⇩

カーボン排出量 48％削減

電気会社の CO_2 排出係数（kg-CO_2/kWh）から算出

| Tool 4 | 故障ゼロへのアプローチ

◆1◆ 故障とは

原則整備をすると、故障はゼロになります。しかし、原則整備の活動には時間がかかるため、

○故障を早期にゼロにしたい

○プロセス系設備でチョコ停はないが、故障が散発するのをなくしたい

○**事後保全**から**予防（計画）保全**体制に移行したい

というニーズがある場合には、保全の活動として「故障ゼロへのアプローチ」を実施します。

故障とは、対象（系、機器、部品など）が規定の機能を失うことです。**故障の原因は部品の劣化**です。**劣化**とは、部品を使用しているうちに、時間の経過とともに本来の機能を失っていく現象を言います。

つまり、故障とは設備を構成している部品が劣化し、本来の機能を失い、その結果設備が止まってしまうという現象です。勘違いしてはいけないのは、故障とは設備全体が故障するのではなく、1つもしくは複数の部品が故障し、結果として設備が止まり、故障と称されるということです。これは、故障の改善対象が部品であることを示しています。

▶▶故障の発生メカニズム

本来、新品の部品は100％の強度を持っています。その強度は、設備を使用していくうちに部品の劣化に伴い徐々に弱まり、機能を失っていきます。これを、劣化の進行と呼んでいます。

そして劣化が進行し、その部品が固有に持つ強度限界を超えると、部品の機能を失い故障が発生します。この強度限界を超え、部品が故障する時間を寿命と言います。

▶▶故障をゼロにするには

故障は、部品の寿命を予測し、寿命の前に部品を交換することで回避することが可能です。「故障ゼロへのアプローチ」は、故障をなくすのではなく故障を回避するアプローチになります。

第 2 章 ▶ 止まらない設備をつくる

故障の原因は部品の劣化

1. 故障を早期にゼロにしたい
2. プロセス系設備：故障が散発する
3. 事後保全から予防（計画）保全に移行したい

 故障ゼロへのアプローチ

故障：対象（系、機器、部品など）が規定の機能を失うこと（JIS）
原因：**部品の劣化**
　↓
使用しているうちに、時間の経過とともに**本来の機能を失っていく**現象

＊設備が故障するのではない ━▶ 改善対象は部品　　　　　止まる ━▶ 故障！

故障の発生メカニズム

部品は使い始めると
劣化が進行し
強度限界に達すると
機能を失う（故障する）

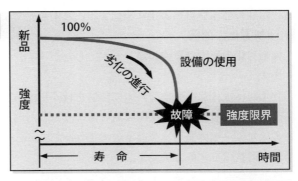

故障をゼロにするには

部品の寿命を予測し、
交換により故障を回避する

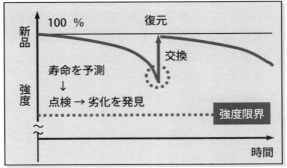

| Tool 4 | 故障ゼロへのアプローチ |

2 2つの劣化

劣化には、自然劣化と強制劣化の2種類があります。

▶2つの劣化の違い

自然劣化は、部品を仕様条件通りに使っているときに、物理的に進行する劣化です。自然劣化状態では部品の寿命が予測できます。

強制劣化は、部品を仕様条件通りに使っていないときに発生する劣化です。強制劣化状態では部品に大きなストレスが加わり、劣化を加速させます。その結果、部品の寿命が予測できなくなります。

部品が強制劣化状態にあると、「部品の寿命を予測し、寿命が来る前に部品を交換する」ことができなくなります。したがって、故障をゼロにするには、強制劣化状態の部品を自然劣化状態にすることが必要です。

▶強制劣化の原因

強制劣化の原因は原則の崩れです。したがって、強制劣化対策は原則整備となります。

具体的には、部品交換前に原則整備を行う、部品交換時に原則整備を行う、部品交換後に予測した定期交換周期の前に故障した部品は、強制劣化と判断して強制劣化対策（原則整備）を行う、の3つの方法があります。お勧めは、部品交換前に原則整備をする方法です。

原則整備をしても発生する強制劣化の原因は、

○設計ミス：設備設計段階で部品の仕様を間違えた
○製作ミス：設備メーカー製作時の部品加工精度不足、組立ミス
○設置ミス：設備設置時に原則が崩れた状態で設置（生産技術）
○修理ミス（保全）
○清掃・点検不足（生産）

の5つです。

設計、製作ミスが判明したら、設備メーカーに改善要求します。設置ミスは生産技術、修理ミスは保全、清掃・点検不足は生産が対応します。

第2章 ▶ 止まらない設備をつくる

強制劣化状態を自然劣化状態にする

劣化 ─┬─ 自然劣化：部品を仕様条件通りに使用 → **寿命を予測**
　　　└─ **強制劣化**：部品の仕様条件通りに使っていない

　　　　　　部品に大きな**ストレス** → **劣化を加速** → **寿命が予測できない**
　　　　　　　　　　　　　　　　　　　　　　　　　　　　　　　↓
　　　　　自然劣化状態 ← 強制劣化状態の部品 ← 寿命を予測

【強制劣化の原因】原則の崩れ
　　　　　　　　　　⇩
強制劣化対策：原則整備

　　　　　　　┌─────────────────────────┐
　　　　　　　│ ○部品交換前　　☞ お勧め　　　　│
　　　　　　　│ ○部品交換時　　　　　　　　　　├ 原則整備
　　　　　　　│ ○部品交換後、寿命前に故障　　　│
　　　　　　　└─────────────────────────┘

（図：強度 vs 時間のグラフ。100%から自然劣化のカーブと強制劣化で故障するカーブ、原則整備、強度限界、寿命前、仕様通りの寿命）

【原則整備をしても発生する強制劣化の原因】

○設計ミス　○製作ミス　○設置ミス　○修理ミス　○清掃・点検不足

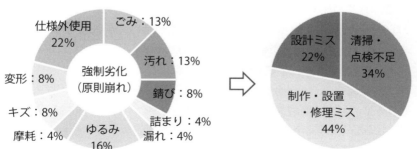

強制劣化（原則崩れ）:
- 仕様外使用 22%
- ごみ：13%
- 汚れ：13%
- 錆び：8%
- 詰まり：4%
- 漏れ：4%
- ゆるみ 16%
- 摩耗：4%
- キズ：8%
- 変形：8%

⇒
- 設計ミス 22%
- 清掃・点検不足 34%
- 制作・設置・修理ミス 44%

65

Tool 4 故障ゼロへのアプローチ

保全作業の課題と施策

強制劣化の一つの原因に修理ミスがあることがわかりましたので、保全員を集め、保全作業の課題を洗い出してもらいました。

▶ 保全作業の課題
9つの課題点が挙げられました。
① 部品の知識がない。資料がない（メーカーのカタログを見ている）
② 保全の作業標準書がない。設備の分解手順がない
③ 原理・原則を知らない → 部品交換時、原則整備ができない
④ 教育・訓練のしくみがない
⑤ 必要な工具、測定器がない（古い）

その結果、

⑥ スキルにバラツキがある → 忙しい人と時間がある人に差がある
⑦ 保全に時間がかかる、個人でバラツキもある
⑧ 準備不足で修理時間が長くなる（約2倍）
⑨ 修理ミスがある

▶ 課題の解決：保全のあるべき姿を目指して
9つの課題を解決するために3つの施策を打ちました。
1. 部品の学習
2. 原則整備の教育 → 実践
3. 保全作業の標準化と保全スキルの習得
   ① 標準保全員の決定：修理ミスがなく作業が早い人
   ② 部品交換 → ビデオ撮影 → ビデオ標準の作成
   ③ ビデオを見ながら手順を習得 → 標準保全員の実業務を見学
      → 疑問を聞く、コツを教えてもらう、トラブル時の対応を聞く

その結果、保全時間87％削減、担当者間の時間のバラツキ4％減、修理ミス1年間なしという効果が得られました。9つの課題は、保全員の教育・訓練体系が整備されていなかったことが原因でした。

第 2 章 ▶ 止まらない設備をつくる

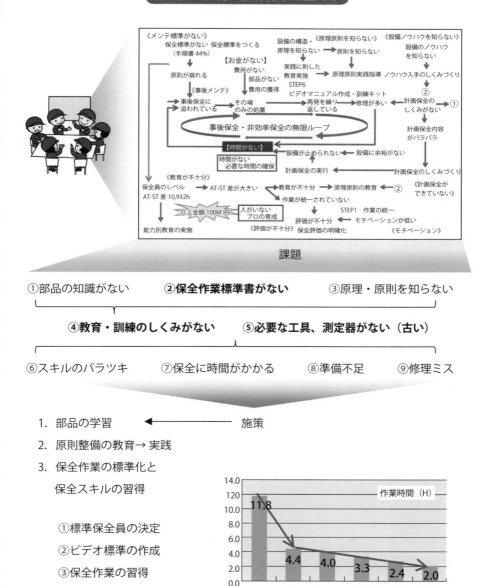

保全員の教育・訓練体系を整える

課題

①部品の知識がない　②保全作業標準書がない　③原理・原則を知らない

④教育・訓練のしくみがない　⑤必要な工具、測定器がない（古い）

⑥スキルのバラツキ　⑦保全に時間がかかる　⑧準備不足　⑨修理ミス

施策

1. 部品の学習
2. 原則整備の教育→ 実践
3. 保全作業の標準化と
   保全スキルの習得

   ①標準保全員の決定
   ②ビデオ標準の作成
   ③保全作業の習得

作業時間（H）: 11.8, 4.4, 4.0, 3.3, 2.4, 2.0

保全時間：87% 減、バラツキ：4%減、修理ミス：なし

67

| Tool 4 | 故障ゼロへのアプローチ |

5つのステップで予防保全

　ここまでの考え方をベースとした「故障ゼロへのアプローチ」は、次の5ステップで進められます。
▶第1ステップ〜故障分析
　過去3〜5年の故障件数と停止時間を調査し、部品別でワースト10（全体の80％以上）を交換対象部品とします。

　交換対象部品を必要数購入します。その他、必要な工具と測定器があれば、それも購入します。そして、部品の学習をします。
▶第2ステップ〜部品交換＋原則整備
　対象部品を交換し、部品のついている設備の原則を整備します。その際、以下の手順で進めます。
　　○部品の交換作業と原則整備の清掃作業はビデオで撮影
　　○原則整備の7つのリスト、保全レポートを作成

　また、次回の点検・交換時期を決定し、交換部品に交換日、交換した人、次回の交換時期の明示を忘れないようにします。このほか、修理可能な交換済み部品は修理し、緊急時の予備品として保管しておきます。
▶第3ステップ〜保全作業の標準化とスキルの習得
　撮影したビデオを活用して知見を抽出し、保全作業の標準化とスキルの習得を進めます。
▶第4ステップ〜予備品管理
　故障ゼロ活動で大切なリソースは部品（予備品）です。そこで部品の整理・整頓を行い、新たな予備品管理に移行します。購入する予備品のリストは、第1ステップの故障分析の順位から決めます。
▶第5ステップ〜部品の定期点検・定期交換
　部品の定期点検を実施し、部品が劣化していたら交換します。点検前に故障した場合は、強制劣化対策を実施します。

　以上の5ステップにより**予防（計画）保全体制**が整います。

第 2 章 ▶ 止まらない設備をつくる

予防保全体制を整備する

第 1 ステップ　故障分析

故障件数、停止時間（過去 3〜5 年）

ワースト10 部品 ──→ 交換対象　　（全体の 80％以上）

部品の学習　　　　必要数、必要な工具、測定器の購入

第 2 ステップ　部品交換＋原則整備

対象部品の交換 ＋ 設備の原則整備

　○部品交換作業／清掃作業 → ビデオ撮影
　○7 つのリスト、保全レポートの作成
　○次回の点検・交換時期を決定
　　▷交換部品：交換日、交換した人、次回の交換時期を明示
　○修理可能な交換部品 → 修理 → 緊急時の予備品として保管

第 3 ステップ　保全作業の標準化とスキルの習得

撮影したビデオ → 保全作業の標準化とスキルの習得

第 4 ステップ　予備品管理

<u>部品（予備品）</u>は大切なリソース

部品の整理・整頓（2S）→ 新たな予備品管理に移行

第 5 ステップ　部品の定期点検・定期交換

交換部品の定期点検 → 劣化 → 交換

＊点検前に故障 → 強制劣化対策

予防（計画）保全体制

Tool 4　故障ゼロへのアプローチ

5　改善要求を反映する改良保全

　事後保全では、保全員はひたすら忙しく、時間がない、人がいないという状態が定常化していました。その状態は予防保全に移行すると変わり、保全員には時間の余裕が生まれます。そこで、次の活動である改良保全に取り組みます。
　改良保全は、現場改善で洗い出された設備への改善要求を反映する活動です。安全で、使いやすく、不良を出さない設備をつくり出すために4つの活動を進めます。

▶**安全な設備にする**

　6つの施策を打ち、災害のポテンシャルが低い設備にします。
　　○作業と一致した安全装置の設置　○囲いの設置
　　○回転物、駆動部のカバーの設置　○体がはさまれるスペースをなくす
　　○鋭利なモノにカバーをする　○頭をぶつけないスペースの確保

▶**段取り、清掃、点検、部品交換しやすくする**

　5つの施策を打ち、扱いやすい設備にし、生産性の高い設備にします。
　　○カバーが取り外しやすい　○操作スイッチの集中化　○調整の調節化
　　○専用治具化　○一体化

▶**異物に配慮した設備にする**

　8つの施策を打ち、異物不良が発生しにくい設備に改造します。
　　○手や清掃用具が入るスペースの確保　○塗装した設備をステンレス化
　　○鉄製のオーブンのステンレス化　○発生源へのカバーと集塵機の設置
　　○フィルターの多層化（交換しやすくする）　○異物除去装置の多重化
　　○気流制御　○イオナイザーの設置

▶**ポカミスが出にくい設備**

　入力ミス対策として、入力画面の改善（入力手順と画面レイアウトの一致、1ページに集約、項目別に色分け、確認画面）などの施策を打ちます。これらの施策は次世代の設備設計に反映させます。

第 2 章 ▶ 止まらない設備をつくる

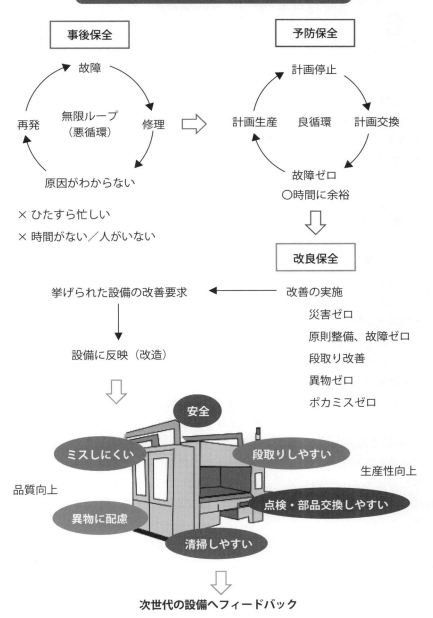

Tool 4　故障ゼロへのアプローチ

6　事後保全と予防保全、どちらがお得？

　「事後保全と予防保全、どちらが得ですか？」とよく聞かれます。その際、私は「圧倒的な差で予防保全」と答えます。

　半導体の工場で「予備品代が高くて困っています。故障に対応するには、すべての予備品を十分な数だけ揃えなくてはいけませんか？」という質問も受けます。それに対し、「予防保全体制にすれば、必要最小限の予備品で故障ゼロを実現できます」と応じます。

▶ 交換部品が届かないと生産再開できない

　事後保全は、突発的に発生する故障に対して行われます。故障が起きると担当保全員が現場に駆けつけ、診断（ロス）し、部品を探し（ロス）に行き、部品交換し、復旧します。もし、担当保全員がいない場合は、設備は故障したまま放置（ロス）されることになります。交換部品がない場合には、その部品が届けられるまで設備が停止（ロス）する可能性も出てきます。とは言っても、必要な部品がないだけで、要らない部品はある（ムダ）というのが予備品管理の実態です。

　交換した部品で直らない場合は、もう一度やり直しします。つまり、**事後保全はロスだらけ、ムダだらけ**です。これに対し予防保全では、ラインの計画停止に合わせて部品を事前に手配し、保全員の時間を割り当て、交換するだけで故障をゼロにできます。つまり、**ロスやムダはありません**。

▶ 予防して故障しないようにする

　予防保全の効果は実証済です。半導体後工程の工場で、事後保全から予防保全に移行しました。その結果、故障が72％減り、チョコ停も63％減りました。それにより、ライン停止時間が69％減り、保全費用（工数、時間）も74％削減できました。

　人の健康管理でも、病気になってから治療するより、予防して病気にかからない方がお得ですよね。その考え方とまったく同じです。事後保全より予防保全の方が断然お勧めできます！

第 2 章 ▶ 止まらない設備をつくる

「予防保全」が断然お得！

事後保全はロス、ムダだらけ！

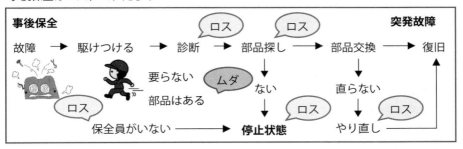

vs

【半導体後工程】

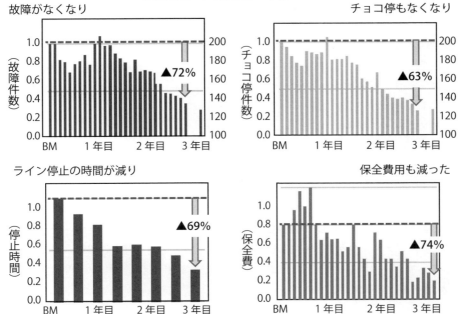

Tool 5 ▶ 段取り改善へのアプローチ

段取り改善とは

　段取りとは、「現製品の生産が終了し、次の生産が安定して始まるまでのすべての時間」を言います。具体的には、現製品の治工具の取り外し、清掃、片づけ、次の製品の生産に必要な治工具の準備、取り付け、調整、試作、測定の8つの作業からなります。

　段取りは、故障とチョコ停をゼロにしても、どうしても残ってしまうムダな作業（ロス）のことです。したがって段取り改善の目的は、このようなロスを徹底的に改善し、設備の停止時間を最小にすることに狙いがあります。

▶ **段取りのあるべき姿**

段取りのあるべき姿とは、
○立ち上げ後の品質トラブルがない
○時間のバラツキが少なく誰がやっても一定の時間内にできる
の2つです。バラツキが少ないとは、標準時間の±5％を目安とします。

▶ **段取り改善の5つのステップ**

　段取り改善では、標準、作業環境、作業、設備の4つが改善対象となり、5つのステップで進めていきます。

　第1ステップ～作業の統一
　第2ステップ～準備作業改善
　第3ステップ～作業改善
　第4ステップ～設備改善
　第5ステップ～動作改善

　進め方のポイントは、各ステップ後に改善内容を盛り込んだビデオ標準を作成し、教育・訓練を実施して活動を定着化させ、効果を出すことです。予想効果は、1ステップでは5～10％（AT/ST差ロス）、2ステップで5～10％（準備不足によるロス）、作業改善で10～20％、設備改善で50～90％、動作改善で2～5％（バラツキ）の削減ができます。

第 2 章 ▶ 止まらない設備をつくる

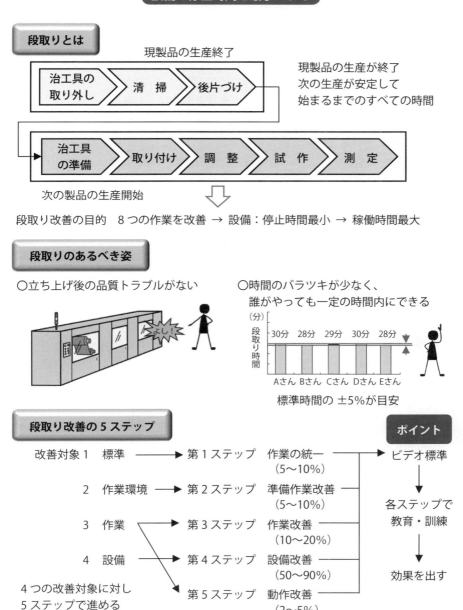

Tool 5　段取り改善へのアプローチ

第1ステップ〜作業の統一

　まず、段取り作業の手順を統一し、改善対象を明確にします。
▶ 優先順位の決定
　段取り時間や不良数、やり直しの回数、AT/ST差などから、改善する段取りの優先順位を決めていきます。このとき、出荷遅れや生産計画に達していない製品に対する段取りを最優先に選び出し、対策するのも一つの方法です。
▶ 仮手順書の作成
　改善対象の段取りの「段取り時間／品質評価マトリクス」を作成し、標準作業者を決め、その作業をビデオに撮り、仮手順書を作成します。出来上がったビデオをみんなで見て、作業を統一します。それにより作業時間のバラツキ（AT/ST差ロス）が減り、段取りにより発生する不良数（率）、やり直しの回数を減らすことができます。
▶ タイムチャートの作成
　縦欄に作業を並べ、横軸に時間を取りタイムチャートを作成します。タイムチャートは、各ステップで行う改善対象を見つけ、目標値に対しての進捗を管理します。
　改善対象を見つけ出すポイントは、
　〇時間の長い作業
　〇時間が短く連続している作業
の2つです。改善対象が明確になったら、その作業が準備作業か本作業かを区分します。準備作業は2ステップ、本作業は3〜5ステップで改善していきましょう。
　各ステップで改善を実施したら、その結果をこのタイムチャートに反映し、改善の進捗を管理します。段取りの実践研修をする際に、タイムチャートは参加者全員から「最も役に立つ」と賞賛される優れたツールです。使いこなせるようにしておきたいところです。

第 2 章 ▶ 止まらない設備をつくる

仮作業手順書を作成、改善対象を見つける

優先順位の決定

出荷遅れ／生産予定に達していない

No.	段取り名	狙い／目的	ベンチマーク	時間	不良数	やり直し回数	AT/ST差	重要度	難易度	優先順位

仮手順書の作成

標準作業者を決める ─────▶ ビデオを撮る ─┐

みんなで見る ◀───── 仮作業手順書

↓

作業を統一

⇩

作業のバラツキ → 減
不良数（率） → 減 ┤ 効果が出る！
やり直しの回数 → 減

タイムチャートの作成　○改善ポイントの発見　○目標値に対しての進捗管理

時間 ▶

作業手順	時間	型交換作業のタイムチャート	準備	作業
①交換用部品の梱包を開ける	5		○	
②伝票で部品数を確認する	10	改善対象	○	
③一覧表で個数を確認する	60		○	
④トレイを作業台に準備する	120		○	
⑤トレイの重量を測定する	60	時間が長い		○
⑥指定部品をトレイに準備する	180		○	
⑦工具を準備する	60		○	
⑧型を外す	62			○
⑨外した型を清掃する	360			○
⑩清掃後の型を点検する	80	時間が短く連続		○
⑪交換する型を準備する	67		○	
⑫交換部品を取り付ける	67			○
⑬設置位置に調整する	660			○
⑭ガイドをつける	60			○
⑮再調整する	100			○
⑯試運転する	120			○

手順

目標値

77

Tool 5 段取り改善へのアプローチ

 # 第2ステップ〜準備作業改善

　段取りにおける、準備不足によるロスは意外と大きいと言われています。そのロスを、**準備の3原則**により削減していくのが第2ステップの目的に当たります。

　準備の3原則とは、
- ○探さない（必要なモノだけを決められた置き場所に置く）
- ○移動しない（移動しないような場所に置き台を設置する）
- ○使わない（正しい工具以外は置かない、使わない）

の3つです。

　準備の3原則は、**段取り台車**の作製により具現化します。

1. 必要品リストの作成

　標準作業者の手順から段取りに必要な治工具、測定器具、清掃道具の必要数を洗い出し、必要品リストを作成します。

2. 不要品の排除

　必要品リストにない治工具類などの不要品は排除します。

3. 段取り台車の設計

　必要品をどこに、どれだけ（いくつ）置くかを決め、準備台車の設計をします。台車上のモノの置き方は、使う順序に並べる、使う頻度の順で並べる、混同しやすい物は離す、という3つの観点から決定します。その上で、体に無理なく取れる、つかめば持ち直せずに取れる、使った後の戻しが楽、という3つの観点から取り出しやすさを追求します。

　仕上げとして、置き場所と置くモノの双方に表示します。

4. 台車の作製

　設計した台車を作製し、実際に使い、使いにくいところを改善します。

5. 手順書の改訂

　段取り台車を使用した段取りをビデオに撮り、仮手順書を改訂します。その後は全員で使い、改訂した段取り作業の定着を図ります。

第 2 章 ▶ 止まらない設備をつくる

段取り台車を作製する

準備不足によるロスは意外と大きい　　**準備の 3 原則**　　準備は設備を止めなくてもできる

第 1 原則：探さない	第 2 原則：移動しない	第 3 原則：使わない

必要なモノだけを決められた置き場所に置く	移動しないような場所に置き台を設置する	正しい工具以外は置かない、使わない

段取り台車の作製

1. 必要品リストの作成

    必要のあるモノを必要数 → 必要品リスト

2. 不要品の排除

    必要品リストにないモノ → 排除

　　　　　　　　　　　　　　　　　　　整理・整頓

3. 段取り台車の設計

    【台車上のモノの置き方】　　　【取り出しやすさの工夫】

    ①使う順序に並べる　　　　　　①体に無理なく取れる

    ②使う頻度の順で並べる　　　　②つかめば持ち直せずに取れる

    ③混同しやすいモノは離す　　　③使った後の戻しが楽

     置き場所と置くモノの双方に表示

4. 段取り台車の作製

    実際に使ってみる → 使いにくいところを改善

5. 手順書の改訂

    段取り台車を使用した仮手順書に改訂 → 全員でやる → 定着

Tool 5　段取り改善へのアプローチ

第3ステップ〜作業改善

タイムチャートの改善優先順位に従って、一つひとつの作業を改善します。その方法は2つあります。

▶**作業改善の4原則を回す**

従来のIE手法による改善です。
E：排除できないか（なくせないか、なくすと問題が発生するか）
C：結合できないか（まとめられないか、同時にできないか）
R：交換できないか（入れ替えられないか、入れ替えて時間が短くなるか）
S：簡素化できないか（単純にならないか、回数などを減らせないか）

改善のヒントとして、E→C→R→Sと順繰りに問いかけ、改善のアイデアが浮かんだら改善していきます。

しかし、実際にやってみると、ヒントだけで改善のアイデアが浮かんでくることはほとんどありません。

そこで、改善パターンを提示することにより、具体的な改善ができる方法を考案しました。それが、**パターン改善**です。

▶**パターン改善実施の勘どころ**

パターンは5つあります。
　○ボルトレス化：なくす → 少なくする→ 治工具を共通化 → 治工具の一体化
　　　　　　　　→ 蝶ネジ化 → クランプ化
　○電動具化：電動ドライバーを使用する
　○カバーレス化：カバーをなくす → 磁石化する → ひっかける
　○集中化：操作スイッチなど複数箇所で操作しているものを1カ所で操作できるようにする
　○並行作業化：複数人数で作業をする

パターン改善により悩むことなく改善が進められ、スピーディーかつ確実に効果を出すことができます。

第 2 章 ▶ 止まらない設備をつくる

パターン改善でスピーディーかつ確実に効果を出す

作業改善の4原則　従来のIE手法

E	排除できないか：なくせないか、なくすと問題が発生するか
C	結合できないか：まとめられないか、同時にできないか
R	交換できないか：入れ替えられないか、入れ替えて時間が短くなるか
S	簡素化できないか：単純にならないか、回数などを減らせないか

E→C→R→S と順に問いかけることにより改善のアイデアを出す

しかし、実際には改善アイデアが浮かばない

具体的に改善のアイデアを示す！

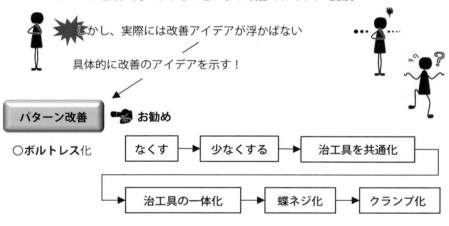

パターン改善　🔍 お勧め

○ボルトレス化　　なくす → 少なくする → 治工具を共通化
　　　　　　　　　→ 治工具の一体化 → 蝶ネジ化 → クランプ化

○電動具化：　電動ドライバーを使用

○カバーレス化　カバーをなくす → 磁石化する → ひっかける

○集中化：操作スイッチなど複数箇所で操作しているものを1カ所で操作
　　　　　できるようにする（設備の改造）

○並行作業化：複数人数で作業をする

　　　　　改善が進む → **スピーディー&確実に効果が出る**

81

Tool 5　段取り改善へのアプローチ

第4ステップ～設備改善

　設備改善は最も効果の出る改善です。以下に掲げる3つの手順で進めていきます。

1. 内段取りの外段取り化
　内段取りとは、設備を停止しないとできない段取りです。それに対して外段取りとは、設備を止めなくてもできる段取りです。設備は、できるだけ止めたくありません。設備改善では、まず「内段取りの外段取り化」に着手します。
①段取り作業を、外段取り作業と内段取り作業に分ける
②設備を止めてセットしている治具を、設備停止前にセットする
③品種ごとに違う治具を使っていたら共通化する

2. 内段取りの方法改善
　内段取りで残った作業に対し、パターン改善の要領で改善を行います。

3. 調整の調節化
　内段取りでどうしても残ってしまうのが調整作業です。そこで、この調整作業を改善します。
①不要な調整の排除
　　目的があいまい、有効度が低いと思われる調整作業を排除します。
②調整の調節化
　5つのパターン改善で調整作業を調節化します。
　　○ストッパー化：ストッパーを設け、位置決めをやめる
　　○ゲージ化：ブロックゲージを使い、汎用測定器を使うのをやめる
　　○マーク化：治具・設備に調節マークを刻み、汎用測定器を使わない
　　○数値化：アナログからデジタル測定器に変える
　　○一体化：調整が必要なブロックを一体化する
③調整手順書の作成
　　残った調整作業はビデオ化し、教育・訓練を行います。

最も効果が出る改善

1. 内段取りの外段取り化

    ○内段取り：設備を停止しないとできない段取り

    　　　↓ 設備はできるだけ止めたくない

    ○外段取り：設備を止めなくてもできる段取り

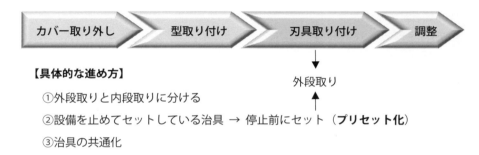

    【具体的な進め方】
    ①外段取りと内段取りに分ける
    ②設備を止めてセットしている治具 → 停止前にセット（**プリセット化**）
    ③治具の共通化

2. 内段取りの方法改善 → パターン改善の要領で実施

    ①カバーレス化
    ②ボルトレス化
    ③電動具化

3. 調整の調節化

Tool 5 ▶ 段取り改善へのアプローチ

6 第5ステップ～動作改善

　第4ステップまで進めてくると、20～80％の段取り時間は短縮されます。しかし、作業者によって時間のバラツキが出る作業があります。その作業に対して動作改善を行います。

▶動作分解
　作業の一番小さな単位は「要素動作」です。その要素動作が組み合わされて「単位動作」となり、単位動作が組み合わされると「要素作業」となり、要素作業が組み合わされて「単位作業」になります。この単位作業が1つの作業となります。動作改善は、単位作業を要素動作まで分解して改善することです。

▶ムダな動作の改善
　動作は16あり、それぞれが必要かムダか、ムダな場合どう改善するかが決まっています。
　　○必要な動作 →このままの動作とする
　　○必要だが改善の余地のある動作 →段取り台車の要領で改善する
　　○改善できるムダな動作 →5つの動作に対し下記パターンで改善する
　　　　◇探す → モノの置き方を決める
　　　　◇見つける →モノをひと目で見える範囲に置く。容器を形や色で区分
　　　　◇選ぶ →モノの配列を使う順序にする
　　　　◇位置決め動作 →ガイドやストッパーを使う
　　　　◇運ぶ →距離が短いレイアウトにする
　　○検討余地のあるムダな動作 →それぞれに対策

▶動作改善の効果
　動作改善の効果を次ページ上図のカバーセットという作業で見ると、7つの動作のうち1つが必要、3つが改善の余地がある、3つがムダな動作となり、それらを改善することで29秒の作業が16秒になり45％削減でき、作業のバラツキも削減できました。

第 2 章 ▶ 止まらない設備をつくる

ムダな動作をなくす→作業時間の短縮＋バラツキの極小化

作業のバラツキが大きい → 動作改善

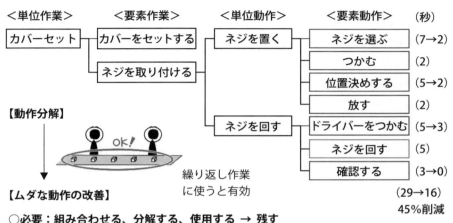

【動作分解】

↓

【ムダな動作の改善】

繰り返し作業に使うと有効

(29→16)
45％削減

○ **必要：組み合わせる、分解する、使用する → 残す**

○ **改善余地がある：つかむ、放す**

  ◇つかめば持ち直しせず、そのまま使える工具の置き方
  ◇体の動きのバランスが良い両手作業ができるモノの配置
  ◇手を放せば、そのまま収納する吊り下げ工具の工夫
  ◇体のひねり、伸ばし、移動なしで取れるモノの配置

準備台車の要領

○ **改善できるムダな動作：探す、見つける、選ぶ、位置決め、運ぶ**

  ◇探す → モノの置き方を決める
  ◇見つける → モノをひと目で見える範囲に置く。容器を形や色で区分
  ◇選ぶ → モノの配列を使う順序にする
  ◇位置決め動作 → ガイド、ストッパーを使う
  ◇運ぶ → 距離が短いレイアウトにする

パターン改善

○ **検討余地のあるムダな動作：保持、から手、調べる、休む、考える、中断**

  → それぞれに対策をする：保持機構をつくる、両手を使う　など

  動作のムダを排除 ──▶ 作業時間の短縮／作業のバラツキがなくなる

85

調整作業のやり直しは原則整備によりなくせる

　段取り改善をしてもどうしても残ってしまう、一度やってもやり直しになってしまうのが調整作業です。その理由は、調整作業が設備の原則の崩れと密接に関係しているからです。

　新品の設備でも使っていくうちに劣化が進行し、精度のバラツキが出てきます。この精度のバラツキが、生産で必要な精度より大きくなると、良品をつくることができなくなります。その対応として、調整作業が必要になってくるわけです。しかし、一度OKだった調整条件も、生産しているうちに設備の劣化や精度不良が進行して、調整時間が延びたり再調整が必要になったりという事態に陥ります。

　これに対して、2段階の原則整備で対応します。

　まずは段取り改善の前に、調整作業を必要としているユニットや部位に対して原則整備をします。そして、段取り標準書通りにやっているのにもかかわらず、調整時間が延びたり再調整が発生したりし始めたら、再び原則整備を行うのです。これにより調整時間のバラツキをなくし、場合によっては調整自体をなくすことも可能です。

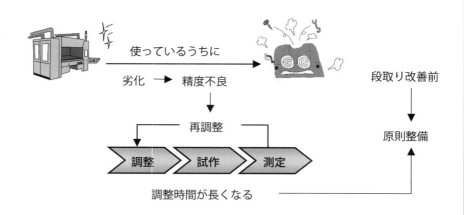

第 3 章

手作業の基盤づくりで人材を活性化

Tool 6　標準整備へのアプローチ

1　標準とは

　標準とは、行動の目安や判断のよりどころになるものです。JIS規格では、作業の条件や作業方法、管理方法、使用材料、使用設備、その他注意事項などに関する基準を規定したもの、と定義しています。

▶ **標準を整備するメリット**

　標準を整備するメリットが5つあります。

　①安全な作業により災害がなくなる

　②作業が安定して時間のバラツキが少なくなり、品質が安定する

　③作業改善のベースとなり、さらなる改善を促す

　④教育・訓練に活用できる

　⑤標準時間（ST）が定まり、現場管理のベースとなる

　したがって、標準が整備されていると、

　〇ポカミスが発生しない（標準を守っているとき）

　〇作業時間のバラツキが少ない（標準時間の±5%以内）

という状態が維持されます。

▶ **改善から管理へ**

　手作業に関する改善の終着点となるのが標準です。たとえば生産性を上げたい、あるいはポカミスをなくしたいという目的で作業を改善した場合に、その効果の結果が作業標準書としてまとめられ、維持するためのツールになります。

　ところで、**改善効果を維持することを管理**と呼びます。管理には、以下に示す2つの機能があります。

　①ルール（標準）を決めて守らせる

　標準を守らせることで作業時間が安定し、ポカミスが出なくなります。

　②異常を感知し、復元すること

　標準を守らないと作業時間がばらつき、ミスが出ます。この状態を感知し、ルールを守らせることにより復元します。

88

第 3 章 ▶ 手作業の基盤づくりで人材を活性化

改善、管理のベース

標準とは 行動の目安や判断のよりどころになるもの
（JIS）作業の条件、作業方法、管理方法、使用材料、使用設備
その他注意事項などに関する基準を規定したもの

標準整備のメリット
①災害防止
②作業（時間／品質）の安定化
③作業改善のベース
④教育・訓練に活用
⑤現場管理のベース

標準が整備されている状態

○ポカミスが発生しない　　○作業時間のバラツキが少ない

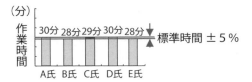

改善から管理へ

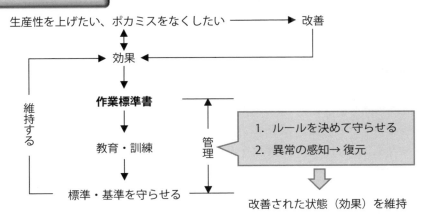

Tool 6 標準整備へのアプローチ

2 現場に標準はあるのか、ないのか？

　それでは、そんな大切な標準の実態は、いったいどうなっているのでしょうか？

▶ 標準の実態

　173工場の716作業について標準の実態を調査しました。その結果は、標準を守っていないのが40％、標準を守っているのが60％でした。

　そこで「なぜ標準を守っていないのか」を調査したところ、標準がない13％、標準の不備62％、教育・訓練のしくみの欠陥が25％でした。このことにより、それらの現場では作業の生産性が上がらない、生産量が安定しない、ポカミスが頻発する、という現象が発生していました。

▶ 標準の7つの不備

　多くの工場で、作業標準には7つの不備があります。
　①紙と写真の標準 ＋OJT → 教育・訓練のしくみの欠陥
　②標準を守る意味が書いてない
　③過去に発生した災害、ポカミスがわからない
　④不要な作業がある
　⑤必要な作業がない
　⑥わかりにくい表現がある
　⑦規格があいまい

▶ 整備へ向けた3つのステップ

　標準整備へのアプローチでは、
　①ない標準をつくる（ビデオ化）
　②標準の7つの不備を整備する
　③みんなが守れるビデオ標準をつくる

ことを進めます。そしてOJTではない、これからの時代に適した教育・訓練を実施します。それにより、生産性の向上と生産量の安定、ポカミス予防ができるようになります。

第3章 ▶ 手作業の基盤づくりで人材を活性化

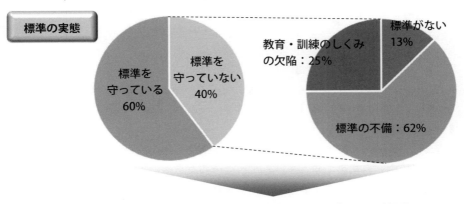

生産性が上がらない、生産量が安定しない、ポカミスが頻発

標準の7つの不備

①紙と写真の標準＋OJT
②標準を守る意味が書いてない
③過去発生した災害、ポカミスがわからない
④不要な作業がある
⑤必要な作業がない
⑥わかりにくい表現がある
⑦規格があいまい

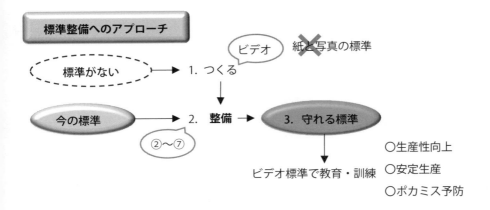

Tool 6　標準整備へのアプローチ

3　ない標準はつくる

　標準は、すべての作業になくてはなりません。そこで、標準の有無を調べるために、まず「作業の棚卸し」を行います。

▶**作業の棚卸し**

　7つの観点から、標準作成と標準整備の優先順位を決めます。

1. 工場内／自職場でやっているすべての作業を洗い出します。その際、非定常作業（異常処置、緊急対応）を入れるのを忘れないでください。これらの作業は、災害やポカミスを発生させる可能性が高く、その防止のためにも標準は必要です。
2. 作業標準書の有無を確認します。ない場合は作成します。すでにある場合には、3～6の項目で整備の優先順位を決めます。
3. 過去発生した災害の件数を把握します。
4. 過去に発生したポカミスの件数を把握します。
5. 作業の一番早い人の作業時間（ST）と、他の人の作業時間（AT）の差をAT/ST差ロスとして測定します。
6. 各作業における多能工化率を調査します。
7. 標準整備する優先順位を決めます。

▶**ビデオに撮ってつくる**

　ない標準はつくります。

1. 標準作業者を決めてビデオに撮り、作業名と作業の目的、準備物、作業内容を音声とテロップで説明します。
2. 標準を守る意味を知らせます。
3. 過去に災害やポカミスが発生した作業の前で動画を止め、警告音を鳴らして注意を喚起します。その後、やってはいけない作業とやるべき作業を知らせます。
4. 作業が終了したら知らせ、片づけを指示します。片づけ後の状態は静止画で表示し、チェックできるようにします。

第 3 章 ▶ 手作業の基盤づくりで人材を活性化

すべての作業を洗い出し、ない標準はつくる

作業の棚卸し

> 非定常作業（異常処置、緊急対応）を忘れない

1. 工場内／自職場の**すべての作業**を洗い出す

No.	工程	作業名	標準書の有無	災害件数	ポカミス件数	AT/ST差ロス	多能工化率	優先順位

2. 標準書の有無を確認

3. 災害件数の把握

4. ポカミス件数の把握

5. AT/ST 差ロスの測定

6. 多能工化率を調査

優先順位

計画的に整備 ◀── **7. 優先順位を決める**

ない標準はつくる

1. 標準作業者を決める

ビデオに撮る
⇩
ビデオ標準

作業開始　音声とテロップで内容を説明する
↓
作業目的　◁　2. 標準を守る意味を知らせる
↓
準備物
↓　　　　　　3. 過去発生した災害、ポカミスを知らせる
作業　　　　　　⇩
注意喚起 - - - **過去発生した災害、ポカミス（災害報告書、NG/OK シート）**
↓
片づけ　◁　4. 片づけ後チェック
↓
作業終了

93

Tool 6　標準整備へのアプローチ

 標準を整備する

　すでにある標準と、新たにつくった標準は4つの手順で整備します。
▶ 標準作業者の決定
　作業時間を縦軸、ポカミス件数を横軸に取り、「作業時間／品質評価マトリクス」を作成します。このとき、ミスがなく（少なく）作業時間が短い作業者を標準作業者とします。
▶ ビデオ標準の作成
　標準作業者の作業をビデオに撮影します。標準を守る意味と、過去に発生した災害とポカミスを表示し、ビデオ標準を作成します。
▶ 教育の実施
　出来上がったビデオ標準を全作業者で見て、整備していきます。
　○普段から要らないと感じている不要な作業は抜く
　　（たとえば確認作業など）
　○自分はやっていないが、標準作業者がやっている作業は必要な作業として認識する。その際、なぜ必要なのかを全作業者で理解（納得）する
　○わかりにくい表現があったら、みんなでわかりやすい表現に変える
　○あいまいな規格があったら定量化する
▶ 実際にやってみる
　全作業者で修正したビデオ標準を見ながら、実際に作業をやってみます。効果は、作業時間／品質評価マトリクスで判定します。全員がミスなしで標準作業者とほぼ同じ時間（±5％以内）で作業ができたら、標準が整備されたと判定します。
　実際にやってみると、標準作業者の作業時間（ST）と、他の作業者の作業時間（AT）の差の総和で10～20％の効果が得られます。したがって、改善をしなくても全作業を整備するだけで、トータルとして大きな効果が得られることになります。

第3章 ▶ 手作業の基盤づくりで人材を活性化

標準を整備し、作業を統一 → 大きな効果

全作業者の過去のポカミス、
作業時間を測定

⇩

作業時間／品質評価マトリクス

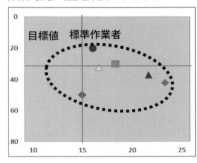

作業時間／品質評価マトリクス

ビデオ標準の作成

 作業をビデオに撮る

標準作業者

⇩

○標準を守る意味を知らせる
○過去発生した災害、ポカミスを知らせる ⇨ ビデオ標準

教育の実施

全員で見る

○不要な作業はなくす
○必要な作業を認識する
○わかりにくい表現 → わかりやすい表現に変える
○あいまいな規格 → 定量化する

実際に全員でやってみる

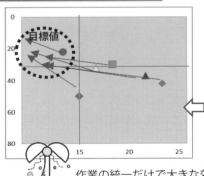

全作業者：ビデオを見ながら作業をする

⇩

自分の手順と違う場合：ビデオを止め確認

⇩

ミスなし＋標準作業者の ±5％以内

⇩

作業が統一

作業の統一だけで大きな効果が得られる

| Tool 6 | 標準整備へのアプローチ

5　人の作業に限界を感じたらEA化を図る

　単純繰り返し作業において、人の作業には精度の限界、体力の限界、集中力の限界という3つの限界があります。これらの限界を超えると作業の精度のバラツキが大きくなり、ポカミスが発生して生産性が低下します。それに対応するのが、EA（Easy Automation）化です。

▶ロボット活用による簡易自動化

　EAは、単純繰り返し作業を卓上ロボットに置き替える簡易自動化です。ローコストかつ現場で扱いやすいという特徴を持ちます。パソコン周辺機器メーカーの組立ラインでは、立ち上げ後から歩留りが45％と低迷し、廃棄・手直しも多発して経営を圧迫していました。そこで標準整備を行った結果、歩留りを76％に（31％）向上させ、工数も21％削減できたのです。

　しかし、歩留り100％まではまだ程遠い状態です。その原因を調査すると、樹脂注入、ネジ締め、はんだづけなどの作業で精度のバラツキがあり、その一つひとつ、一人ひとりのバラツキが集積し、最終製品で不良になることがわかりました。これは、「標準化→教育・訓練」では乗り越えられない壁です。そこで、その対策として5つの手順でEA化を進めました。

▶中品種中量生産に適用

　①対応治具（樹脂注入、ネジ締め、はんだづけ）の開発
　②段取り（条件設定手順）の作成
　③メンテナンスマニュアルの作成
　④教育・訓練マニュアルの作成
　⑤試行→作業性の追求→改善

　その結果、作業のバラツキが1/3になり、歩留りは98.2％まで向上し、工数もさらに14％減らすことができました。EA化ラインは、少品種大量生産に対応する自動化ライン、多品種少量生産に対応するセルライン、その中間の中品種中量生産に対応する生産システム（ライン）として位置づけられています。

第 3 章 ▶ 手作業の基盤づくりで人材を活性化

中品種中量生産システム EA 化ライン

単純繰り返し作業 ← 精度の限界／体力の限界／集中力の限界 バラツキ／ポカミス発生／生産性低下

EA 化　ローコスト
Easy Automation　現場で扱いやすい

【パソコン周辺機器生産工場の組立ライン】

歩留り：<u>45%</u>、廃棄、手直しコストが多発

標準整備 ↓

歩留り：<u>76%</u>、工数：21%削減

↓

100%まで程遠い

| 原因 | 各作業のバラツキ ↓ 最終製品で不良 |

→ EA 化 →

バラツキ 1/3

歩留り：98.2%
工数：14%減

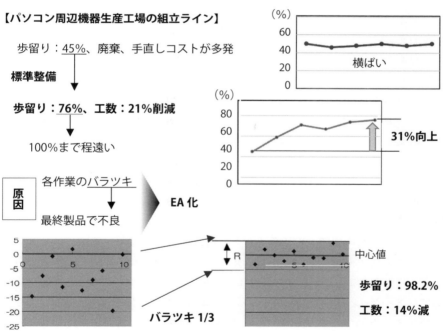

【EA 化ラインの位置付け】

少品種大量生産　　中品種中量生産　　多品種少量生産

自動化ライン　　　EA 化ライン　　　セルライン

Tool 7　ビデオ標準作成へのアプローチ

 ビデオ標準とは

　ビデオ標準とは、動画を繰り返し見ることで、頭の中に作業内容をイメージとして植えつける教育支援ツールです。デジタル技術の進歩によってとても扱いやすくなりました。

▶ **ビデオ標準の6つのメリット**

　ビデオ標準のメリットは以下に掲げる6つです。
　①教える人によって内容が偏らない
　②動画で作業のイメージが伝わりやすい
　③わからない作業があったら、繰り返し何度でも見ることができる
　④自分の空いた時間に自分のペースで学べる。それでもわからないことがあったら聞く（聞ける）
　⑤教える側の時間的負担と教わる側の精神的負担を減らせる
　⑥結果として、短期間で習熟できる（人材育成できる）

　これにより、新人の即戦力化と多能工化、教育・訓練ロスの削減、ポカミスロスの削減が可能です。

▶ **多国語展開も用意**

　現場に外国人の作業者がいる場合や、海外に工場を展開する場合にも有効です。今までの、やって見せながら教えていたOJT方式は、短時間の作業であればどうにかなりました。しかし、ちょっと長い時間の作業になると、作業を抜かしてしまったり、途中で悩んで止まってしまったり、自分で勝手に判断してやった結果ミスをしてしまったり、とロスを出しながら長い期間をかけて覚えてもらっていたのです。

　これらの課題を、「動画を繰り返し見ることで、一連の作業内容をイメージとして覚える人の特性」を使ったビデオ標準であれば解決できます。動画に加えるテロップも、今の時代であれば自動で現地語に翻訳でき、一度つくれば各国向けに対応できます。ビデオ標準の作成は、絵コンテの作成、ビデオの撮影、編集の3つのステップで進めていきます。

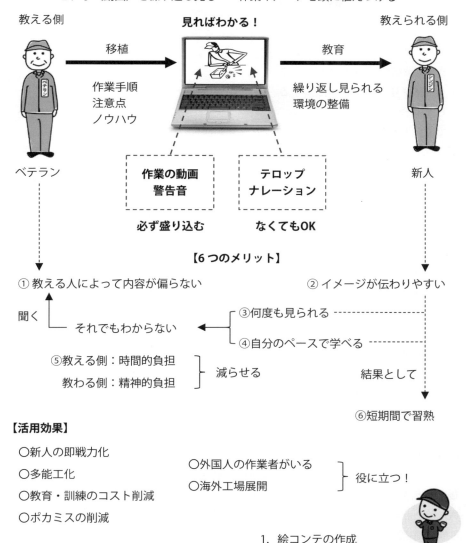

Tool 7　ビデオ標準作成へのアプローチ

2　作成時のポイント

作成時のポイントは4つあります。

1. 誰が見るのかを明確にする

ビデオ標準を作成する際には、「誰に、何を教えるか」を明確にすることが必要です。具体的には、安全教育や新人教育、通常の作業標準、作業のポイント、ポカミス防止、トラブル対応、多能工化、外国籍・海外工場向け教育の8つが挙げられます。

対象者が新人の場合は、安全上の注意点に加えて、専門用語や治工具の解説などの基本事項を盛り込みます。多能工化対象者向けの場合は、基本事項を省略しても構いません。

2. 長さは1〜3分

1本のビデオ標準に、内容を盛り込み過ぎないように留意することも大事です。ビデオ標準が長過ぎると、初めに見た画像を忘れてしまいます。繰り返し見るのも大変です。長さは1〜3分が最適です。長い作業の場合は分割して作成します。

3. 現場作業者が作成する

現場作業者は作業の内容を十分熟知しています。災害やポカミスを発生させる恐れのある「やってはいけない作業」についても当然知っています。したがって、ビデオ標準は現場作業者が作成すると、実情に即した内容にまとめることができるでしょう。

4. 編集ソフトで手軽に作成

実際の作成には、市販されている動画編集ソフトを使います。価格は1万円前後と比較的安く、経費の範囲で手に入れられるはずです。操作方法は、ExcelやPowerPointが扱えれば小1時間ぐらいの学習でマスターできます。

現場作業者の中から動画標準を作成したい人を募集し、教育して自分の作業をビデオ化してもらいます。

第 3 章 ▶ 手作業の基盤づくりで人材を活性化

ビデオ標準を作る前の予備知識

1. 誰が見るのか

○誰に、何を教えるかを明確に

【新人】安全上の注意点、
　　　　専門用語や治工具の解説などの基本事項を盛り込む

【多能工化対象者】基本事項を省略しても OK

2. 長さは 1～3 分

1 本に内容を盛り込み過ぎない！

 人の脳は、同じ画像を繰り返し入力することにより記憶

長過ぎると忘れてしまう　　｝長い作業 → 分割して作成
繰り返し見ることもできない

⇩

長さは **1～3 分**が最適 ───────────────────

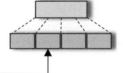

3. 作業者が作成

　　　○作業内容を熟知
　　　○災害やポカミスを発生させる「やってはいけない作業」を知っている

4. 編集ソフト

○作成には動画編集ソフトを使用
○価格も 1 万円前後と比較的安い

 ○Excel や PowerPoint が
　　　　　　使えれば容易に習得可！

やりたい人を募集 → 教育 → 自分の作業をビデオ化

Tool 7　ビデオ標準作成へのアプローチ

3　第1ステップ〜絵コンテの作成

　作成の第一歩は、絵コンテの作成です。
　絵コンテとは、画面構成やストーリーをイラストと文章で示したものです。1枚10〜15分で描きます。わかりやすく、飽きないビデオ標準にするためには、画角（映像に収まる範囲＝撮影対象物の大きさ、アップか引きか）が非常に重要です。
　いいビデオ標準になるかどうかは、「絵コンテがきちんと描けているか」で決まると言っても過言ではありません。

1. 伝えたい内容を決め、絵コンテに大まかな流れを描く
①やってはいけないこと（NG作業）
②過去に災害が出た作業
③過去にポカミスが出た作業
④やるべき手順を示す
⑤動画、静止画どちらにするか

2. 動画を撮る
　作成した絵コンテに沿って、標準作業者の作業を動画に撮ります。その際、標準と違う手順をしていないか確認し、もし違いがあったら作業者に確認します。他にも気がついたことがあったら撮影を中断して、問題点の解消を行います。

3. 絵コンテを仕上げる
　1で書いた絵コンテに、動画撮影で明確になったことを盛り込み、各コマでテロップ表示するコメント（内容）を決めます。1コマに情報を盛り込み過ぎず、1コマ＝1情報のイメージで作成するとわかりやすくなります。絵コンテ作成時に内容チェックを十分に行うことで、ビデオ標準作成後の修正をなくすことが可能です。
　また、1本目の絵コンテを作成するときは、絵コンテ作成にかかった時間を測定しておき、2本目以降の絵コンテ作成時間の目安にします。

絵コンテのデキでビデオ標準のデキが決まる

【絵コンテ】画面構成、ストーリーをイラストや文章で示したもの

画角が重要！

画角とは
映像に収まる範囲
＝撮影対象物の大きさ、
アップか引きか

1. 伝えたい内容を決め、絵コンテに大まかな流れを書く
    - ①やってはいけないこと（NG作業）
    - ②過去に災害が出た作業
    - ③過去にポカミスが出た作業
    - ④やるべき手順
    - ⑤動画と静止画のどちらにするか

2. 動画を撮る

    作成した絵コンテに沿って、標準作業者の作業の動画を撮る

    標準と違う手順をしていないか

    　　　あったら、作業者に確認

    気がついたこと → 撮影を中断
    　　　　　　　→ 問題点の解消

3. 絵コンテを仕上げる
    絵コンテに、仮作業動画撮影で明確になったことを盛り込む
    各コマでテロップ表示するコメント（内容）を決める

Tool 7　ビデオ標準作成へのアプローチ

4　第2ステップ〜ビデオの撮影

絵コンテをベースに、作業を撮影します。

▶▶ **わかりやすくする撮影のポイント**

わかりやすいビデオ（動画）にするポイントは3つです。
○長回しではなく、分割で撮影
○移動中は撮影しない（作業者の後ろ姿を追う動画は不要）
○必要以上の高解像度で撮影しない（映像データ容量が大きくなる）

▶▶ **撮影方向も工夫する**

作業によって撮影方向を変えます。
○設備操作、段取り、清掃
作業者を見ている方向（前方左側・右側からor上部）から撮影します。
○ピッキング、組立、検査
作業者目線で撮影します。頭部にカメラをつけて撮影することも有効です。その場合、頭の動きによって画像がぶれないことに留意します。

▶▶ **パソコン操作による撮影**

作業中にパソコン操作をする場合、使用するパソコンに動画編集ソフトをインストールします。それにより、パソコン操作をしているマウスの動きを画面で録画することができます。

▶▶ **静止画や図を活用しよう**

動画だけでなく、静止画（写真）や図も活用します。静止画は、使用する治工具・部品・材料や完成製品の説明、NG/OKシートを写真で撮ります。一方で図については、設備の構造図や部品組図、レイアウト図などを多用するとよいでしょう。

静止画や図はPowerPointなどで作成し、図として保存したものを編集時に取り込みます。動画、写真（静止画）、図というメディアそれぞれの良さを活かすことで、よりわかりやすく、より効果が出るビデオ標準にすることが可能です。

第 3 章 ▶ 手作業の基盤づくりで人材を活性化

映画と同じで撮影は大切

絵コンテ → 作業を撮影

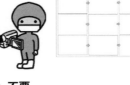

撮影のポイント

○長回し × → 分割 ○
○移動中の撮影 ×　　作業者の後ろ姿を追う → **不要**
○必要以上の高解像度撮影 ×

撮影方向

作業によって撮影方向を変える
○設備操作、段取り、清掃
　▷作業者を見ている方向から撮影
（前方左側・右側から、上部から、必要に応じて後方から）
○ピッキング、組立、検査
　▷作業者目線で撮影（頭部にカメラをつける、ぶれ注意）

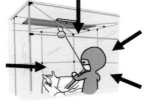

パソコン操作の撮影

使用するパソコンに動画編集ソフトをインストール → マウスの動きを録画

静止画、図の活用

○写真（静止画）
　：使用する治工具・部品・材料や完成製品の説明
　NG/OK シートを写真で取り込む
○図：設備の構造図、部品組図、レイアウト図

よりわかりやすく、より効果が出るビデオ標準にする

105

Tool 7　ビデオ標準作成へのアプローチ

5　第3ステップ〜編集

ビデオを撮影したら編集に入ります。

▶準備すべきアイテム

まず、編集に必要な動画編集ソフトがインストールされたパソコン、絵コンテ、編集材料（動画、写真、図、NG/OKシート）、音楽データ（警告音、BGM）と対象作業の作業手順書を準備します。このとき、可能であれば音声合成ソフトも準備します。

▶動画ソフトの選択

市販されている動画編集ソフトの機能は、どのメーカーのものもほとんど変わりません。価格も同じくらいです。クラウドを利用する動画編集ソフトもありますが、こちらは機能も価格もさまざまです。ビデオ標準展開の規模に合ったものを、操作性と価格を考慮して選ぶといいでしょう。

▶編集手順のポイント

編集作業は、ビデオ（動画）データ取り込み、不要な部分の削除、静止画・図の取り込み、速度調整、テロップ入力、ナレーション入力、警告音入力、音量調整の順で行います。

▶6つの工夫

編集上の工夫すべき点を6つ掲げます。

①テロップ：文字サイズ、表示位置の統一、1行で簡潔に、色使い

②強調：スローモーション、繰り返し

③画面の切り替え

④テロップ表示時間の最適化

⑤音：注意喚起

⑥BGM：飽きさせない

このうち、特に**音による注意喚起**が重要です。毎回その音が鳴るたびに、「やってはいけないこと」を伝えることができます。多くの説明が必要な場合、テロップではなくナレーションで解説すると伝わりやすくなります。

ビデオ標準を仕上げる

準備

○動画編集ソフトがインストールされたパソコン
○絵コンテ
○編集材料（動画、写真、図、NG/OK シート）
○音楽データ（警告音、BGM）
○作業手順書＋（可能であれば）音声合成ソフト

動画ソフトの選択

自社のビデオ標準展開の規模に合ったものを、操作性と価格を考慮して選ぶ

編集手順

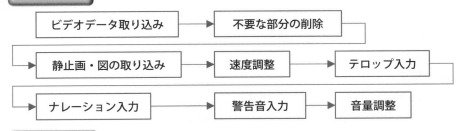

6つの工夫

①テロップ：文字サイズの統一、表示位置の統一、1行で簡潔に、色使い
②強調：スローモーション、繰り返し
③画面の切り替え　　　💡 説明が多いときは、ナレーション
④テロップ表示時間の最適化
⑤**音：注意喚起**　⇦ 重要！その音が鳴るたびに「やってはいけないこと」が伝わる
⑥BGM：飽きさせない

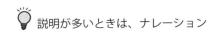

| Tool 7 | ビデオ標準作成へのアプローチ

6 ビデオ標準を活用した教育・訓練

　ビデオ標準が完成したら、教育・訓練を実施します。教育・訓練のしくみは、ビデオ標準やAIアドバイザー、訓練キット、作業ナビ、遠隔支援の5つ（のシステム）で構成されます。

▶AIアドバイザーの機能
　作業標準書やビデオ標準にない事態が発生し、判断できないときに聞くシステムです。わからないときに、勝手に判断して出してしまうポカミスを防ぎます。

▶訓練キットの機能
　作業を、実際に用意された部品や治工具類を使って、繰り返し練習するのがオフライン訓練キットです。通常、締結／はんだづけ／調整などの技能を要する作業に対して設置します。

▶作業ナビの機能
　一つひとつの作業がタブレットに表示され、その作業が完了したら次の作業を表示するシステムです。作業をうろ覚えの段階で使うことにより、作業が完全に身につきます。

▶遠隔支援によるメリット
　ZoomやTeamsのように、画面を共有しながら遠隔地からアドバイスを受け、作業を進めていくしくみです。実施には遠隔地における保全作業／夜間のトラブル復旧／異常処置などに使われます。

▶自動車部品組立工場：新人の教育・訓練における効果
　従来のOJT式教育・訓練のしくみでは、作業の習得期間が2カ月かかり、その間にポカミスが頻発していました。そこで、入社時にポカミス教育を実施し、新たな教育・訓練のしくみとして導入したものです。
　その結果、ポカミスゼロを達成し、1カ月間で作業習得が実現できました。それに加え、離職率が減るという予想もしていなかった嬉しい効果が加わりました。

第3章 ▶ 手作業の基盤づくりで人材を活性化

これからの時代の教育・訓練のしくみ

教育 ─┬─ ビデオ標準　　　繰り返し見ることで作業のイメージを
　　　│　（ベース）　　　頭に植えつける
　　　│
　　　└─ AIアドバイザー　標準にない事態が発生
　　　　　（ポカミス防止）→ 判断できないときに聞くシステム

訓練 ─┬─ 訓練キット　　　ビデオ標準で覚えた作業を繰り返し練習
　　　│　（オフライン訓練）
　　　│
　　　│　　　　　　　　　　　　　　　　　　部品や治工具類
　　　│
　　　├─ 作業ナビ　　　　一つひとつの作業がタブレットに表示され
　　　│　（作業を身につける）　完了したら次の作業を表示
　　　│
　　　└─ 遠隔支援　遠隔地からアドバイスを受け作業を進める
　　　　　（保全作業／トラブル復旧／異常処置）

【自動車部品組立工場】

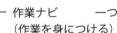

従来の新人教育・訓練
　↓　習得期間：2カ月
　　　ポカミス頻発

新たな教育・訓練のしくみ
　　　習得期間：1カ月
　　　ポカミスゼロ

（入社時、ポカミス教育を実施）

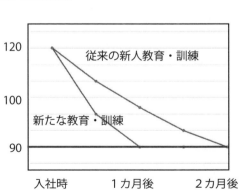

離職率も減った！

Tool 7　ビデオ標準作成へのアプローチ

7　多能工化への適用

新たな教育・訓練のしくみは、新人教育だけでなく多能工化にも適用します。

▶ スキルの棚卸し

まずは、作業者一人ひとりの現状のスキルレベルを把握し、スキルマップを作成します。その後、一人しかできない作業、もしくは重要な作業などの優先順位をつけ、教育・訓練計画を立てます。

【教　育】　1. 標準を守る意味、守らないとどのような不良・トラブルが発生するかを説明します。
　　　　　　2. 作業者にビデオ標準を3回見せます。初めに2回見せ、内容確認と質疑応答をします。その後にもう1回見せ、作業を覚えたかどうかを確認します。
【口頭試問】3. 手順を言ってもらいます。覚えていない部分があったら、自主学習をしてもらいます。
【訓　練】　4. 作業ナビや訓練キットを使い、実作業をしてもらいます。訓練期間中、標準時間（ST）に達しない場合は自主訓練を繰り返してもらいます。
【作業認定】5. 評価基準を決めて評価し、作業認定し、スキルマップを更新します。

▶ 実作業での運用

作業中にわからないことが出てきたら、自分勝手に判断はさせず、AIアドバイザーで確認するようにします。ただし、もしAIアドバイザーにも情報がなかった場合は、上司に聞くことをルール化して、遵守してもらうようにしましょう。

▶ 日々管理の要点

作業時間／品質評価マトリクスで遵守度をチェックします。教育・訓練は、計画に従い進めていきます。

第3章 ▶ 手作業の基盤づくりで人材を活性化

教育・訓練から実作業までの流れ

【スキルの棚卸し】作業者一人ひとりの現状のスキルを把握

スキルマップ → 教育・訓練計画

No.	作業名	Aさん	Bさん	Cさん	Dさん	Eさん
	・・・・・・・・・・	◎	○		○	
	・・・・・・・・		◎	○		
	・・・・・・・	◎				○

【教育】
1. 説明：標準を守る意味、発生する不良・トラブル
2. ビデオ標準を3回見せる

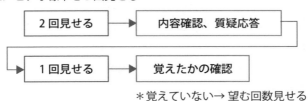

　　3. 口頭試問

【訓練】　4. 作業ナビ＋訓練キット　→　実作業

　　　　　　　＊標準時間（ST）に達しない → 自主訓練

【作業認定】　5. 評価基準を決める

【実作業】　作業中にわからないこと
　　　　　　→ AIアドバイザーに聞く → 上司に聞く

これどうしたらいい？

【日々管理】　作業時間／品質評価マトリクスで遵守度をチェック

計画的人材育成で職場を活性化しよう

　作業者は、ひとたび生産ラインに配属されると、教育・訓練する時間がなかなか確保できません。そこで、入社時に一人ひとりの要望を聞き、新人からどのくらいのレベルまで育成していくかの計画を一緒に立てます。これを**CDP**（Career Development Program）と言います。

　そのCDPに従い、最初の教育・訓練をしたら作業をさせ、ある程度の時間（18カ月が最適）が経ったら次の作業の教育・訓練をし、その作業をやってもらう、ということを繰り返します。それにより多能工化を推進するとともに、本人が希望したキャリアも実現できます。

　CDPは、モラルアップ（やる気の維持）にもつながります。

　長年、同じ職場で同じ人たちと働き続けるとマンネリ化現象が起き、本人すら感じないままモラルが下がっていきます。CDPによる「教育・訓練→他の職場で働く」というサイクルはマンネリ化現象を防ぎ、やる気を維持し、生産性の向上にもつながります。

　CDPは「モラルアップ→スキルアップ→生産性アップ」というサイクルを生み、職場や工場、会社全体を活性化します。ぜひ、CDPに取り組んでみてはいかがでしょうか。

第 4 章

不良をゼロにする

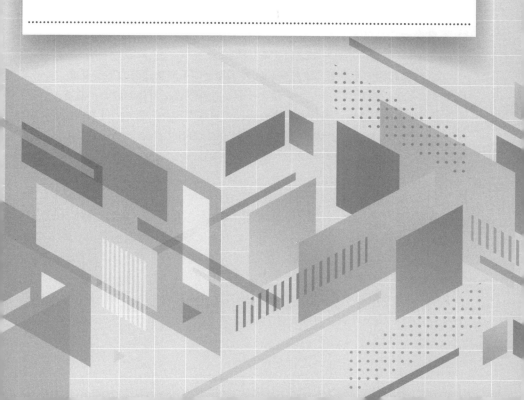

| Tool 8 | 不良ゼロの5原則 |

原則1：不良は結果

　不良は、部材（インプット）をものづくり現場（製造プロセス）で加工・組立した結果、できてしまうもの（アウトプット）です。

▶生産要素にある不具合が不良

　部材が不良だと当然、製品は不良になります。部材が良品でも作業のミスがあると、製品は不良になります。部材が良品で作業のミスがなかったとしても、設備の原則が崩れていると製品は不良になります。そして、部材が良品で作業のミスもなく、設備の原則が整っていたとしても、部材／製品に異物が付着・固着・入り込むと製品は不良になります。

　つまり、不良は部材／作業／設備／異物の各**生産要素**に、もしくは複数の生産要素に不具合（不良）があると発生する結果なのです。

▶不良をゼロにするには

　ものづくり現場の不良をゼロにするには、

　　　　作業起因の不良ゼロ＋設備起因の不良ゼロ＋異物起因の不良ゼロ

にすることが必要です。そして、作業起因／設備起因／異物起因の不良をゼロにするには、各生産要素における不良の要因と対策がわからなくてはなりません。

　「不良ゼロの5原則」では、作業／設備／異物の各生産要素で発生する不良の要因と対策を定義し、それらをステップに組み込んだツールを活用し、不良をゼロにします。

▶設計ミスゼロを志向

　実際の不良には、設計起因と部材起因の不良もあります。設計起因の不良に対しては「設計ミスゼロへのアプローチ」でゼロ化します。部材起因の不良に対しては、「部材の品質マネジメント（購買へのアプローチ）」でサプライヤー・協力工場とともに、不良をゼロにしていきます。

　また、海外工場の不良に関しては、「海外工場の品質マネジメント（海外工場へのアプローチ）」により対応します。

第4章 ▶ 不良をゼロにする

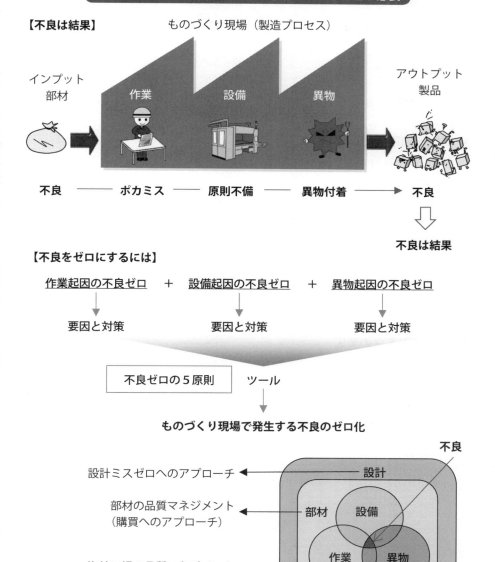

Tool 8　不良ゼロの5原則

原則2：不良の要因

　不良の要因は78あります。要因とは、不良を出す可能性のある現象・状態を言います。

▶**異物起因不良の要因**

　異物起因不良の要因を発生源と呼びます。7つの発生源から35の異物が発生します（＊前工程を加えると8つ）。

1. 購入品に入ってくる　　金属、繊維、パレット屑など6つ
2. 外気から入ってくる　　異物を含んだ外気、虫
3. 材料から発生　　　　　材料残り、反応生成物など4つ
4. 設備から発生　　　　　金属、ベルト屑、油、錆びなど9つ
5. 人から発生　　　　　　皮膚、繊維、手袋の汚れなど8つ
6. 備品から発生　　　　　屑、摩耗粉、剥がれ、清掃ウェスなど5つ
7. 製品・部品から　　　　かけら・屑・粉

▶**設備起因不良の要因**

　設備起因の不良の要因を原則の崩れと呼びます。

1. 異物　　　ごみ、汚れ、錆び
2. 劣化　　　詰まり、漏れ、ゆるみ、伸び、摩耗など10個
3. 精度不良　ズレ、クリアランス、組付精度など6つ
4. 設計ミス　部品の仕様外使用

▶**ポカミスの23の要因**

　ポカミスの要因は4つに分類されます。

1. 知らなかった　教育していない、初期対応を知らないなど5つ
2. 標準の不備　　標準の不備、教育・訓練のしくみの欠陥など3つ
3. うっかり　　　入力ミス、口頭指示、作業環境が悪いなど13個
4. 判断ミス　　　判断ミス、検査ミス（人の作業の限界）

　要因をつぶすアプローチを**ゼロアプローチ**と呼びます。ゼロアプローチは、現象観察ができないときや原因がわからないときにも使えます。

第 4 章 ▶ 不良をゼロにする

不良の要因は 78

【異物起因不良の要因】発生源→ 8 つの発生源から 35 の異物が発生

1. 購入品
    ①金属 ②繊維
    ③油 ④カーボン
    ⑤段ボール
    ⑥パレットの木屑

2. 外気
    ⑦異物を
    含んだ外気
    ⑧虫

3. 材料
    ⑨材料の残り
    ⑩反応生成物
    ⑪カット屑 ⑫糊・接着剤

4. 設備
    ⑬金属 ⑭パッキン屑
    ⑮ベルト屑 ⑯パッド屑
    ⑰チャック粉 ⑱ブラシ屑
    ⑲油 ⑳錆び ㉑塗装

5. 人
    ㉒皮膚 ㉓髪の毛 ㉔汗
    ㉕クリーンスーツの繊維
    ㉖アンダーウェアの繊維
    ㉗靴底のウレタン・汚れ
    ㉘手袋の繊維・汚れ
    ㉙汗取りパッド

6. 備品
    ㉚入れ物のかけら・屑・粉
    ㉛治工具の摩耗粉
    ㉜ダミーからの剥がれ
    ㉝清掃用ウェス ㉞クリーンペーパー

7. 製品・部品
    ㉟かけら・屑・粉

+8. 前工程 ⑨〜㉟

【設備起因不良の要因】20 の原則の崩れ

1. 異物 ①ごみ ②汚れ ③錆び ◀▶ 2. 劣化 ④詰まり ⑤漏れ ⑥ゆるみ ⑦伸び ⑧ガタ
    ⑨摩耗 ⑩キズ ⑪変形 ⑫硬化 ⑬帯電化
4. 設計ミス 3. 精度不良 ⑭ズレ ⑮クリアランス ⑯調整不良 ⑰タイミング
    ⑳部品の仕様外使用 ⑱組付精度 ⑲設備設置の水平度

【ポカミスの 23 の要因】4 つの分類

1. 知らなかった
    ①ポカミス教育をしていない
    ②初期対応を知らない
    ③作業者任せの報告書
    ④気持ちを維持できない
    ⑤潜在化

2. 標準の不備
    ⑥標準がない ⑦標準の不備
    ⑧教育・訓練のしくみの欠陥

3. うっかり
    ⑨入力ミス ⑩口頭指示 ⑪声かけ ⑫邪魔
    ⑬長時間労働 ⑭寝不足・体調不良
    ⑮個人的に急いでいた ⑯作業環境が悪い
    ⑰作業がやりにくい ⑱生産に追われている
    ⑲供給方法が悪い
    ⑳整理・整頓（片づけ）不足 ㉑作業前点検不足

4. 判断ミス
    ㉒判断ミス ㉓検査ミス
    （人の作業の限界）

要因をつぶす → ゼロアプローチ　　現象観察できない／原因がわからない　OK！

| Tool 8 | **不良ゼロの5原則** |

 原則3：対策は52

78の要因に対して52の対策を打ちます。

▶ 異物対策

1. 購入品：サプライヤーに改善依頼し、協力工場と共同改善する。材料入れ・運搬具の材質変更、カバー、購入品・購入設備の異物除去、洗浄・除電、段ボール禁止などの策で防衛する
2. 外気：外気取り込み禁止、ドアフィルター、クリーンブース
3. 材料：生産後に清掃して異物を取り除く
4. 設備：原則整備し、異物が出にくい設備に改造する
5. 人：行動規制により人の行動で異物の発生を防ぐ
6. 備品：材質を変更する、使用のたびに洗浄・除電する
7. 気流制御：発生源から製品・部品まで異物を運ばない
8. 静電気対策：製品・部品の静電気を除去する

▶ 設備対策

清掃、増締め、給油、部品交換、精度出し、調整、水平出し、部品の仕様変更など8つの施策で対策します。

▶ ポカミス対策でつぶすもの

初めにポカミス教育をします。これにより「ミスしたくない」という気持ちを持ち、ルールを守り、ポカミスがなくなります。そして標準を整備し、ビデオ標準とAIを活用した新たな教育・訓練のしくみを整え、これからの時代に相応しい人材育成のしくみをつくります。

ポカミスの中で最も厄介なのが「うっかり」です。集中できる環境を整えることにより発生を防ぎます。どうしても残ってしまう判断ミスに対しては、「知らないことは聞く」というルールと検査作業改善（AI化も含む）により対策します。

52の対策を打つことにより、原因不明の不良をなくせます。また、対策をルール化することで予防もできるようになります。

第 4 章 ▶ 不良をゼロにする

対策 → 解決 → 原因追究要らない＋予防もできる

【21 の異物対策】

1. 購入品
   ① サプライヤーへの依頼
   ② 共同改善
   ③ 材料入れ：材質変更・カバー
   ④ 運搬具：材質変更
   ⑤ 購入品・購入設備：異物除去
   ⑥ 通い箱：洗浄・除電
   ⑦ 段ボールの持ち込み禁止

2. 外気
   ⑧ 外気取り込み禁止
   ⑨ ドアフィルター
   ⑩ クリーンブース

3. 材料
   ⑪ 都度清掃

4. 設備
   ⑫ 原則整備
   ⑬ 設備改造

7. 気流制御
   ⑰ 気流制御
   ⑱ カバー
   ⑲ モノ・設備の置き場所の変更
   ⑳ 排気装置の設置

5. 人
   ⑭ 行動規制

8. 静電気対策
   ㉑ イオナイザー

6. 備品
   ⑮ 材質変更
   ⑯ 洗浄・除電

【8 つの設備対策】

① 清掃　② 増締め　③ 給油　④ 部品交換　⑤ 精度出し　⑥ 調整
⑦ 水平出し　⑧ 部品の仕様変更

【23 のポカミス対策】

1. 知らなかった対策　　①ポカミス教育　→ ミスが出てしまったら

   ・マインド
   ・取るべき行動

   ②NG/OK シートの作成
   ③ポカミス分析
   ④ポカミス掲示板
   ⑤顕在化

2. 標準整備　　⑥標準作成　⑦標準整備　⑧教育・訓練のしくみづくり

3. うっかり対策

   ⑨メモ　⑩口頭指示禁止　⑪声かけ禁止　⑫作業の邪魔をしない
   ⑬自主休憩　⑭体調管理　⑮都合管理　⑯環境改善
   ⑰やりにくさの改善　⑱生産計画の見直し　⑲作業と供給のリンク
   ⑳整理・整頓／片づけの徹底　㉑始業前点検の徹底

   集中できる環境

4. 判断ミス対策　　㉒わからないことは聞く　㉓検査作業改善（AI の活用）

Tool 8　不良ゼロの5原則

原則4：10のツール

78の要因と52の対策からつくったのが10のツールです。10のツールは生産要素ごとに用意してあります。

異物　ツール1：異物ゼロへのアプローチ
設備　ツール2：原則整備へのアプローチ
　　　ツール3：故障ゼロへのアプローチ
作業　ツール4：ポカミスゼロへのアプローチ
　　　ツール5：実践2Sへのアプローチ
　　　ツール6：標準整備へのアプローチ
　　　ツール7：ビデオ標準作成へのアプローチ
　　　ツール8：段取り改善へのアプローチ
　　　ツール9：検査作業改善へのアプローチ
全体　ツール10：キズゼロへのアプローチ

これらの10のツールセットを「**不良ゼロへのアプローチ**」と呼びます。ツールを使うことにより3つのメリットが得られます。

1.　効果

要因と対策に加え、実際に不良をゼロにした経験則が組み込まれています。それにより、スピーディーかつ確実に効果を出すことができます。

2.　論理的思考

（データ分析）→（発生工程の限定）→（改善対象の明確化）→（要因の推定）→（対策の実施）→（標準・基準の作成）→（管理）とステップになっています。これにより不良をゼロにしながら、現場・現物で論理的思考を身につけることができます。

3.　経験則の蓄積

各ツールにはフォーマットが添付されています。それにより、自職場の事例や、そこから得られる経験則を体系的に蓄積することができ、横展開も容易に図れます。

第 4 章 ▶ 不良をゼロにする

ツールを使って不良をゼロにする

78 の要因＋52 の対策＋経験則（不良をゼロにした対策）

生産要素ごとに不良をゼロにする **10 のツール**

1. 異物ゼロへのアプローチ

2. 原則整備へのアプローチ

3. 故障ゼロへのアプローチ

4. ポカミスゼロへのアプローチ

5. 実践 2S へのアプローチ　　　　　　　10. キズゼロへのアプローチ

6. 標準整備へのアプローチ

7. ビデオ標準作成へのアプローチ　　　　

8. 段取り改善へのアプローチ

9. 検査作業改善へのアプローチ

不良ゼロへのアプローチ

↓

3 つのメリット

1. 効果

　ツール：対策＋経験則 ──────▶ そのままやる ────即！────▶ **効果!!**

2. 論理的思考

　論理的に組まれたステップを実践 → 論理的思考が身につく

3. 経験則の蓄積

　　　　各ツール：フォーマット → 全員がフォーマットで活動

　　　　自社・自職場独自の**経験則を体系的に蓄積** → **横展開**

| Tool 8 | 不良ゼロの5原則 |

原則5：要素別改善につなげる

　従来の不良改善は、不良現象の一つひとつに対して原因を追究し、対策を打ってきました。しかし、結局、不良の原因と対策がわからず、時間をかけるだけで解決できませんでした。そのような現状を10のツールで解決します。10のツールにより短期間で、原因不明の不良もゼロにできます。

▶ 10のツールでスピード解決

　この10のツールを使った不良対策を要素別改善と呼びます。
1. 不良の発生件数（率）、ロスコスト、廃棄コストなどの観点からワースト10を決めます。
2. 生産、技術、品証、購買の代表者で、不良の要因を　異物、設備、作業、材料、その他の要素に分けます。
3. 最も不良を発生させている生産要素へツールを使い改善します。

　たとえば、異物不良を最初の改善対象とした場合、「異物ゼロへのアプローチ」で改善します。そうすると異物不良が減りますが、ここで注目したいのは異物が要因と分類した以外の不良も減るという現象です。

　減った不良は異物が要因の一つであることを示しています。つまり、「異物ゼロへのアプローチ」ですべての不良の異物対策をすることにより、異物起因の不良が減ることになります。

▶ 生産形態別アプローチの方法

　すべての不良において異物起因の不良分が減ると、次に発生が多い生産要素（ここでは設備とします）が次の改善対象になります。そこで「原則整備へのアプローチ」を使い、設備起因の不良をなくしていきます。そして、次に作業起因の不良をツールでゼロにしていきます。

　要素別改善では、このように「異物→設備→作業」と改善を進めていくことで不良全体をなくしていきます。一般的には、プロセス系の工場であれば「異物→設備→作業」、設備主体の工場であれば「設備→作業→異物」、手作業主体の工場であれば「作業→異物→設備」という順序で進めます。

第 4 章 ▶ 不良をゼロにする

> ツールを使って対策 → スピーディーに効果を出す

【従来の不良改善】

不良現象 → **一つひとつ原因追究** → 対策 → 原因・対策がわからない

原因を考えるのに時間がかかる → **解決できない**

10 のツールで解決

【要素別改善】　○短期間で不良ゼロにする：**スピード**
　　　　　　　　○原因がわからない不良もゼロにする：**効果**

1. 不良の発生件数（率）、ロスコスト → <u>ワースト 10</u>
2. 異物、設備、作業、材料、その他に分ける

	不良数	異物	設備	作業	材料	その他
汚れ	335	1				
打痕	281	0.4	0.4	0.2		
キズ	179		0.3	0.3	0.4	
ポカミス	113			1		

3. **最も不良を発生させている生産要素 → ツールを使い改善**

異物ゼロへのアプローチ

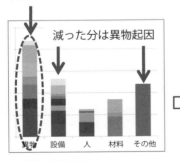

一般的な進め方　　プロセス系の工場：異物 → 設備 → 作業
　　　　　　　　　設備主体の工場　：設備 → 作業 → 異物
　　　　　　　　　手作業主体の工場：作業 → 異物 → 設備

⇒ 作業改善

⇒ 残ったら
　 設計か部材

123

Tool 8　不良ゼロの5原則

 実際の活動への適用

　実際の活動はクレームと不良を分析して、異物や設備、作業、部材、その他などに分け、それぞれの生産要素で同時に進めます。同時進行させることで改善のスピードが上がり、相互の影響を把握することも可能です。
　なお、活動は以下の5つの流れで進めていきます。

1. 全員に知らせる
　全社に不良ゼロ活動の意味と活動を開始することを知らせ、リーダーを募集します。

2. 率先垂範グループの活動
　職制および関係スタッフ、リーダーで率先垂範グループを組み、実践して効果を引き出していきます。具体的な効果を出すことによって「活動で必ず効果が出る」ことを示し、活動を引っ張っていく知識と経験を身につけることができます。

3. 全員一斉活動
　率先垂範グループによる活動の結果を、全員に周知徹底することに注力します。そして参加希望者を募集し、一般グループを組みます。その後、各グループに必要なツールを改めて教育し、対象工程を1日止めて全員で実践活動します。

4. 成功体験
　全員一斉活動により効果を出します。実績によると異物、設備では50〜80%の不良が減り、手作業では2Sによりすっきりした職場が目の前に現れます。この成功体験と達成感により全員に一体感が生まれ、やる気が促進されることは間違いありません。

5. 成功のポイント
　活動を成功させるポイントはモラルアップにあります。全員が自らの行動で効果を出すことにより、やる気が出てくるのです。

第4章 ▶ 不良をゼロにする

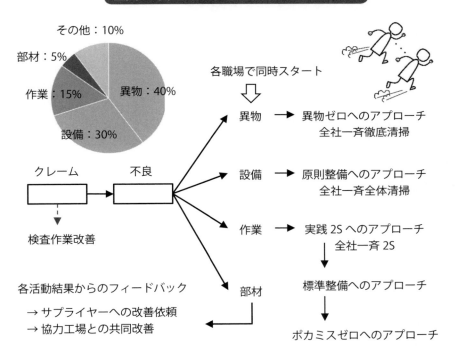

【活動の流れ】

1. 全員に知らせる
2. **率先垂範**グループの活動
   ①職制、関係スタッフ、リーダーで率先垂範グループを組む
   ②実践→効果を出す
3. 全員一斉活動
   ①参加者を募集 → グループを組む
   ②**職場を1日止め全員で実践活動**
4. **成功体験**
   達成感、一体感
5. 成功のポイント

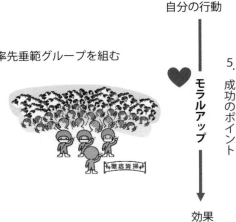

Tool 8　不良ゼロの5原則

7　不良ゼロは最強の改善

　不良ゼロは品質向上活動の一環として行われますが、効果はそれだけではありません。ほとんどの工場で、製造原価に占める割合が最も高いのは材料費です。不良ゼロはその材料費のムダを削減し、原価低減を実現します。なおかつ、不良の生産分を生産しなくてもよくなり、その分だけ生産性が向上します。加えて、不良の手直しや廃棄などの手間がなくなり、作業者は楽になります。これも原価低減に結びつきます。

▶クレームも激減

　不良をゼロにすると、クレームも減ります。その後、検査作業改善を実施すれば見逃しがゼロになり、クレームをゼロにできます。これにより顧客満足度がアップし、クレーム対応費が削減できて原価低減が実現します。

　不良ゼロを達成するには、設備の原則を整備します。それにより設備トラブルがゼロになり、生産性が向上して作業者はさらに楽になります。手作業職場では、標準整備により生産性が上がり、ポカミスもなくなって作業者は楽になり、原価低減に結びつきます。SCMの課題には、不良と設備トラブルがあります。その2つの課題が解決できることでリードタイムが短縮し、納期遵守と在庫削減が両立するようになるのです。

▶トータルで効果が現れる

　以上のように、不良ゼロは品質向上や原価低減、生産性向上、リードタイムの短縮、納期厳守、顧客満足度（信頼度）アップと効果が連鎖し、その結果、トータルとして大きな効果が得られる最強の改善です。さらに不良をゼロにする過程で、「異物ゼロへのアプローチ」と「実践2Sへのアプローチ」を実施することにより、キレイ（クリーン）で整然とした気持ちのいい職場に改善することが可能です。

　もし、改善を今から始める場合に、何から始めていいか悩んでいるのなら、ぜひ不良改善に取り組んでください。これにより、ものづくり現場の課題は解決され、働きやすい理想の職場をつくり出すことができます。

第 4 章 ▶ 不良をゼロにする

不良ゼロは大きな効果を生み、理想の職場をつくる

【効果の連鎖】

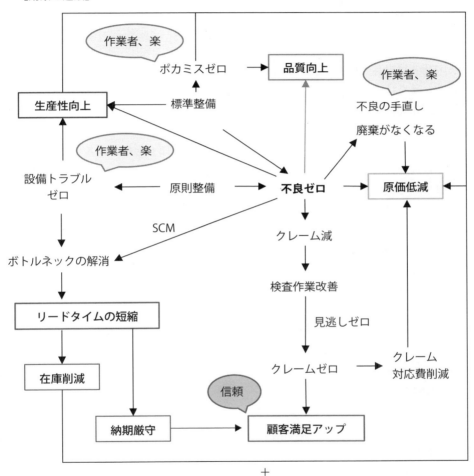

＋
「異物ゼロへのアプローチ」と「実践 2S へのアプローチ」の実施

キレイ（クリーン）で整然とした気持ちのいい職場

Tool 9　異物ゼロへのアプローチ

1　不良に直結する異物

　異物とは製品の機能を達成する上で必要ないモノであり、それが製品に付着、固着、または内部に入り込むと、製品を不良にしてしまうモノです。

▶ **現場は異物だらけ**

　たとえば、設備から発生する鉄粉や錆び、油、ベルト屑、治工具の屑に加えて、人から発生する繊維や皮膚、手袋の汚れのほかにも材料の残り（固まり）、反応生成物、製品の割れ・欠け、パレット屑など、現場にあるありとあらゆるモノはすべて異物です。

　つまり、現場は異物だらけなのです。そのような空間でモノをつくっているのですから、異物は製品に付着、固着、または内部に入り込み、異物不良を発生させるのは当たり前と言えます。

　異物不良がなくならない理由は以下の5つです。
　①目に見えない
　②異物に関する知識（経験則）がない、不足している
　③異物不良をなくす具体的なアプローチを知らない
　④清掃がおざなり：清掃しない、手抜き、清掃基準がない
　⑤異物不良がなくならないのであきらめ、異物を放置している

▶ **異物不良をなくすには**

　異物不良をなくすには、まずは異物の正体を知り、発生工程を推定します。そして、推定した発生工程を徹底清掃することにより異物を除去し、異物不良をゼロにします。

　発生源が推定できない場合には、全工程を対象に徹底清掃を行います。徹底清掃の結果、異物不良の発生メカニズムがわかります。そこで、発生源と伝達経路を限定し、異物対策します。その上で、短時間で異物を除去する清掃方法を確立し、清掃基準書に盛り込み、清掃とデータ管理による異物管理に入ります。

　以上の流れを7ステップにしたのが「異物ゼロへのアプローチ」です。

第4章 ▶ 不良をゼロにする

異物を排除し、異物不良をゼロにする

【異物とは】　製品の機能を達成する上で必要ないモノ
　　　　　　製品に付着、固着、内部に入り込むと製品を不良にしてしまうモノ

設備から発生：鉄粉、錆び、油、ベルト屑、治工具の屑
人から発生：繊維、皮膚、手袋の汚れ、清掃用具の屑
材料の残り（固まり）、反応生成物、製品の割れ・欠け、パレット屑

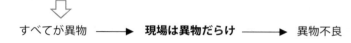

すべてが異物　⟶　**現場は異物だらけ**　⟶　異物不良

【異物不良がなくならない5つの理由】

① **目に見えない**
② 異物に関する**知識（経験則）がない**
③ 異物不良をなくす**アプローチを知らない**
④ **清掃がおざなり**

⑤ 異物不良がなくならない
　↓
あきらめる
↓
異物を放置　⇒　異物不良の慢性化

○清掃しない
○手抜き清掃
○清掃基準がない

【異物不良をなくすには】

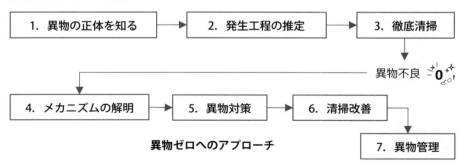

129

Tool 9　異物ゼロへのアプローチ

② 異物不良の発生メカニズム

　異物不良は発生源から異物が発生し、伝達経路を経て製品・部品に付着、固着、または内部に入り込むことで発生します。この一連の流れを**異物不良の発生メカニズム**と言います。

　異物不良をなくすには、「発生源はどこの何か？」「伝達経路は何か？」を知り、異物不良の発生メカニズムを解明しなくてはなりません。8つの発生源に関しては、「不良ゼロの5原則」で紹介しましたので、ここでは7つの伝達経路について解説します。

1. 流れ込む
　購入品の内部に入り込んだ・付着した異物がクリーンエリアに流れ込んできます。前工程からも異物が流れ込んできます。

2. 入る
　異物を含んでいる外気や虫がクリーンエリアに入ってきます。

3. 落ちる
　材料、設備、人から発生した異物が製品・部品に落ちてきます。

4. 気流に乗る
　材料や設備、人、備品、製品・部品から発生した異物が、気流に乗って製品・部品に付着します。

5. 静電気
　製品・部品が帯電し、近くにある異物を引き寄せて付着させます。

6. 接触する
　設備や人、備品、製品・部品と接触し、異物が転写します。

7. 再付着
　材料や備品、製品・部品から発生した異物が再付着します。

　これら7つの伝達経路により8つの発生源から発生した35の異物は、88ものパターンで製品・部品に至り、不良を発生させます。このパターンの多さが異物対策を難しくしています。

第 4 章 ▶ 不良をゼロにする

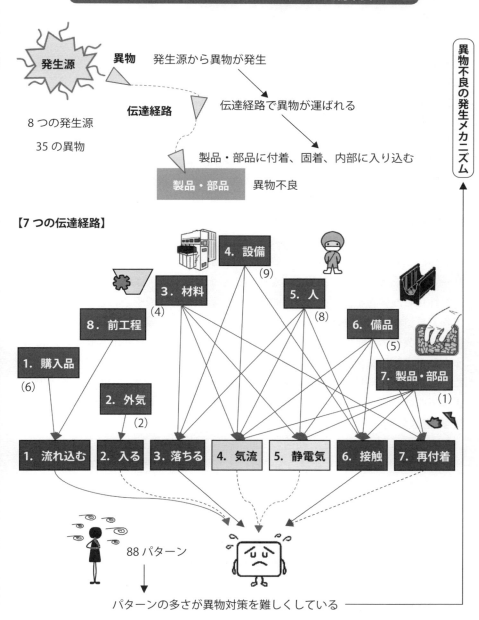

Tool 9　異物ゼロへのアプローチ

3　異物のポテンシャル

　生産開始時、製品をつくる空間（工程、設備）にはほとんど異物がありません。いわゆるクリーンプロセスという状態です。
　しかし生産を始めると、異物が発生し始めます。そこで発生した異物を除去できる清掃をしないと、異物は徐々にプロセス内に蓄積され、ある一定量を超えると異物不良が慢性化します。この生産プロセス内の異物の蓄積量を、異物のポテンシャルと呼びます。

▶徹底清掃のすすめ

　異物不良をゼロにするには、異物のポテンシャルを下げることが必要です。その具体的な方法が徹底清掃です。徹底清掃により異物のポテンシャルを下げ、クリーンプロセスに戻して異物不良をゼロにします。
　慢性化した異物不良はほとんどの場合、複数の異物で構成されます。半導体後工程で見つかった異物は5種類の繊維、2種類の樹脂、2種類のはんだ、その他正体不明の異物の9種類でした。これら9種類の異物が不良を発生させていたにもかかわらず、対象を絞った対策をしなかったため、異物不良をゼロにできなかったのです。それに対し、徹底清掃は複数の異物をすべて一気に除去することで、正体不明の不良も含めて異物不良をゼロにします。

▶実施は2回

　徹底清掃は2回行います。初回の徹底清掃は5つの目的で行います。
1. 異物のポテンシャルを減らすことにより異物不良をゼロにする
2. 異物を採取し、分析し、不良を出している異物の正体を突き止める
3. 発生源リストと清掃困難箇所リストを作成する
4. 異物不良の発生メカニズムを解明する
5. 徹底清掃記録をビデオで撮り、徹底清掃ビデオ基準をつくる

　しかし徹底清掃をしても、一定期間生産を続けていると再び異物不良が発生します。そこで2回目清掃を行い、再び異物不良をゼロにします。

第 4 章 ▶ 不良をゼロにする

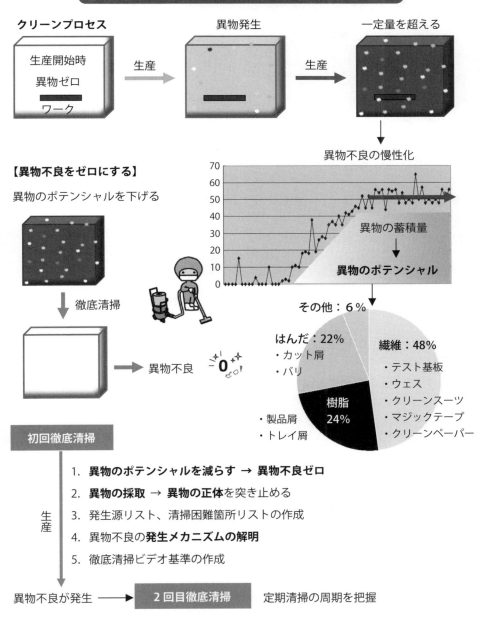

> Tool 9　異物ゼロへのアプローチ

第1, 2ステップ
～異物分析→発生工程の推定

　異物不良の現物から異物を採取し、観察・分析し、異物の正体を物性・大きさ・形・色から明確にします。

▶第1ステップ～異物分析

　無機物の場合には元素分析し、レファレンスと照合します。有機物の場合には、レファレンスと照合します。また、異物が残っていない場合は、形跡（大きさ・形）から推定します。異物を採取する際には、製品に付着、固着しているのか、内部に入り込んでいるのかを記録し、発生工程の推定に役立てます。

▶第2ステップ～発生工程の推定

3つの方法で異物不良の発生工程を推定します。

【マッピング】

　異物不良の発生箇所を製品図にマッピングし、発生工程を推定します。異物は、色や形（○、△、□）で区分します。

【クリーンワーク流し】

　不良の発生率が高い場合はクリーンワークを工程・設備・ユニットに流し、異物の付着を観察して発生工程を推定します。

【レファレンス】

　発生率が低く、異物の種類が多い場合、全工程・設備を対象にテープやビニール袋を使い、異物をサンプリングして発生工程を推定します。クリーンルームの場合は下記の場所とモノから異物を採取します。

○準備室：クリーンスーツ、靴底、手袋（生産で使用したもの）
○エアシャワー：吹き出し口、フィルター
○工程：粘着マット、床、棚、普段手の届かない場所
○設備：カバー、搬送部、吸着パッド、チャック、加工部、液槽
○備品：台車（台上およびタイヤ）、棚、治具、製品入れ、部品入れ
○製品・部品（加工前、加工後）

第 4 章 ▶ 不良をゼロにする

異物の正体を知り、発生工程を見つける

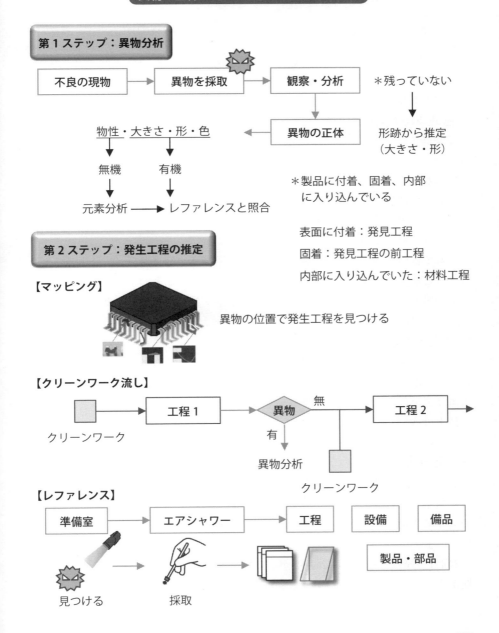

Tool 9　異物ゼロへのアプローチ

 第3ステップ～徹底清掃

　清掃準備リストで準備が完了したら、徹底清掃を行います。
▶ **徹底清掃の実施**
　日常悩まされている異物は、カバーの内側や部品間、部品内、配管内など普段は見ないところ、清掃しないところに潜んでいます。したがって徹底清掃では、分解しながら一つひとつの部品の異物を採取、除去していきます。
　実際の分解作業では養生シートを敷き、ユニットや部品を分解した順に並べていきます。組立時には逆の順序で組み立てます。そうすることにより組立ミスがなくなり、組立時間も短縮できます。
　忘れてはいけないのが、清掃前後の異物付着箇所の写真撮影、清掃中の発生源リストと清掃困難箇所リストへの記入、清掃ビデオの撮影です。清掃で見落としがちな場所は、設備内部のカバーの内側や製品・部品トレイ、台車のタイヤ、グレーチングの下です。
▶ **仕上げ清掃の実施**
　徹底清掃後は清掃対象エリアに異物が舞っており、その影響で異物が暴れるという現象が起きます。それを防ぐために、仕上げ清掃を行います。自分の担当したエリア全体を、セイム皮やクリーンワイプに純水を染み込ませ拭き上げます。
　仕上げ清掃が終わったら、ダストカウンターで浮遊異物が収まったのを確認し、生産を開始して効果を確認します。
▶ **2回目清掃の要点**
　ひとたび徹底清掃し、異物不良をゼロにしても、生産をしていると異物不良は再び発生してきます。そのときは2回目清掃を行います。2回目清掃は徹底清掃のように全範囲を清掃するのではなく、発生源リストに挙げられた発生源を中心に行います。
　2回目清掃により、異物の発生が不良に及ぼす影響が把握でき、定期清掃の周期が決まります。ビデオに撮り、定期清掃ビデオ基準にします。

第 4 章 ▶ 不良をゼロにする

異物不良をゼロにする

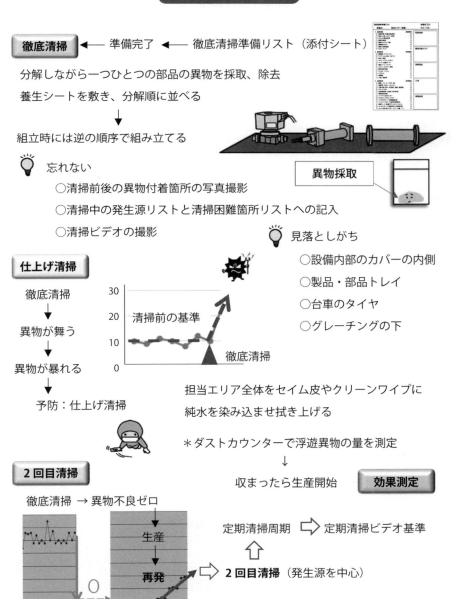

Tool 9 ▶ 異物ゼロへのアプローチ

6 第4ステップ 〜メカニズムの解明

徹底清掃が終わったらその結果をまとめ、異物不良の発生メカニズムを解明します。

▶ まとめの準備

①発生源リスト

異物を採取した場所や異物の形状、数、重さ、写真（現物）を記入します。その後、異物の正体を分析します。

②清掃困難箇所リスト

清掃しにくい／清掃に時間がかかった場所と、どのように清掃しにくかったかを記入します。アイデアが浮かべば、どうしたら清掃しやすくなるかを記入します。

③異物照合

採取した異物と異物不良から採取した異物を照合し、一致したら発生源を限定します。

④清掃ビデオ

徹底清掃と2回目清掃で撮ったビデオを清掃箇所ごとで編集し、ビデオ清掃基準を作成します。

▶ 異物不良の発生メカニズム

発生源リストと異物照合から、発生源と伝達経路を限定し、異物不良の発生メカニズムを解明していきます。

一例としてプラスチック射出成形機の場合、サプライヤーの原料に繊維、鉄粉が入り込んでおり、材料入れのフレコンバックを載せていた木製パレットから木屑が発生して成形機に流れ込んでいました。成形機では、シリンダー内に材料の残留物と油の汚れが残っており、金型には錆びと油が付着していました。

これらの結果から、第一の異物対策はサプライヤーへの改善要求、その次が加熱筒内部の分解清掃、金型の錆び取り、給油と清掃と決めました。

138

第 4 章 ▶ 不良をゼロにする

メカニズムを解明し、有効な異物対策を打つ

まとめ

- ①発生源リストの作成
- ②清掃困難箇所リストの作成
- ③異物照合
- ④徹底清掃ビデオの作成

異物不良の発生メカニズム

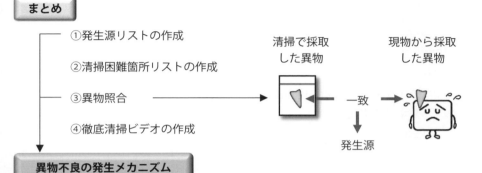

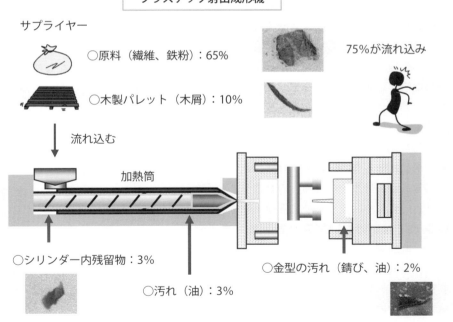

対策1：サプライヤーへの改善要求
　　2：加熱筒の分解清掃
　　3：金型の錆び取り、給油と清掃

Tool 9 異物ゼロへのアプローチ

7 第5ステップ〜異物対策

○購入品への対策

サプライヤーへの依頼、協力工場との共同改善を行います。同時に、5つの流れ込み防止策を実施します。

○外気の流れ込み対策

外気の取り込み禁止、ドアフィルター、工場内ではクリーンブースを設置して対応します。

▶4つの対策

○材料から発生する異物への対策

生産終了後、生産開始前清掃で対応します。

○設備から発生する異物への対策

原則整備で異物の発生を抑えます。製品に触れる部位や塗布ノズルなどは、その都度清掃します。これらを徹底することによって、異物が発生しにくい設備に改造していきます。

○人から発生する異物への対策

行動規制をします。特に大切なのは、製品・部品の手扱い、汚れた手袋で製品・部品に触らない、エアブロー禁止の3つです。

○備品から発生する異物への対策

材質の変更や、使うたびに洗浄・除電することで対応します。

▶忘れてはいけない気流と静電気

○気流制御

工程の気流を測定し、発生源から製品・部品まで異物を運ばないように気流を制御します。製品・部品上へのカバーの設置、モノ・設備の置き場所の変更、排気装置の設置もします。

○静電気対策

製品・部品が帯電する部位にイオナイザーを設置します。放電針の異物除去と定期交換が、イオナイザーの機能を維持するために重要です。

第 4 章 ▶ 不良をゼロにする

発生源対策＋伝達経路対策＋清掃

購入品　流れ込み防止策
○材料入れ：材質変更、カバー
○運搬具：材質変更
○購入品・購入設備：異物除去
○通い箱：洗浄・除電
○段ボールの持ち込み禁止

○サプライヤーへの依頼
○共同改善

外気
○外気の取り込み禁止
○ドアフィルター
○クリーンブース

材料　○都度清掃
（内部壁面／化学反応）

設備
○原則整備
○都度清掃
○設備改造

人　○行動規制

備品
○材質変更
○洗浄・除電

気流制御
○気流制御　　○カバー　　○モノ・設備の置き場所の変更
○排気装置の設置

気流マップ
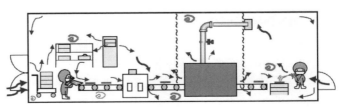

静電気対策　○イオナイザー　💡放電針の清掃と寿命が大切

　異物付着 → 清掃　　　摩耗 → 交換

141

Tool 9　異物ゼロへのアプローチ

第6ステップ
～清掃基準書の作成

　清掃は、異物に対して現場が持つ最強の武器です。しかし、時間をかければいいというものではありません。そこで、短時間で最大の効果が得られる清掃基準書を作成します。

▶ 4つの清掃

　清掃は4種類あります。
　○都度清掃：生産のたびに異物の発生箇所を清掃する
　○定期清掃：一定の周期で清掃する
　○緊急清掃：異物不良が多発したときに実施する
　○徹底清掃：1年に1回、全エリアを対象に徹底的に実施する
　清掃基準はすべての清掃に対して作成します。

▶ 基準書の作成手順

　1. 清掃仮基準の作成
　清掃ビデオから清掃仮基準書を作成します。

　2. 清掃準備台車の作製
　清掃仮基準書から必要な道具や工具、用具、それぞれの個数、枚数を洗い出し、使う順序に台車上に並べます。留意事項は、コンパクトに作製することです。

　3. 清掃困難箇所対策
　清掃困難箇所リストに掲げられた清掃作業に対して、対策を実施します。具体的には、清掃道具の改善（掃除機、ヘラ、ブラシ、粘着カーペットクリーナーなど）、ウェット洗浄（薬液に浸漬する）、ボルトレス化・電動工具化、粘着マットの設置、手の届かない・入らない部位への対策などが挙げられます。

　4. 清掃基準書の作成
　対策後は再度清掃し、ビデオを撮り、みんなで見て不明な点を解消した後、清掃時間と仕上がり基準を加えて清掃基準書を完成させます。

第 4 章 ▶ 不良をゼロにする

効果的効率的な清掃基準をつくる

清掃は最強の武器 → 短時間で最大限の効果が得られる清掃基準書

4つの清掃

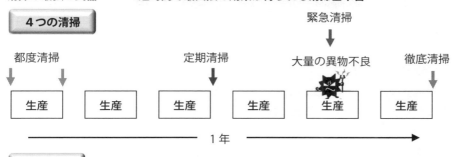

都度清掃　　　　　　　定期清掃　　　　緊急清掃　　　　徹底清掃
　　　　　　　　　　　　　　　　大量の異物不良

生産 ─ 生産 ─ 生産 ─ 生産 ─ 生産 ─ 生産

← 1年 →

作成手順

1. 清掃仮基準の作成

　　2. 清掃準備台車の作製

　　　　①清掃仮基準書
　　　　②台車上に使う順序で並べる

　　　　　取り出しやすさの追求、目で見る管理の実施

　　　3. 清掃困難箇所対策

　　　　　　○清掃道具の改善
　　　　　　○ウェット洗浄
　　　　　　○ボルトレス化・電動工具化
　　　　　　○粘着マットの設置
　　　　　　○手の届かない・入らない部位への対策

完了

清掃時間の短縮

清掃の質の向上

4. 清掃基準書の作成

　　清掃 → ビデオ撮り → みんなで見る → 不明な点を解消

（添付シート）

　　　　　　清掃基準書完成！ ← 清掃時間と仕上がり基準

143

Tool 9　異物ゼロへのアプローチ

 第7ステップ〜異物管理

異物不良がゼロ、もしくは目標レベルに達したら異物管理に移ります。

管理とは、「ルールを決めて守らせること」「データで異常を検知し、是正すること」です。ルールは、活動で得た経験則から生まれます。そのルールを守らせるために教育・訓練を実施し、定期・非定期に行動チェックを行います。

異物管理は、5つの管理項目と14の施策からなります。

▶検査体制の整備と異常管理

最も重要なことは、異物不良をお客さまに流出させないことです。

そのために、検査作業改善で体制を構築します。異物不良を発見したら即、異物分析を行い、部材起因であればサプライヤーへ改善依頼します。現場起因である場合は、緊急清掃から設備点検→原則整備、作業者の行動規制のチェックを依頼します。

▶日常管理

現場で定期的に異物の測定を行い、異常の兆候をとらえます。異常値が出たら、清掃から設備点検→原則整備、行動規制のチェックを行って正常値に戻します。

▶環境管理

現場の環境を一定に保つために、エアシャワーやクリーンベンチの清掃、純水の純度管理と定期交換、温湿度の測定を行います。

▶寿命管理

備品は使っているうちに汚れて劣化し、異物を発生させます。クリーンスーツ・クリーンブーツはクリーニング・洗浄・交換します。製品入れ、治工具は使うたびに洗浄・除電し、寿命を迎えたら交換します。清掃用具やクリーンペーパーも定期的に交換します。

▶教育・訓練

異物に関する教育をし、異常が発生したらその都度対処方法を教えます。

第 4 章 ▶ 不良をゼロにする

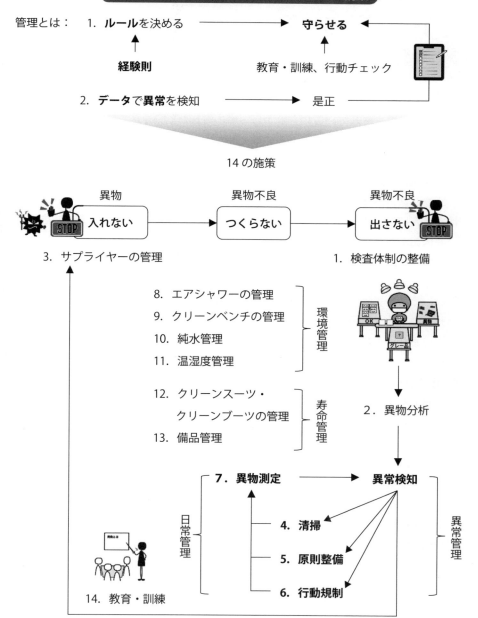

Tool 9 異物ゼロへのアプローチ

10 異物は感性

　「現場は異物だらけ」なのに、なぜ人はそのことに気づかないのでしょうか。異物不良に悩まされているにもかかわらず、汚れた設備を清掃しないで生産し、汚れた手袋で製品に触ったりするのはなぜでしょうか。それは、感性が鈍いからです。

▶ **良し悪しがわかること**

　感性とは、感覚的にモノや状態の良し悪しがわかる能力のことを言います。感性の構成について、右図でイメージを示しました。下層には感覚記憶（視覚）という機能があり、上層には意味記憶（知識）という機能があり、間にはさまれた中層部分が見たモノの良し悪し（正常、異常）を判断する感性となります。

　人は、誰でも異物を見ることができます。その情報は、蓄積された知識と照合され、それを異物と判断します。これが感性の機能です。これは、同じモノ（異物）を見ても、知識がない場合にそれが異物と認識できないことを示しています。つまり、人は異物に関する知識がないと、異物だらけの現場にいても何も感じないことを意味しています。

▶ **感性を磨こう**

　異物不良をなくすには、異物の感性を磨くことが必要です。具体的には、以下の5つの事項で感性を磨いていきます。

1. 異物に関する基礎知識を習得する
2. 現場に存在する異物を見つける（徹底清掃）
3. 異物の正体を知る（物性や大きさ、形、色）
4. 異物不良の発生メカニズムを知る（発生源や伝達経路）
5. 異物を除去し、異物不良をなくす

　「異物ゼロへのアプローチ」は、異物の感性を磨くツールです。「異物ゼロへのアプローチ」で異物の感性を磨くことにより、いつも同じと思っていた現場が異物だらけということに気づきます。

第 4 章 ▶ 不良をゼロにする

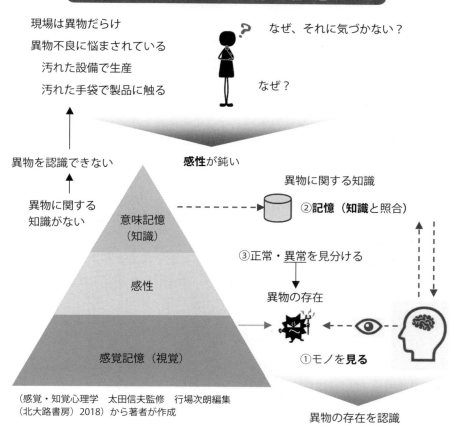

【異物の感性を磨く】

1. 異物に関する基礎知識の習得
2. 現場に存在する異物を見つける ── 3. 異物の正体を知る
4. 異物不良の発生メカニズムを知る
5. 異物を除去 → 異物不良をなくす

Tool 10　ポカミスゼロへのアプローチ

ポカミスとは

　ポカミスとは、「作業者がミスをし、製品を不良にしてしまう」「検査者が見逃しをし、クレームを出してしまう」「スタッフが業務ミスをし、ロスを出してしまう」という3つの行為を言います。具体的には、28の現象があります。

▶ポカミスは結果
　人が何かをやろうと思ったとき、思ったこととやった結果が同じであれば問題はありません。しかし、やろうと思ったことと、やった結果が違う場合にポカミスとなります。つまり、ポカミスは結果なのです。

▶ポカミスの発生メカニズム
　「やろうと思ったこと自体が間違っていた」ことで発生するミスを、計画ミスと言います。具体的には計画ミスや伝達ミス、判断ミスが挙げられます。要因は「ルールがない」「ルールの不備」「ルールを守らない」の3つです。計画ミスの場合、ミスをした理由（要因）はわかります。

　「やろうと思ったことは間違いではなかったが、やろうと思ったことを忘れた」「違うことを記憶していた」ことにより発生するミスは、記憶ミスと呼ばれます。具体的には度忘れや飛ばし、思い込み、見逃し、見間違い、聞き逃し、聞き間違い、書き間違いなどがあります。

　「やろうと思ったことは間違いではなかったが、実行時に間違えた」ことにより発生するミスを、実行ミスと言います。具体的には操作ミスや作業ミス、入力ミスが挙げられます。

▶「うっかり」が起きる理由はわからない
　記憶ミスと実行ミスを合わせて「うっかり」と呼びます。うっかりは、頭の中で起きているので、なぜミスが起きたのか本人にもわかりません。

　ミスすると監督者が「何でそんなことをやったの？」と聞きますが、ミスをした本人はその理由を知りません。それは、うっかりは脳の中で起きていて、本人にも起こした理由がわからないからです。

第 4 章 ▶ 不良をゼロにする

ポカミスの発生メカニズム

ポカミスとは　作業者：ミス → 製品不良　┐
　　　　　　　　検査者：見逃し → クレーム　├ 行為 ⟶ **28 の現象**
　　　　　　　　スタッフ：業務ミス → ロス　┘

【ポカミスは結果】

やろうと思ったこと ＝ やった結果　OK!　┐
　　　　　　　　　　　　　　　　　　　├ **ポカミスは結果**
やろうと思ったこと ≠ やった結果 → **ポカミス**　┘

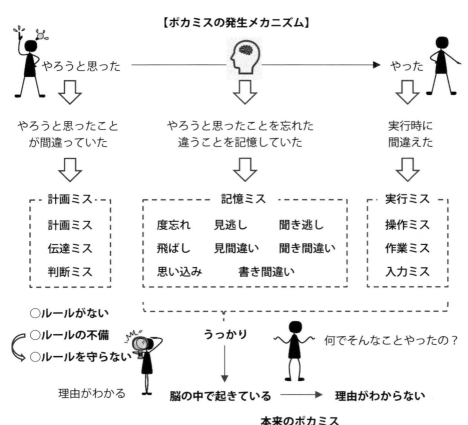

本来のポカミス

Tool 10 ポカミスゼロへのアプローチ

 集中力マネジメントによる対処

　うっかりは、脳の中で起きていますので、脳の機能を知るとうっかり対策が見えてきます。
▶脳の機能
　脳には、感覚記憶と短期記憶、長期記憶という3つの記憶装置がついています。
　感覚記憶は、知覚（見る、聞く）から入ってくる情報を記憶する装置です。感覚記憶は、「集中していないと記憶できない」「1秒で消える」「単語3つが限界」という特性を持っています。感覚記憶の情報は短期記憶という装置に送られ、一時的に記憶されます。
　短期記憶は、「単語7つが限界」「長期記憶に移さないと15秒で消える」「記憶している最中に妨害が入ると消える」という特性を持っています。短期記憶から長期記憶という装置に移された情報は、長期保存が可能となります。
　長期記憶は、貯蔵量も無限大です。ただ、長期記憶には効率化機能がついており、ミスを起こす手抜きや書き換えを無意識に行います。
　以上の脳の記憶の特性から、脳の限界とうっかり対策が見えてきます。
1. 作業時は集中する（集中力マネジメント）
2. 覚える必要があるときにはメモをする、メモは記憶の補助装置
3. 作業中に声をかけない、妨害しない→ルールを決め、守る
4. 忘れたら思い出さずに確認する

▶人の集中力は低下する
　人は、疲れや体調不良で集中力が低下し、眠気で途切れ、あせると混乱し、声をかけると中断します。それに対して休憩や休暇、睡眠、気持ちの制御、声かけ禁止のルール、注意喚起、タッチ＆コールで対応します。
　人の集中力は5分で急激に低下し、30分で85％、2時間で75％になってしまいます。その特性に考慮しつつ、各職場の休憩時間を決めます。

第4章 ▶ 不良をゼロにする

脳の機能を追求するとうっかり対策が見えてくる

脳には**3つの記憶装置**がついている

文字／声 ⟶ **感覚**記憶 ⟶ **短期**記憶 ----▶ **長期**記憶

知覚　　　　　考える　　　　記憶する

○**集中**していないと
　記憶できない
○**1秒**で消える
○**単語3つ**が限界

○感覚記憶を一時的に記憶
○**単語7つ**が限界
○**15秒**で消える
○**長期記憶に移さないと消える**
○**妨害**が入ると消える

○長期保存
○貯蔵量無限大
○**効率化機能**
　◇**手抜き**
　◇**書き換え**

うっかり対策

1. 作業時は**集中**する　⟶　**集中力マネジメント**

2. 覚える必要があるときには**メモ**をする　　**記憶の補助機能**

3. 作業中に**声をかけない、妨害しない**　⟶　**ルールを決め、守る**

4. 忘れたら思い出さずに**確認**する

【集中力マネジメント】

要因	現象	対策
疲れ	低下	休憩
体調不良	低下	休暇
眠気	途切れ	睡眠
あせり	混乱	気持ちの制御
声かけ	中断	声かけ禁止

＋注意喚起、タッチ＆コール

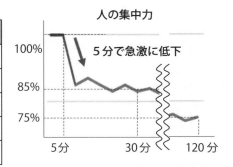

職場ごとに休憩時間を設定

Tool 10　ポカミスゼロへのアプローチ

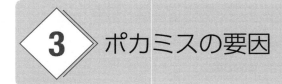

3　ポカミスの要因

ポカミスの発生要因は大きく分けて4つ、具体的には23あります。

▶▶ 最も多いのが「知らなかった」

発生件数（率）が最も多い（高い）のが、「自分の行為がポカミスを出すとは思わなかった（知らなかった）」という要因です。これは、ポカミスの教育をしていない、初期対応を知らない、作業者任せの報告書、ポカミスを出したくないという気持ちを維持できない、潜在化の5つの要因から構成されます。

▶▶ 標準の不備

ものづくり現場における行動の基本ルールは標準です。標準がないことや、標準の不備はポカミスの発生要因となります。

しかし、標準があっても作業者が守らなくては意味がありません。従来の教育・訓練のしくみの欠陥（OJT）は、ルールを守らないという行為につながり、ポカミスの発生要因となります。

▶▶ うっかりは集中力の低下から

うっかりは、入力ミスや口頭指示など「記憶に頼った作業」で発生します。声かけや邪魔など、作業が中断した後にも発生しやすくなります。最も多く発生するのは、集中力の低下が要因です、集中力の低下は疲れとストレスから発生し、疲れとストレスは7つの要因から起こります。

また、作業開始直後にもポカミスが発生しやすくなります。その要因は整理・整頓不足、片づけ不足、作業前点検不足です。

▶▶ 判断ミス

判断は、判断基準がないときに自分の考えで行うと、ミス率は50%（半々）になります。つまり、人によってバラツキが出ます。

検査は、人の頭の中で良品か不良品かを判断しています。したがって、検査基準があっても個人により結果にバラツキが発生し、ミスになることがあるのです。判断ミスと検査ミスは、いわば人の限界作業と言えます。

第4章 ▶ 不良をゼロにする

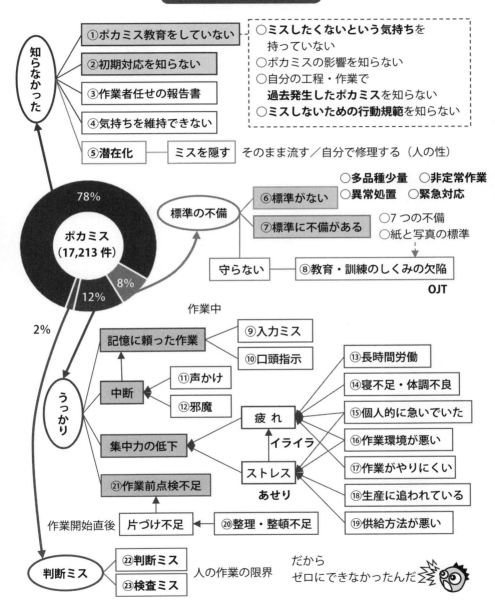

Tool 10 ポカミスゼロへのアプローチ

4 ポカミス対策の要点

23の要因に対するポカミス対策を23個用意しました。

▶「知らなかった」をつぶす初期対策

まずポカミス教育を行い、ポカミスを出さないルールを教えて、これを遵守させるようにします。そして、ポカミスが発生したらNG/OKシートとポカミス分析シートの作成、ポカミス掲示板の作成、現場への掲示をすることにより再発を防ぐのです。

これにより、全体の8割の初期ポカミスがなくなります。

▶標準整備と「うっかり」「判断ミス」への対策

標準がない場合には作成し、不備のある標準は整備します。その後は、新しい教育・訓練のしくみ（ビデオ標準＋AI）を構築して全員再教育します。

さらに、メモや作業者思いの改善、禁止事項、作業改善、2Sなど13のうっかり対策を実施し、うっかりを発生させる要因を根本からつぶすようにします。このほか、「わからなかったことがあったら聞く」というルールで判断ミスをなくしたり、検査作業改善で検査ミスをなくしたりするしくみとして、可能であればAIを活用します。

▶3つの活動を重視しよう

ポカミス対策は、3つの活動で進めます。

1. **ポカミス教育**

まずは、全員にポカミス教育をします。

2. **再発させないしくみづくり**

NG/OKシートの作成やポカミス分析シートの作成、ポカミス掲示板、現場への掲示の4つの対策を打ちます。

3. **発生させない基盤づくり**

標準整備とうっかり対策、判断ミス対策を計画的に進めます。進める上で大切なことは5つあります。

第4章 ▶ 不良をゼロにする

ポカミスゼロへのアプローチ

対策		
知らなかった対策	①ポカミス教育	
	②NG/OK シートの作成	
	③ポカミス分析シートの作成	
	④ポカミス掲示板	
	⑤顕在化	
標準整備	⑥ない標準をつくる	
	⑦標準整備	
	⑧教育・訓練のしくみづくり	
うっかり対策	⑨メモ、入力画面の変更	
	⑩口頭指示禁止、メモ	
	⑪声かけ禁止	
	⑫作業の邪魔をしない	
	⑬自主休憩	作業者思いの改善
	⑭体調管理	
	⑮都合管理	
	⑯環境改善	
	⑰やりにくさの改善	
	⑱作業改善、生産計画の見直し	
	⑲作業と供給のリンク	
	⑳整理・整頓／片づけの徹底	
	㉑始業前点検の徹底	
判断ミス対策	㉒わからないことは聞く＋AI	
	㉓検査作業改善＋AI	

☞ ☞ 具体的な進め方

1. ポカミス教育

⇩

ルールを守らせる

ポカミス発生！

⇩

2. 再発させない しくみづくり

NG/OKシート の作成

⇩

ポカミス分析シート の作成 （添付シート）

⇩

ポカミス掲示板 現場への掲示

3. 発生させない 基盤づくり

標準整備 ⑥〜⑧

うっかり対策 ⑨〜㉑

判断ミス対策 ㉒、㉓

3つの活動

【大切なこと】

🧍「ポカミスを出したくない」という気持ち

🧡 ポカミスを出さないルール

🧍 過去発生したポカミスを知らせる

📋 標準整備（ルール）と教育・訓練のしくみ

🧡 作業者の立場になって考える。感謝する

155

Tool 10 ポカミスゼロへのアプローチ

ポカミス教育の展開

　対策の第一歩は「ポカミス教育」です。セミナー→アンケート→ディスカッション→発表会と進めていきます。

▶セミナーの開催
　ポカミスの基礎知識と「ポカミスを出さないために守って欲しい12のルール」を教えます。

　　ルール 1.「ポカミスを出したくない」という気持ちを持つ
　　　　 2. ミスしたら正直に言う。そのまま流さない。修理しない
　　　　 3. 標準はどんな理由があろうと守る
　　　　 4. 過去のミスを知り、同じミスを起こさないように心がける
　　　　 5. 作業に集中する：できない理由があれば職制に改善依頼する
　　　　 6. 記憶に頼った作業をしない：メモを取る
　　　　 7. わからないことを勝手に判断しない。知っている人に聞く
　　　　 8. 作業中に他の作業者に声をかけない。邪魔しない
　　　　 9. 作業を中断しない：中断したら最初からやり直す
　　　　10. 自分のエリアの整理・整頓をする
　　　　11. 作業が終わったら片づける
　　　　12. 作業開始前に始業前点検する

　セミナー参加を機に「ポカミスを出したくない」という気持ちになり、「12のルールを守ればポカミスを出さない」ということがわかります。

▶アンケートの実施
　セミナー後はアンケートに答えてもらい、12のルールに関して「自分は何が守れていて、何を守っていなかったか」を省みるようにします。

▶ディスカッションから発表会へ
　ディスカッションでは、学んだことやアンケート結果、「どうすればポカミスを出さないか」を話し合い、個人の感想も含めて共有後にグループの決意表明をし、その内容を発表するのです。

第 4 章 ▶ 不良をゼロにする

ポカミスゼロの第一歩

ポカミス教育

セミナー

1. ポカミスとは
2. 発生メカニズム
3. 影響と損害
4. 脳の機能
5. 要因と対策
6. 12 のルール

ミスしたくない

ルールを守る

アンケート

	はい	いいえ	わからない
①「ミスをしたくない」と思っていますか	□	□	□
②標準は必ず守っていますか	□	□	□
③過去発生したポカミスを知っていますか	□	□	□
④今までミスをしたことがありますか	□	□	□

・・・　　　　　　　　　　　　　　　　　・・・

21 問　　　　　自分は何が守れていて**何を守っていなかったか**

自分の作業を省みる　　　　　　　**これからこうする！**

ディスカッション

発表会

1. 学んだこと
2. アンケート結果のまとめ
3. ポカミスを出さないためには
4. 個人の感想
5. 決意表明

Tool 10　ポカミスゼロへのアプローチ

 ポカミスが発生したら

　ポカミス教育後、ポカミスはいったんゼロになります。しかし、ある期間が過ぎると再び発生します。発生したらその都度「NG/OKシート」を作成し、「ポカミス分析シート」で要因と対策を立案し、「ポカミス掲示板」で現場に掲示してポカミスが発生したことを伝えるのです。

▶ NG/OKシートの作成

　初期のポカミスの80％は「知らなかった」が原因です。NG/OKシートを作成し、どんな作業をしてミスしたのか（NG作業）、どうすればミスしないか（OK作業）を全作業者に知らせます。NG/OKシートの内容は作業標準に盛り込みます。

▶ ポカミス分析シートの作成

　ポカミス発生時、□はい、□いいえで答えると短時間で要因を見つけることができるのが「ポカミス分析シート」です。これを使ってポカミスの発生要因を発見します。発生要因は、「ルールを守らなかった」「標準の不備」「うっかり対策の未実施」の3つとなります。ルールを守らなかった場合、本人にルールを守るように注意し、標準の不備の場合は標準を整備し、うっかり対策が未実施の場合はうっかり対策を実施します。

▶ ポカミスの掲示

　一度ゼロにしたポカミスも、「ミスをしたくない」という気持ちが薄れてくると再発します。それに対し、「ポカミス掲示板」で対応します。掲示板にはポカミスゼロの日めくりがあり、日ごと各作業者がめくり、ゼロ更新した日にはめくった作業者の写真と感想を裏に貼ります。これにより、「自分はミスしたくない」という気持ちを思い出します。

　一度出てしまったミスは仕方ありません。しかし、再発させてはいけません。二度と出さない再発防止策がポカミスをゼロにし、気持ちの維持とルールを守る姿勢がその状態を継続させるのです。

第 4 章 ▶ 不良をゼロにする

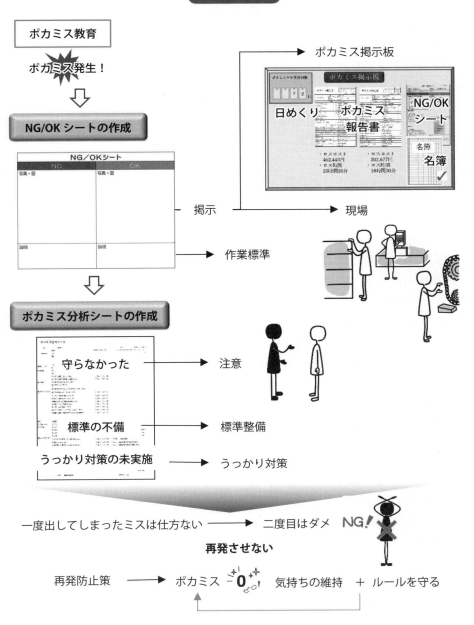

Tool 10 ポカミスゼロへのアプローチ

うっかり対策1：
脳のメカニズムを応用

うっかりは、「記憶に頼った作業」「中断」「集中力の低下」で発生します。それらに対しては、脳のメカニズムからの対策をします。

▶記憶ミスと中断への対策
①記憶ミス

記憶ミス対策として、入力データを覚えるときにはメモを取ります。入力時の実行ミスに対しては入力画面の改善を実施します。

②中断

作業中の声かけ、邪魔（大きな音を出すなど）、口頭指示は禁止です。指示はメモで行い、相互でチェックして実施後は欠かさず確認します。

▶集中力の低下への対策
①自主休憩

作業の疲労度によって個別休憩、全体休憩、都度休憩の3つの形態から休憩時間を取ります。実際にやってみると、作業者は一日の生産計画を守り、休憩もしっかり取りました。作業者は、信頼すれば応えてくれます。

②体調管理

監督者は作業者の顔色と動きに注意し、体調を管理します。作業者の体調が悪いとき、自ら直接言える関係づくりも大切です。

③都合管理

個人の都合に対しては、事前に自己申請してもらい早めに対応します。これからは、会社の都合（仕事）と個人の都合（私事）は互いに話し合って、優先順位を決めていく時代になります。

④環境改善

温湿度や明るさ、騒音などで環境に関し、現場から改善の依頼があったら即、対応します。これにより生産性も上がります。作業者思いの改善は作業者に喜びとやる気を授け、生産性も上がります。その分、休憩・早退時間に当てることで一日の生産量も維持できます。

第 4 章 ▶ 不良をゼロにする

脳のメカニズムからの対策

【記憶ミス対策】　覚える → **メモを取る**
　　　　　　　　　　　　　　　　＋
　　　　　　　　入力画面の改善 → 指示書と同じ画面（1ページに集約）
　　　　　　　　　　　　　　　　　項目別に色分け、ポップアップ表示

【中断対策】　　禁止事項

1. 声かけ
2. 邪魔（作業者の近くで大きな音を出す、大きな声で話す）
3. 口頭指示 → メモで指示 → 相互確認 → 実施確認

【作業者思いの改善】

♥ 自主休憩：疲労度により休憩の取り方を決める

　　　　　　個別休憩／全体休憩／都度休憩

♥ 体調管理：監督者は個人ごとの体調に注意（顔色・動きを見る）

　　　　　　正直に言える関係づくり　　　　仕事　　　　私事

♪ 都合管理：自己申請　→早めの対応

♪ 環境改善：現場からの環境（温湿度／明るさ／騒音）改善の依頼

　　　　　　→ 即、対応　　▷生産性も上がる

　　　　　　みんな喜ぶ → やる気になる ──→ 生産性が向上
　　　　　　　　　　　　　　　　　　　　　　　　　　↓
　　　　　　　一日の生産量を維持 ◀──── 休憩・早退時間

Tool 10 ▶ ポカミスゼロへのアプローチ

8 ◇ うっかり対策2： IE＋2Sで

　うっかりは、作業の仕方でも発生します。これらに対しては、従来のIE＋2S の進め方で対応します。

▶やりにくさの改善

　やりにくい作業を長時間続けると、作業者はミスしやすくなります。そこでスペースが狭い、部品が小さい、持ちにくいなどのやりにくい作業を改善していきます。

▶生産計画とラインバランスの最適化

　生産に追われると、作業者はイライラしてミスを起こします。生産に追われるのは、生産計画とラインバランスが悪いからです。

　生産計画に関しては生産管理部門に依頼し、ミスが出る可能性があるという理由を説明し、適切な生産計画に変更してもらいます。また、ラインバランスに関しては作業を改善し、作業配分の最適化を検討します。

▶生産とリンクした供給

　組立作業において部品を見つける、選ぶという作業は作業を中断させ、飛ばしや組付ミスを発生させます。これに対し、組み立てる順序で部品が並ぶように、供給方法を変更することで解決する場合があります。部品は作業台の前から 5/10単位で供給し、減り方により飛ばしや組付ミスがわかるようにするのも有効です。

▶始業前点検

　人は何かを始めようとするとき、いつもと同じ状態から始める傾向があります。反対に言えば、いつもと違う状態だと作業開始時にミスを起こしやすくなるのです。

　作業開始時に発生するミスを防ぐために、始業前点検をします。しかし、前の生産でやりっ放しの状態になっていたのでは、点検になりません。そこで、片づけの徹底が必要になってきます。そして、片づけするには元の状態が決まっていなくてはならず、整理・整頓は不可欠です。

第 4 章 ▶ 不良をゼロにする

従来のIE＋2Sのやり方でポカミスを防止する

【やりにくさの改善】

やりにくい作業 ⟶ 集中 ⟶ 疲れる ⟶ 長時間続けるとミスをする

聞く　　　　　　　　　　　　　　　　みんなで見て改善のアイデアを出す

○狭い　　○小さい
○重い　　○持ちにくい
○ぶつかる　○落とす

⟹ 改善

【生産計画とラインバランスの最適化】

生産に追われる ⟶ 急ぐ ⟶ イライラ ⟶ ミス
　┣⟶ 無理な生産計画 ⟶ 適切な生産計画
　┗⟶ ラインバランスが悪い ⟶ 作業改善 ⟶ 作業配分の最適化

【生産とリンクした供給】

部品を見つける／選ぶ ⟶ 飛ばし／組付ミス
　↓
組立順序と同じ部品レイアウト ⟶ リズミカルに組む（集中力アップ）

供給側で並べる

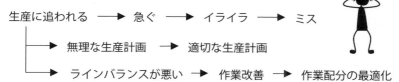

○前から供給
○5/10 単位
　→ 飛ばしがわかる

【始業前点検】

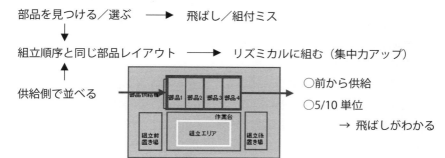

人の特性
○何かを始めようとするとき、ミスしやすい ⟶ 始業前点検
○いつもと同じ状態から作業を始める ⟶ 片づけの徹底
　　　　　　　　　　　　　　　　　　　　↑
　　　　　　　　　　　　　　　　　　整理・整頓

Tool 10　ポカミスゼロへのアプローチ

作業者と一緒にポカミスをゼロにする

　ポカミス教育におけるアンケート調査によると、過去、全員の作業者が何らかのミスを経験していました。その結果を見て、「人はミスをする。仕方がない。なくならない」とは思わないで欲しいのです。

▶ポカミスは誰の責任？

　普段の生産において、「作業者がほとんどミスなしで作業をしていることは素晴らしい！」「ミスをしないことは、当たり前のことではない」という考え方に変えてみてはいかがでしょうか。そして、作業者の方々がミスをしないで作業をし続けていることに対して、最大限の敬意を払ってほしいと考えます。

　その上で職制たちは、「ミスをするのは、ミスをさせる環境で作業をさせているからだ」という認識を持つべきです。

▶責任区分を分析すると…

　ポカミスの20の対策に関し、職制と作業者の責任区分を分析しました。その結果は、作業者に責任がある領域は15％しかなく、85％は職制に責任があることが判明したのです。つまり、職制が務めるべき役割を務めれば、85％のポカミスをなくすことが可能なわけです。

　具体的には、まず作業者全員にポカミス教育を実施し、作業者には12のルールを遵守してもらいます。その後にそれでもポカミスが発生したら、再発防止策を打って徹底します。そして標準を整備し、うっかり対策と判断ミス対策を講じます。

▶考え方と行動を変えるのが大事

　このようなしくみにより、ポカミスが発生しない環境を整えることができます。その結果として、ポカミスゼロが実現するのです。

　人はミスをします。でも、人の考え方と行動を変えることで、それをゼロにできます。その体制を作業者と一緒に築いていくことが、これからのものづくり現場に問われているのではないでしょうか。

考え方と行動を変え、ポカミスをゼロにする

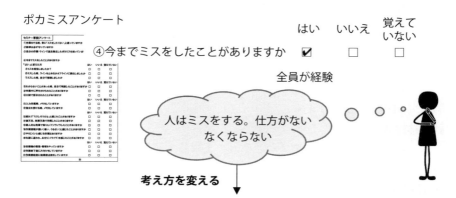

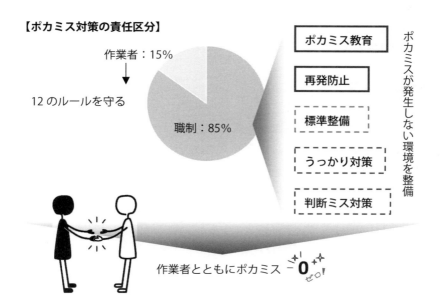

Tool 11 **キズゼロへのアプローチ**

◇1◇ キズは結果

　キズは、製品・部品が何らかのモノに当たった末に発生します。17の現象に対して14の要因があります。

▶ 部材起因のキズ
　入荷時からついていたキズが、そのまま製品・部品のキズとなります。要因は、サプライヤーの出荷検査での見逃しです。

▶ 作業起因のキズ
　製品・部品が、作業者や作業台（上のもの）、治具、台車、棚（ラック）と接触するとキズがつきます。その他に、製品・部品同士の接触や製品・部品の落下（ポカミス）でもキズがつきます。要因は、整理・整頓不足、作業がやりにくい、製品の扱い方が雑、ポカミス（うっかり）、保護カバーの未設置、保護マットの未設置の6つです。

▶ 設備起因のキズ
　設備の振動、設備と製品・部品との擦れ、衝突でキズがつきます。要因は、原則の崩れや設備の設計ミス（擦れる、衝突する構造）、緩衝材の未設置の3つです。

▶ 異物起因のキズ
　作業台上や設備パスライン上、加工台上、チャックの異物に加え、手袋や製品入れ／治工具の異物が、製品・部品と擦れるとキズがつきます。要因は、生産前時点で異物が発生するたびに、作業台上や設備のパスライン上、加工台上、チャックの清掃をしていない、もしくは手袋から異物を取り除いていない／交換をしていない、製品入れ／治工具の洗浄・除電をしていないの3つです。

▶ 設計起因のキズ
　生産時にキズがつきやすい製品構造にすると、キズがつきやすくなります。キズ対策は、「当たり源対策」「総合対策」、そして「要素別改善」の3つがあります。

第4章 ▶ 不良をゼロにする

キズの17の現象と14の要因

	キズの現象	キズの要因
部材 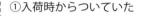	①入荷時からついていた	1. サプライヤー出荷検査：見逃し
作業 	②作業者との接触 ③作業台（上のもの）との接触 ④治具との接触 ⑤台車との接触 ⑥棚（ラック）との接触 ⑦製品・部品同士の接触 ⑧製品・部品の落下	2. 整理・整頓不足 3. 作業がやりにくい 4. 製品の扱い方が雑 5. ポカミス（うっかり） 6. 保護カバーの未設置 7. 保護マットの未設置
設備 当たる 	⑨設備の振動 ⑩設備と製品・部品との擦れ ⑪設備と製品・部品との衝突	8. 原則の崩れ 9. 設備の設計ミス 10. 緩衝材の未設置
異物 こすれる	⑫作業台上の異物 ⑬設備のパスライン上の異物 ⑭設備の加工台上の異物 ⑮設備のチャックの異物 ⑯手袋の異物 ⑰製品入れ／治工具の異物	11. 清掃していない 12. 手袋を交換していない 13. 洗浄・除電していない
キズ不良	*設計	14. 生産時にキズがつきやすい製品設計

キズ対策　〇当たり源対策：キズ分析し、当たり源に対し対策
　　　　　〇総合対策：現場で発生要因を見つけ対策
　　　　　〇要素別改善：作業、設備、異物にツールで対策

Tool 11　キズゼロへのアプローチ

2　当たり源への対策

キズを分析し、製品・部品に当たる「当たり源」を見つけて対策します。

1. キズ分析
キズ分析はデータ分析と現物分析からなります。

【データ分析】
キズの数を数え、規則性を確認します。キズに規則性があれば、製品系列で設備と作業の当たり源の推定をします。留意事項としては、複数のキズを一つにまとめないことが肝要です。

【現物分析】
形状や大きさ、位置、集中か分散かを分類し、キズマップの作成に着手します。えぐれキズや打痕キズで位置が集中していれば、該当する設備と作業の当たり源を推定します。また、すりキズで、位置が分散していれば異物起因と推定します。

2. 部材対策
受入検査もしくは工程内で部材のキズが見つかったら、サプライヤーと協力工場に対策を依頼します。協力工場が単独では対策ができない場合は、共同で改善します。

3. 当たり源の推定
異物の発生源の推定と同じ方法(マッピング、クリーンワーク流し、レファレンス)で当たり源を推定します。

4. 当たり源対策
発生工程に対して異物、設備、作業ごとのツールを使って対策を打ちます。対策の前後では、キズの発生推移から異物、設備、作業の発生要素を限定します。

5. 標準・基準書の作成と遵守
各ツールの活動で得られた結果から標準・基準書を作成し、遵守します。
それによりキズの予防が実現します。

当たり源を推定し、ツールで対策

1. キズ分析

【データ分析】　①数　②規則性　→　規則性あり　→　製品：設備、作業を推定
【現物分析】　　③形状　　　　④大きさ

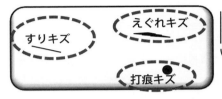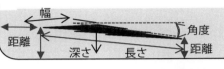

　　　　　⑤位置　　⑥集中／分散　──────→　キズマップ

【当たり源の推定】
　　○えぐれ／打痕キズ＋位置が集中　→　設備、作業
　　○すりキズ＋位置が分散→　異物起因

2. 部材対策

サプライヤー、協力工場の部材をチェック　→　あり　→　対策依頼／共同改善

3. 当たり源の推定

＊異物ゼロへのアプローチ
　工程限定の要領で

①マッピング　②クリーンワーク流し　③レファレンス

4. 当たり源対策

異物	設備	作業
異物ゼロ	原則整備	実践2S、標準整備、ポカミスゼロ

＊製品の設計変更

5. 標準・基準書の作成と遵守

　↓
予防

Tool 11　キズゼロへのアプローチ

3　歯止めをかける4つの施策

　工場を回って17の現象を探し、4つの施策を打つことでキズの発生を防止します。

▶第一に重視する清掃

　キズ対策において、第一に実施するのは清掃です。まず、工程全体の清掃をします。次に、製品の流れに沿って棚や作業台上、台車上、設備の搬送路の清掃を進めていきます。一度清掃したら清掃周期を決め、定期的に清掃します。ベストは、生産が始まる前の清掃です。

　なお、忘れてはいけないのが、製品・部品に直接触れる入れ物や容器、通い箱と治工具、手袋などです。入れ物と治工具は使うたびに洗浄・除電します。手袋は使うたびに指先から異物を除去し、汚れが取れなくなったら交換します。

▶整理・整頓を怠らない

　雑然としている職場、棚の中、作業台上での作業において、製品・部品をぶつける可能性がある箇所が見つかったら整理・整頓をします。ぶつける可能性がある箇所には保護カバーをつけ、擦る可能性がある場所には保護マットを設置します。

▶設備の原則整備を徹底

　設備の原則が整っていないと、ガタにより振動が発生し、キズの要因となります。搬送路で振動している部位があったら原則を整備します。設備の構造上、製品・部品が設備と衝突する部位があったら改造し、衝突する部位に緩衝材を設置します。

▶何より丁寧な作業を

　製品・部品の扱いが雑だと製品・部品同士をぶつけたり、周りのモノにぶつけたり、入れ物にこすったりします。治工具の扱いが雑だと落としたり、製品・部品にぶつけたりすることもあります。そのようなことがないように、丁寧な作業を常に心がけるように教育します。

第 4 章 ▶ 不良をゼロにする

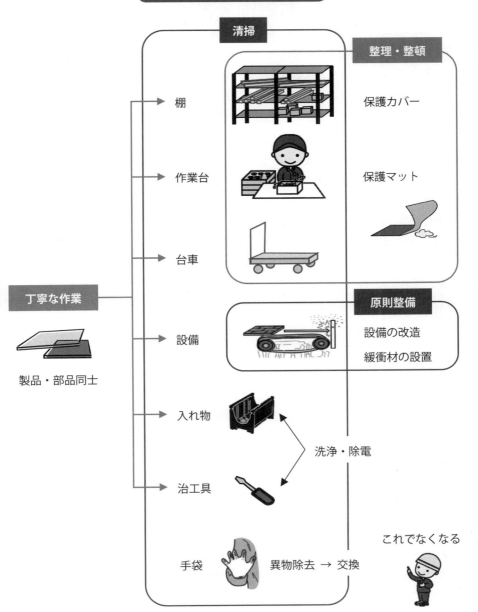

キズは要素別改善でなくす

　通常、キズ対策は不良対策の一つの項目として行われます。つまり「不良ゼロの5原則」で解説した「要素別改善」を進めることにより、キズ不良もなくしていくというアプローチです。

　キズ対策の一つ、「当たり源対策」の内容を見ていきますと、最終的な対策は異物、設備、作業へのツールを使った対策となっています。総合改善も「清掃、整理・整頓、原則整備、丁寧な作業」は、異物対策と実践2S、原則整備、作業改善という内容になっています。

　キズ対策において、これらのツールにないのは保護カバーの設置や保護マットの設置、緩衝材の設置の3つの対策です。したがって、通常のキズ対策は「要素別改善」＋「3つの当たり源対策」という形で進めていきます。

　各ツールで改善を進めていく際には、キズ不良のデータの変化も把握します。それにより、キズの発生要素と要因、対策が結果としてわかります。キズも不良の一つです。要素別改善をやればキズ不良をゼロにすることが可能です。

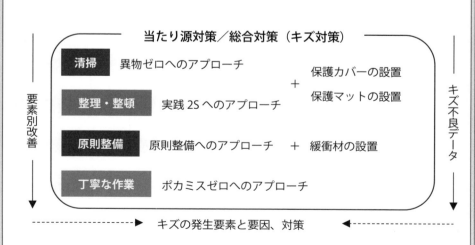

第5章

クレームゼロは
ものづくり企業の使命

Tool 12 クレームゼロ（品質保証体制整備）へのアプローチ

 実現に向けた2つの考え方

　ある制御機器の生産工場では、年間1,800件以上のクレームが発生していました。そこでクレーム分析をしてみたところ、客先起因が42％、再現できないが23％、製造起因が17％、設計起因が12％、部品起因が6％という結果になりました。
　すなわち、クレームの65％は原因不明だったというわけです。その理由は2つでした。
　1．検査基準が顧客条件ではなく、製品機能を保証するものになっていた
　2．現場では省人化のために抜き取り検査をしていた

▶**クレームゼロへの道**

クレームをゼロにするには、2つの考え方が必要です。
　1．真の顧客第一主義
品質はお客さまが決めるものです。したがって、自社の検査条件は顧客の使用（検査）条件と一致すること、もしくはそれ以上に厳しくなくてはなりません。
　2．ゼロ思考
お客さまは一つの不良も要りません。したがって、全数検査が必要です。この2つの考え方は、クレームをゼロにするための大前提となります。それを実現する方法が「顧客条件による全数検査」です。

▶**顧客条件による全数検査**

顧客条件による全数検査は、2つの施策で実現します。
　1．顧客訪問
設計と品証が顧客を訪問し、製品（部品）の使い方と検査の仕方を把握します。これにより客先起因、再現できず、設計起因のクレームをなくします。
　2．顧客条件による全数検査
訪問した情報をもとに、顧客の検査の仕方（条件）で全数検査します。これにより製造起因、部品起因のクレームをなくします。

第 5 章 ▶ クレームゼロはものづくり企業の使命

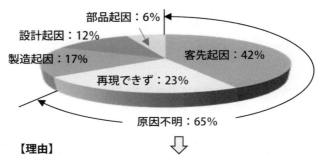

【制御機器生産工場】

クレーム
年間 1,800 件以上

顧客条件による全数検査

- 部品起因：6%
- 設計起因：12%
- 製造起因：17%
- 再現できず：23%
- 客先起因：42%

原因不明：65%

【理由】
1. 検査基準：製品の機能保証 → 顧客条件ではない
2. 抜き取り検査（省人化→ 自社都合）

クレームをゼロにするには

【考え方】　1. 真の顧客第一主義　　　　　　　　合言葉だけではなく

品質はお客さまが決めるもの

▷自社の検査条件 ≧ 顧客の使用（検査）条件

2. ゼロ思考

お客さまは不良は要らない　　　　抜き取りはあり得ない

▷全数検査は必然

【施策】**顧客条件による全数検査**

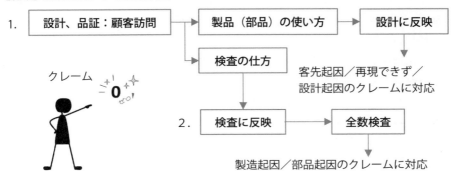

Tool 12 クレームゼロ（品質保証体制整備）へのアプローチ

顧客条件による全数検査

　クレームゼロの考え方と施策を、品質保証部門に説明しました。しかし、自分たちがやっていたことが否定されたととらえたらしく、なかなか取り組んでもらえませんでした。

▶トップダウンで調査開始

　そこで社長に、「試しにやって欲しい」と何とか依頼し、品質保証部門全員で1,410,258の在庫品を顧客条件で全数検査しました。その結果、2,467個の不良が発見されました。これは、現在のクレーム件数の約16倍の数で、それだけの不良が流出していたと全員が認識し、「これはまずい」という気持ちになりました。

　そこで、全社員で今後出荷する予定の3,566,607個の製品を検査しました。その結果、6,705個（0.19％）の不良が見つかりました。

　この会社ではこれまで不良率をPPMレベルで語っており、この数字と自分たちの認識との差を知り、全員が愕然としたのでした。と同時に、これらの不良はこれまで確実にお客さまに流れ込んでおり、近年売上が伸び悩んでいる原因がこの不良にあり、自分たちが知らない間に他社に転注されているのではないかと考え始めました。

▶モデル機種による実施結果

　まず、顧客条件による全数検査をモデル機種で行うことにしました。検査員を従来の7人から21人に増員し、検査能力を250倍に上げました。その結果、モデル機種のクレームはゼロになりました。ちなみに検査能力は、災害のハインリッヒの法則を応用し、1件のクレームに対して29件の出荷検査不良、300件の工程不良があるという式で定量化しました。

　モデルで効果が確認できたので、検査機とセンサー63種類を開発し、それを導入することで従来の7人に戻し、顧客条件による全数検査体制を全機種に展開しました。その結果、10年間横ばいだったクレーム件数がたった4カ月で1/5になりました。

176

第 5 章 ▶ クレームゼロはものづくり企業の使命

検査能力が上がりクレームが減った

在庫品
（検査済）

品質保証部門全員 ━━▶ 顧客条件で全数検査

大量の不良

0.19%の不良

出荷予定の製品を検査 ◀━━ まずい….

今までこれが流出

顧客条件による全数検査

モデル機種　　検査能力

検査員：7 人 → 21 人に増員
　　　　　↓
　　検査能力 250 倍
　　　　　↓
　　クレームゼロ！

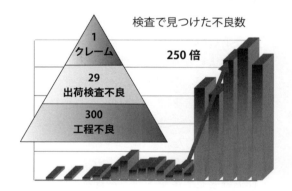
検査で見つけた不良数
- 1 クレーム
- 29 出荷検査不良
- 300 工程不良

250 倍

全機種

検査機、センサー開発 ━━▶ 検査員：従来の 7 人

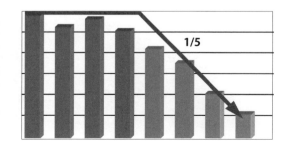
1/5

10 年間横ばいだったクレーム
4 カ月で 1/5!!

Tool 12 ▶ クレームゼロ（品質保証体制整備）へのアプローチ

◇3 課題の解決

顧客条件の全数検査を実現するには2つの課題があります。

▶️課題1：検査人員を抑える

いくら検査が大切だからと言っても、検査者を無尽蔵に増やしていいわけではありません。この課題に、基板生産工場では4つのステップで対応しました。

○第1ステップ〜検査作業の整理・整頓

検査項目を一つひとつ調べていくと、不要な検査が見つかりました。そこで、顧客の使用（検査）条件以外の不要な検査を排除しました。

○第2ステップ〜検査作業の改善

検査手順の統一と、判定基準の明確化を行いました。その結果、61人いた検査員が28人になり、54%削減できました。

○第3ステップ〜人による全数検査

28人の検査者を36人（30%増）に増員し、顧客条件による全数検査に移行し、検査能力を25倍に上げました。その結果、クレームを8カ月で1/28まで減らすことができました。

○第4ステップ〜センサーによる工程不良の排除

仕上げとして生産工程に不良を検知するセンサーを導入し、検査項目を減らし、検査者を36人から12人（67%減）に減らしました。

▶️課題2：不良をゼロにする

制御機器生産工場では、クレームを減らすことができました。

しかし、検査で多くの不良を止めてしまうため

●顧客に出荷できない

●不良による廃棄や手直しでコストが上がってしまう

という課題が発生しました。

これに対する解決策が不良ゼロです。不良を減らすことによりクレームが減り、検査能力も上がります。

第 5 章 ▶ クレームゼロはものづくり企業の使命

検査人員を抑える＋不良をゼロにする

課題1：検査人員を抑える【基板生産工場】

| 第1ステップ | 検査作業の整理・整頓 |
| 第2ステップ | 検査作業の改善 |

61 → 28人（54%減）

| 第3ステップ | 人による全数検査　28 → 36人（30%増） |

検査能力 25倍

1/28に低減

| 第4ステップ | センサーによる工程不良の排除　36 → 12人（67%減） |

トータル：61 → 12人（80%減）省人化しながらクレームを減らす

課題2：不良をゼロにする【制御機器生産工場】

クレーム件数の推移　　　　　　　　　製品不良件数の推移

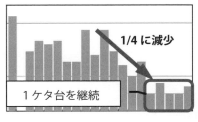
1/4に減少
1ケタ台を継続

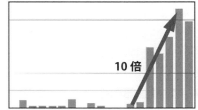
10倍

クレーム：1/4（1ケタ台）に減少　→　10倍の不良が発生

出荷しちゃダメ

お客さんが待ってる

●出荷できない（生管）
●コストアップ（生産）

不良ゼロ活動

179

Tool 12　クレームゼロ（品質保証体制整備）へのアプローチ

4　品質保証体制刷新のポイント

　クレームの責任は品質保証部門にあります。しかし、ほとんどの企業の品質保証体制は、
- クレームが来てから対応
- クレーム分析力の欠如
- 他部門任せのクレーム対策

という状態であり、結果としていつまでもクレームがなくなりません。それにもかかわらず、クレームの削減目標は高い会社で半減、低いところは20％減という頼りない数値を設定しています。

▶ 目標達成の5つの施策

　これからの時代、**クレームの目標はゼロ**です。この目標を達成するために5つの施策を打ち、「クレームを出さない体制」を構築します。

　施策1：不良ゼロ
　　　2：検査の見逃しゼロ
　　　3：部材不良ゼロ
　　　4：設計ミスゼロ
　　　5：海外工場のクレームゼロ（品質マネジメント）

しかし、現実問題として、これらの活動をしている最中にもクレームは次々と来ます。

▶ 品質保証部門の注力ポイント

　それに対し、品質保証部門は4つの活動を展開します。
1. 他部門の活動への参加
2. クレームへのスピード対策
3. 火消し隊
4. 検査情報のフィードバック

　これにより、他部門任せのクレーム対策からの脱却とクレーム分析力の向上を図り、「クレームへのスピード対応体制」を構築します。

第5章 ▶ クレームゼロはものづくり企業の使命

これからの時代の品質保証体制

【品質保証部門の実態】

- ●クレームが来てから対応
- ●クレーム分析力の欠如
- ●他部門任せ

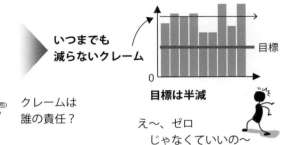

【これらの時代の品質保証体制】　目標はクレームゼロ

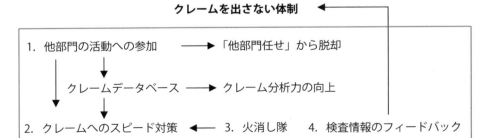

> Tool 12　クレームゼロ（品質保証体制整備）へのアプローチ

5　品質保証部門の活動1：対応を速く

▶他部門の活動への参加

　他部門の活動に参加し、自らの意志と行動でクレームを減らします。そのプロセスで「クレーム－不良－要因－対策」の関係が把握でき、クレームデータベースを構築できます。それにより、クレームが来たときに要因と対策が推定できるようになります。

　ある電器製品メーカーでは長年、クレームに悩まされていました。それに対し、品質保証部門では評価技術の強化や審査の強化、品質研修、QCサークルなど考えつく施策を打ってきました。しかしクレームは減らず、膨大な品質コストがかかっていたのです。

　そこで、全社で不良ゼロ活動を展開しました。その2年半の活動で不良が90％減り、検査の見逃しが80％減り、クレームが80％減りました。その結果、品質コストも削減することができました。

　クレームゼロとコストダウンを両立することができて、初めて**健全なクレーム対策**と言えます。

▶クレームへのスピード対応

　自動車部品メーカーにおける従来のクレーム対応は、顧客企業／製品ごとに担当が決まっていました。しかし、この体制では各担当に忙しさのバラツキが生じ、それが顧客対応時間のバラツキになり、対応の遅れになっていました。そこで、クレームは全員で対応することにしました。

　クレームは、トレイに一括管理して待ち状態が見えるようにし、優先順位を決めて1日で回答することにしました。これを実行するためにクレームデータベースを活用するほか、顧客企業／製品の学習を行い多能工化を進めました。

　その結果、特定顧客への1日回答が可能となり、全体のクレーム処理日も67％削減できました。さらに、お客さまから感謝状もいただきました。クレームへのスピード対応はお客さまにも喜ばれる前向きの体制です。

第 5 章 ▶ クレームゼロはものづくり企業の使命

社内と顧客と真摯に向き合う

1. 他部門の活動への参加

自らの意志と行動でクレームを減らす

「クレーム－不良－要因－対策」を把握 ⟶ クレームデータベース
⬇
クレームへのスピード対応

【電器製品生産メーカー】

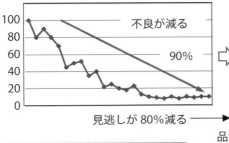

不良が減る　90%

見逃しが80%減る ⟶

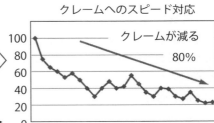

クレームが減る　80%

品質コスト（ムダな費用）が下がる

⬇
健全なクレーム対策

2. クレームへのスピード対応

【自動車部品生産メーカー】

従来のクレーム対応体制：顧客企業／製品ごとに担当が対応 ───┐
⬇　　　　　　　　　　　　　　　　　　　　　　　　　　　　│
対応が遅れる ← 対応時間のバラツキ ← 忙しさにバラツキ ←──┘

新体制　○クレームは全員で対応
　　　　○トレイで一括管理：待ち状態が見える 👉
　　　　○優先順位を決め1日で回答

○クレームデータベースの活用　○顧客企業／製品における多能工化

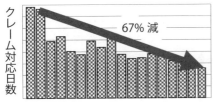

クレーム対応日数　67%減

☆特定顧客への1日回答

☆全体のクレーム処理日も67%削減

☆お客さまから感謝状

183

Tool 12　クレームゼロ（品質保証体制整備）へのアプローチ

品質保証部門の活動2：再発を防ぐ

▶火消し隊

　新製品を出荷した後の3～6カ月間は、品質が不安定になることが多々あります。それに対応するために、新製品に関してのお客さまからのクレーム（不良）に即対応するための体制を構築しました。具体的には品証と生産、購買、設計部門から新製品開発に関わった代表1人を選出し、「火消し隊」と呼んで対応しました。

　火消し隊はクレーム発生時、2段階で対応します。
　○第1段階：不良を出さない
　検査項目を追加し、クレームの再発を防ぎます。
　○第2段階：不良をつくらない
　要素別改善により不良をなくします。お客さまに根本対策として報告し、安心していただくことが狙いです。電子部品を生産する工場では、クレーム発生から3カ月でクレームがゼロになり、8カ月で工程不良がゼロになりました。

▶検査情報のフィードバック

　検査情報をリアルタイムで生産工程にフィードバックすると、不良が減ってクレームも減ります。半導体後工程の工場で検査情報をフィードバックしたところ、件数が増えるに従って不良率が下がりました。

　その理由を調べてみたところ、作業者が検査情報を知ることによって、「もしかしたらこの不良は自分が出したものかもしれない」と気づいたことが発端でした。その結果、設備点検を始め、作業に気を配ることで不良が減ったということでした。

　要望があった工程には不良の現物も送ります。それを観察することにより改善が促され、さらに不良が減りました。留意事項としては、品証や検査が不良の発生工程を限定せず、すべての工程にリアルタイムに情報をフィードバックすることが大事です。

第 5 章 ▶ クレームゼロはものづくり企業の使命

不良を出さない、不良をつくらない体制の構築

3. 火消し隊

【電子部品生産工場】

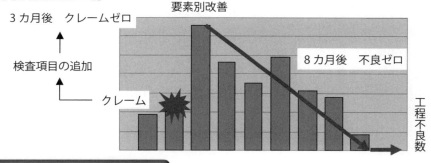

4. 検査情報のフィードバック

検査情報をリアルタイムで生産工程にフィードバック ──→ 不良減
　　　　　　　　　　　　＊すべての工程へ　　　　　　　　↓
　　　　　　　　　　　　　　　　　　　　　　　　　　クレーム減

【半導体後工程】

検査情報をフィードバックすると不良が減る

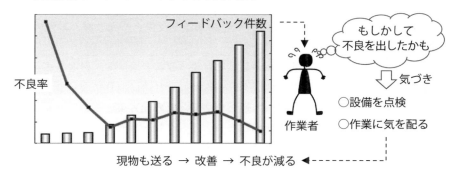

185

Tool 12　クレームゼロ（品質保証体制整備）へのアプローチ

7　真の顧客第一主義に回帰

　クレームが会社に与える影響は甚大です。23社で算出したクレーム対応費は、不良の廃棄金額の10～30倍という数字になりました。

▶クレームが減ると売上が上がる

　クレームで悩んでいた電子部品メーカー（売上200億円）では、年間11億8,000万円の品質ロスコスト（クレーム・不良にかかるコスト）がかかっていました。その上、クレーム・不良により納期遅延や在庫の増加という問題も抱え、それが経営や現場をじわじわと圧迫していたのです。

　そこで、人件費として活動費9,800万円、検査人員人件費625万円、設備投資（検査装置、センサー）4,270万円、IT化投資7,400万円の合計2億2,095万円をかけてクレーム・不良ゼロ活動を展開しました。その結果、クレーム・不良が1/5になり、ロスコストを9.44億円削減、納期遵守率は98％、在庫削減47％となりました。

　この活動で一番驚いたのは、活動の次年度で売上が12％アップしたことでした。このことにより、今まで新製品でリピート受注がこない原因が、クレームにあるということがわかりました。品質投資はペイします。しかし、品質への投資はペイするからやるのではなく、ものづくり企業の使命としてやるべきです。

▶クレームは改善要求

　昨今、品質事故や不正などが発生しています。これらは2000年頃から始まり、24年経った今でも続いています。その結果は生産停止や売上減、最悪のケースに至ると倒産という悲惨なものです。

　クレームとは、お客さまからの製品に対する改善要求です。お客さま（顧客企業）と自社の信頼関係の証です。クレームは、会社の命取りになります。コストダウン至上主義をやめ、品質への過信を捨て、真の顧客第一主義に回帰し、コストをかけてもクレームゼロを達成しましょう。クレームゼロは当たり前。当たり前のことをやっていない企業は淘汰されます。

186

第 5 章 ▶ クレームゼロはものづくり企業の使命

クレームゼロは当たり前

💥 クレームが会社に与える<u>影響は甚大</u>

クレーム対応費は、不良の廃棄金額の 10～30 倍
（23 社）

【電子部品メーカー】 （売上：200 億円）

- ＞品質ロスコスト：11.8 億円
- ＞納期遅延、在庫の増加

 じわじわと経営／現場を圧迫

⬇

クレーム・不良ゼロ活動 （2 年間）

1. 人件費：活動費　　　　　　9,800 万円　　　　　**品質投資**
   検査人員人件費　　　　　625 万円
2. 設備投資：検査装置、センサー　4,270 万円
3. IT 化投資　　　　　　　　　7,400 万円　　　　　計：2 億 2,095 万円

⬇

☆クレーム・不良：1/5　ロスコスト：9.44 億円削減

☆納期遵守率：98％、在庫：47％減

　　　　　　　　　　　　　　　＋　　　　　　新製品でリピート受注
品質投資はペイする　☆**売上 12％アップ**　⇔　がこない原因はクレーム

💥 昨今、<u>品質事故や不正</u>などが発生（2000 年から 24 年間継続）
　　　⬇
　　生産停止、売上減、倒産

クレーム → お客さまからの製品に対する改善要求　＝　<u>信頼関係の証</u>

➡ **コストをかけてもクレームゼロを達成** ⬅ 真の顧客第一主義に回帰

Tool 13 検査作業改善へのアプローチ

 従来の検査の課題と解決

　従来の検査作業には7つの課題があります。これらの課題は、「人依存の検査」により発生します。
　①見逃しがなくならない。結果としてクレームになる
　②過剰検出がある。結果としてコストアップになる
　③検査結果が良品・不良品判定のみで定量的ではない
　④不良の検査データは残しているが、良品の検査データは残していない
　⑤人によって判定のバラツキがある。同じ人でもバラツキが生じる
　⑥判定基準が伝承できない
　⑦人材育成に時間とコストがかかる

▶**検査作業改善へのアプローチ**
7つの課題を解決するために5つの施策を実施します。
1. 顧客条件による全数検査
2. 人の特性を活かしたST検査
   検査の時間を短縮し、見逃しゼロ、過剰検出ゼロを実現する
3. 検査者思いの改善
   集中力マネジメントにより見逃し、過剰検出をなくす
4. AIの音声認識による全検査データ収集
   AIの音声認識により検査者への負担を最小限に抑え、全検査データを収集、蓄積する
5. AIの画像認識による外観検査
   AIの画像認識により検査結果を定量的に判定し、画像データとペアで収集、蓄積する

▶**検査の自動化を志向**
　最終的には検査の自動化を目指します。上記の「検査作業改善へのアプローチ」により、「見逃しゼロ（クレームゼロ）＋過剰検出ゼロ（コストダウン）＋人依存からの脱却」の検査作業体制を実現します。

これからの時代の検査体制

従来の検査作業の課題

① **見逃し**がなくならない ☞ **クレーム!!**
② **過剰検出**がある ☞ **コストアップ!**
③ 検査結果が定量的ではない（良品・不良品判定のみ）
④ 良品の検査データが残らない
⑤ 人によってバラツキがある
⑥ 判断基準が伝承できない
⑦ 人材育成に時間とコストがかかる

｝人依存

課題の解決　検査作業改善へのアプローチ

1. 顧客条件による全数検査

【検査作業改善】

2. 人の特性を活かしたST検査
3. 検査者思いの改善

▶　見逃しゼロ ＋ 過剰検出ゼロ
　　　　↑　　　　　　　↑
　　クレームゼロ　　コストダウン

【AIの活用】

4. AI音声認識による検査データ収集
5. AI画像認識による外観検査

▶　人依存からの脱却
　　　　↓
☆検査結果の定量化
☆良品でも検査データを残す
☆判定のバラツキを減らす（なくす）
☆判定基準の伝承
☆人材育成の効率化

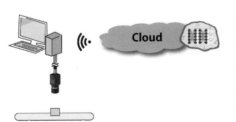

Tool 13 検査作業改善へのアプローチ

 人の特性を活かしたST検査

　検査作業を観察してみると、おおまかな手順は同じであるものの、細かい手順については統一されていません。また、判定時間にもバラツキが見られます。そこで人の特性を活かした、見逃し・過剰検出ゼロの検査を実現します。

▶検査作業の統一
①全検査者の検査時間と過剰検出の件数から「検査時間／品質評価マトリクス」を描き、標準検査者を決めます。なお、標準検査者は見逃しゼロが前提です。

②標準検査者の検査作業をビデオに撮り、検査ビデオ標準を作成します。手順を作成する際には、見る順序、見る方向：一方向、見る回数：1回（複数回見ない）、1カ所を見る時間：2～3秒、斜めにするときにはワークを傾ける角度などを明確にします。

③検査ビデオ標準を検査者全員に見せ、検査方法を統一します。検査項目ごとに標準検査時間（ST）を決めます。

▶人の特性を活かしたST検査
　検査者は、明らかに良品・不良品である場合には瞬時に判断します。しかし、ひと目見て良品か不良品かを判定できないとき、悩んで時間をかけて判定します。その時間をかけて判定した製品が、見逃し・過剰検出になります。この「人の特性」を活かし、検査時間を短縮し、見逃し・過剰検出がない検査を実現します。

　まず、検査判定を良品・不良品・グレー品（ST内で判定できない）の3つに分けます。グレー品はオフラインに出し、検査リーダーと監督者、品証スタッフで判定します。判定結果は、全検査者に現物（写真）を見せ、目合わせを行います。

　グレー品を製品（良品）として出荷する場合は、製品名やロットNo.、製品No.などを記録し、写真撮影して品証部門の責任下で出荷します。

第5章 ▶ クレームゼロはものづくり企業の使命

検査時間を短縮し、見逃し・過剰検出をなくす

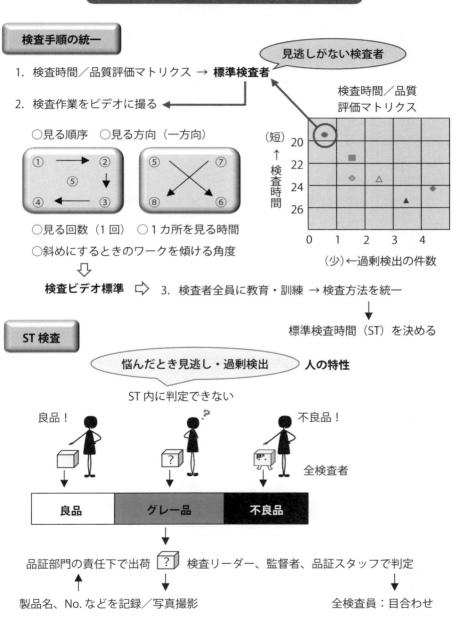

Tool 13 検査作業改善へのアプローチ

 検査者思いの改善

　検査者は、「不良を見逃したくない」という意志を持って真剣に検査します。そうすると、疲れにより集中力が低下し、見逃しが発生する可能性が高まってきます。集中力低下による見逃しを防ぐためには、以下の2つの施策を実施します。

▶**個別に休憩を取る**

　集中力低下を防ぐために、検査者の疲れに合わせた個別休憩を取ります。「疲れた」と思った検査者は「疲れたサイン」を出します。サインが出たら交代要員がスタンバイし、区切りの良いときに交代します。

　「疲れたサイン」を出した検査者は、休憩室で休憩します。休憩時間は5～10分ぐらいです。準備として、
　①休憩を取っていい時間、回数を検査者に伝えておく
　②交代要員を確保（余裕時間を確保）する
ことが必要になります。

　この個別休憩を導入した自動車の検査ラインでは、年間2.7件あった見逃しが0件になり、検査時間も17％短縮できました。交代要員の確保は、検査時間の短縮分を当てます。

▶**明るさを改善する**

　目視検査では、照明が重要な役割を果たします。暗いと見えず、明る過ぎると目が疲れます。照明改善により疲れを軽減します。

　自動車の検査ラインでは、照明メーカーの協力を得て明るさ改善を実施しました。蛍光灯の位置や数、距離を変更し、反射笠を白から黒に変更しました。その結果、見逃しゼロの状態を維持しながら、検査時間を20％短縮できました。

　また、電子部品の検査ラインでは、検査時に使用している蛍光灯をLEDに変更したことで、見逃しをゼロにできました。ちょっとした作業環境への配慮が意外に大きな効果をもたらすものです。

第 5 章 ▶ クレームゼロはものづくり企業の使命

検査における集中力マネジメント

検査者：「見逃したくない」という意志 → 真剣に検査 → **疲れる**

防ぐための2つの施策 ← 見逃す ← 集中力の低下

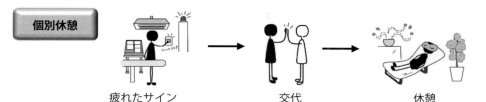

個別休憩

疲れたサイン　　　交代　　　休憩

【準備】　①取っていい時間、回数を検査者に伝える
　　　　　②交代要員の確保 ←

【自動車の検査ライン】

☆見逃し：2.7 件／年 → 0 件　☆検査時間：17% 短縮

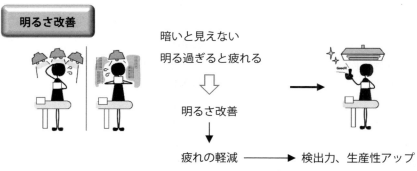

明るさ改善

暗いと見えない
明る過ぎると疲れる
⇩
明るさ改善
⇩
疲れの軽減 ───→ 検出力、生産性アップ

【自動車の検査ライン】

○蛍光灯の位置、数、距離を変更　⇨　☆見逃し：0 件
○反射笠を白から黒に変更　　　　　　☆検査時間：20% 減

【電子部品の検査ライン】

○蛍光灯から LED に変更　⇨　☆見逃し：0 件

193

Tool 13　検査作業改善へのアプローチ

④ AIの音声入力による検査データ収集

　良品として出荷しても、お客さまから「これは不良」と言われたらどうしますか？

▶良品データがない

　本来は検査データを調査します。しかし、ほとんどの企業では、不良品のデータはあっても良品のデータは取得していないのが実態です。クレームに対応するためには、良品の検査データも必要です。実際にやると、2つの課題が浮かび上がってきます。

　●一人で検査しながらデータ収集
　　検査に集中できない。ミスが出てしまう。検査スピードも落ちる
　●一人は検査、もう一人がデータ収集
　　聞き取れない。記録が検査時間に間に合わない。記録ミスがある
　これら2つの課題をAIで解決します。

▶検査データは簡単に取れる

　「AIの音声認識」を使い、全検査データを収集しました。検査台にスマートフォンを置き、検査者が検査しながら独り言のように検査内容をしゃべります。しゃべった声は、AIの音声認識システムで収集され、検査データとしてクレーム管理システムに蓄積されます。

　これにより、検査者がデータを記録するためにいったん手を止める必要がなくなり、検査に集中しながら検査データを収集することができるようになりました。電子デバイス生産工場で実施したところ、

　　○お客さまからのクレーム対応体制の整備
　　○検査報告書作成の効率化（データ入力・分析ロスの削減）
　　　134万円／人・年
　　○データ改ざんの防止（保証）
　　○ペーパーレス化
という効果・成果が得られました。

第5章 ▶ クレームゼロはものづくり企業の使命

> 検査者の負担を最小限に抑えデータ収集

良品として出荷 → お客さまから「これは不良」と言われた

　　　　　　　　　検査データで調査 ――しかし――→ 良品データがない

💡 クレームに対応するためには良品の検査データも必要

実際やってみた…

● 検査しながらデータ収集

× 検査に集中できない
× ミスも出る
× 検査スピードも落ちる

● 一人が検査、もう一人が検査データを収集

× 工数（コスト）がかかる
× 聞き取れない
× 記録が間に合わない
× 検査が遅れる
× 精度も悪い

> AIの音声認識による検査データの収集

【効果】
　○クレーム対応体制の整備
　○検査報告書：データ入力・分析ロスの削減 → 134万円/人・年
　○データ改ざん防止
　○ペーパーレス

Tool 13　検査作業改善へのアプローチ

5　AIの画像認識による外観検査

　外観検査の場合、「人に頼った検査」ではどうしても解決できない問題が残ります。
　①検査結果が定量的ではない
　②判定結果が人によってバラツキが出る
　③判定基準が伝承できない
　④人材育成に時間とコストがかかる
　これらの問題を「AI画像認識による外観検査システム」で解決します。

▶**検査結果をスコアで定量化**

　システムの判定は、設定によって0.2以下が不合格、0.8以上が合格、0.2〜0.8がグレーというように、スコアという数字で**定量化**されます。判定は、良品・不良品・グレー品に分かれますが、グレー品が出たら検査リーダーや監督者、品証スタッフが良品か不良品かを判定します。そして、その判定結果をAIに学習させます。これにより判定精度が上がり、グレー品判定が徐々に減っていきます。

▶**AI学習により成長するシステム**

　導入効果は6つです。
　①検査結果が定量化できる。お客さまと数字でレベル合わせできる
　②判定のバラツキが減る。学習により判定精度が上がっていく
　③検査データが画像と数値で残る。クレーム対応できる
　④夜間無人化とし良品・不良品を判定。グレー品は昼間に判定する。これにより検査人員を削減できる
　⑤判定基準の伝承（蓄積）ができる
　⑥人材育成の時間とコストが削減できる
　これらの効果により、見逃しゼロ（クレームゼロ）、過剰検出ゼロが実現でき、その状態を維持したまま検査人員の削減（コストダウン）も図れます。このシステムは、学習することで成長する「発展性のあるしくみ」です。

第 5 章 ▶ クレームゼロはものづくり企業の使命

発展性のある検査システム

【改善ではどうしても解決できない問題】

①検査結果が定量的ではない
②判定結果が人によってばらつく
③判定基準が伝承できない
④人材育成に時間とコストがかかる

原因：**人に頼った検査**

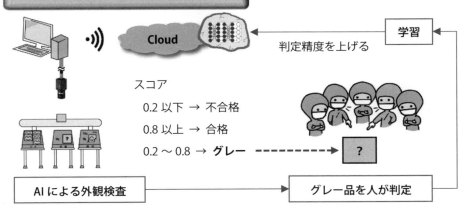

【導入効果】

①検査結果の定量化 → お客さまと数字でレベル合わせ
②判定のバラツキが減る
③検査データが画像と数値で残る → クレーム対応
④夜間：自動検査　昼間：グレー品判定 → 検査人員の削減
⑤判定基準の伝承（蓄積）
⑥人材育成の時間とコストを削減

見逃しゼロ（クレームゼロ）・過剰検出ゼロ ＋ 人員の削減（コストダウン）

学習することで成長し続ける発展性のあるしくみ

Tool 13 ▶ 検査作業改善へのアプローチ

6 完全版 検査作業の改善ツール

　21のツールの中で、完成させるのに最も苦労したのが「検査作業改善」でした。1996年から取り組み、2019年にようやく形にしました。
　まずはクレーム分析により、クレームを防ぐには「顧客条件の全数検査」が必要とわかり、それを実行することでクレームをゼロにできました。しかし、3カ月で再発してしまいます。原因は検査の見逃しでした。そこで、検査作業の整理と手順の統一、判定基準の明確化などの施策を打ち、いったんゼロにしましたがまた再発。原因は人による判定のバラツキでした。

▶人手の検査による限界
　この段階で、「人の検査では無理」と判断し、検査機を開発することにしたのです。しかし、光学系の検査機では誤判定がゼロにならず断念。再び、人へのアプローチに戻りました。そこで、取り組んだのが「人の脳」に関する研究でした。その結果、「ST検査」と「検査者思いの改善」という2つの施策が浮かび、それを検査作業に組み込むことによりクレームをゼロにできました。
　しかし、クレームはゼロにできても、判定が定量的ではない、判定基準が伝承できない、検査者の育成に時間とコストがかかるといった「人依存のしくみ」の課題を抱えていました。そんなとき、世の中にAIが再登場し、さっそく「AIによる外観検査システム」を開発して、「人依存から脱却するしくみ」をつくることができました。

▶時代に合った検査のあり方
　検査作業改善は、23年間の失敗と成功の積み重ねでできたツールです。このツールを使えば検査ミスはゼロになり、検査の生産性も上がり、検査者の負担も軽減できて人手不足にも対応できます。なおかつ、AIの活用により「発展性のあるしくみ」にもなりました。
　「検査作業改善へのアプローチ」で、将来に対応できる検査のしくみをぜひとも構築してください。

第5章 ▶ クレームゼロはものづくり企業の使命

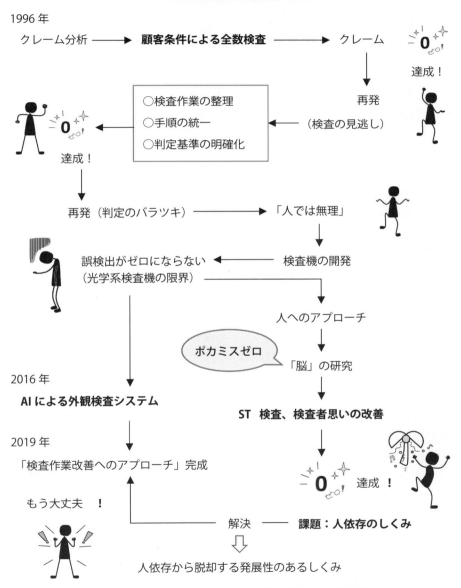

Tool 14　設計ミスゼロへのアプローチ

設計業務の実態

　ほとんどの会社では、工場の活動に触発されて、設計部門も活動を開始します。その際に注力していただきたいのは、自分たちの業務の実態を知ってもらうことです。

▶設計ミスの実態
　設計ミスの要因を探るべく設計3部門の生活分析をしました。
　【製品／材料開発】21人5日間の調査結果
　本来業務48％、メール16％、会議16％、トラブル3％、休憩7％、その他の業務10％という結果でした。本来業務と休憩が必要な時間であるとすると、不要業務に45％もの時間を費やしていたことになります。
　【製品設計】18人5日間の調査結果
　本来業務43％、メール11％、会議28％、トラブル5％、休憩7％、その他の業務6％という結果でした。50％が不要な業務です。
　【プロセス設計／設備設計】12人5日間の調査結果
　本来業務47％、メール18％、会議18％、トラブル7％、休憩7％、その他の業務2％という結果でした。46％が不要な業務です。
　調査では、設計に従事している人たちは一日の半分近く不要（ムダ）な業務をしており、いつも忙しい状態にあることがわかりました。

▶設計ミスのメカニズム
　この、忙しいという状態がミスを生み出すのです。
　「忙しい」→「本来の業務に十分な時間が使えない」→「ミスをする」→「トラブル対応に追われる」→「さらに忙しくなる」→「業務に集中できない」→「またミスをする」→「どんどん忙しくなる」…
　このような悪循環に陥り、慢性的に設計ミスが発生します。
　つまり、設計ミスを発生させるトリガーの一つは「忙しい」ことですが、要因はその忙しい状態をつくった不要な業務（メール：11〜18％、会議：16〜28％）にありました。

第 5 章 ▶ クレームゼロはものづくり企業の使命

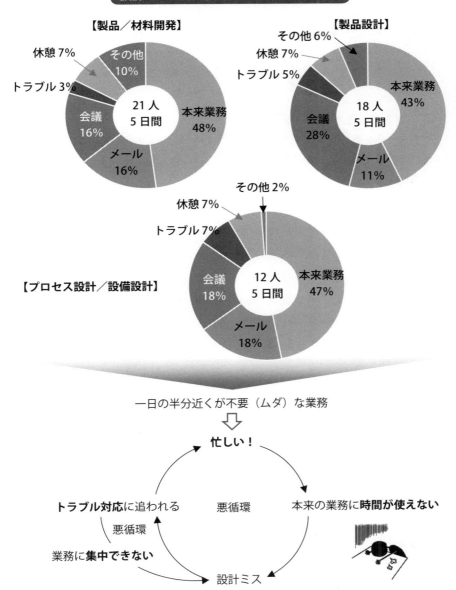

Tool 14　設計ミスゼロへのアプローチ

2　設計ミスの要因

設計ミスの要因は、7つあります。
1. **ムダなことをやっている**
不要なメールや会議、資料作成、不要業務（成り行き業務と呼びます）が多く、慢性的に忙しく、時間がない状態に陥りミスをします。
2. **業務に集中できない**
忙しいので集中力や記憶力、判断力が低下し、うっかりが発生します。時間がないためにコピー&ペーストが多くなり、それが結果としてミスにつながります。
3. **知識不足**
忙しく、時間がないために教育する時間が取れず、顧客の製品の使い方や部材、ものづくりに関しての知識が不足し、それが要因となりミスします。設計者の73%は顧客訪問の経験がなく、54%は部材に関して購買任せでした。
4. **設計ミス情報が共有されていない**
過去の設計ミスの情報（過去トラと呼んでいます）が情報共有されておらず、同じミスを繰り返します。
5. **業務が標準化されていない**
業務の標準化がなされていないと、ミスを誘発します。また、標準がないため過去トラにも盛り込めません。
6. **デジタル化されていない**
標準化がなされていないためデジタル化できず、入力ミス、チェックミス、判断ミスが発生します。当然、業務のロスも発生して、ムダな時間を費やすことになります。
7. **検証不足**
検証する時間が取れない、検証のn数が足りない、顧客の使い方で検証しないなどで、結果としてクレームにつながります。クレームは設計ミスの一つです。

第 5 章 ▶ クレームゼロはものづくり企業の使命

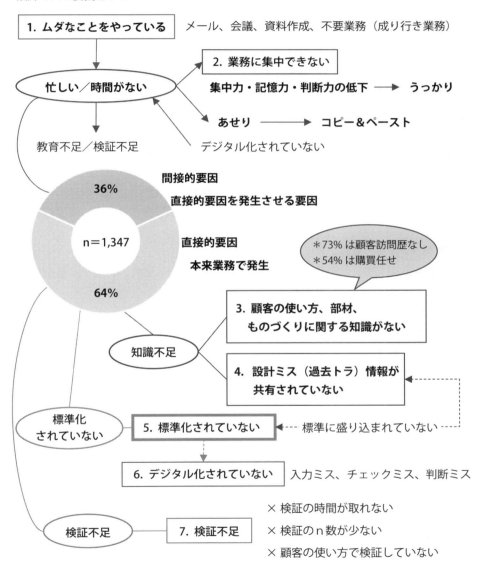

Tool 14　設計ミスゼロへのアプローチ

設計ミスをなくす7つの施策

7つの要因に対して7つの施策を打ち、設計業務を改善します。

施策1：ムダな業務の排除

メールや会議、不要業務を排除して時間を創出し、本来の業務にかける時間を増やします。実績では、全業務の25〜37％の不要時間を排除することができました。

施策2：集中できる環境づくり

業務に集中できる環境をつくることが効果的です。実例として、設計部門を別棟に移転し、業務管理者を決めて電話やメールを一括で受けることに変更しました。

施策3：教育の実施

顧客を訪問して、どのように使われているかを把握します。不良ゼロ活動に参加し、部材やものづくりに関しての知識を獲得します。

施策4：過去トラの作成

過去の設計ミスからNG/OKシートを作成し、みんなで学びます。

施策5：業務の標準化

業務を標準化し、過去トラNG/OKシートを取り込んだ業務フローを作成します。

施策6：デジタル化

情報を整理・整頓して業務フローのデジタル化を行い、設計データベースを構築します。そして、CADには設計ルールとして組み込みます。標準化とデジタル化を進めることにより業務の生産性を上げ、余裕時間を生み出すようにつなげます。

施策7：検証時間の確保

顧客の使い方で検証します。また、ここまでの活動で生み出せた余剰な時間を回して検証時間を増やし、必要であればn数を増やしたいところです。

第 5 章 ▶ クレームゼロはものづくり企業の使命

ムダの排除で時間を創出し、業務を改善する

施策 1：ムダな業務の排除 ──→ **時間の創出**

　　　メール、会議、不要業務

本来の業務にかける時間増

【制御機器設計】

全業務の 25〜37％を排除

施策 2：集中できる環境づくり

　　○設計部門を別棟に移す

　　○業務管理者：電話、メールを一括で受ける

施策 3：教育の実施

顧客訪問	不良ゼロ活動
↓	↓
顧客の使い方	部材、ものづくりに関する知識
過去トラ	業務フロー

教育プログラム ──→ 教育

施策 4：過去トラの作成

過去発生した設計ミス
↓
NG/OK シート
↓
みんなで学ぶ

施策 5：業務の標準化

業務の標準化
↓
業務フロー

施策 6：デジタル化

情報の整理・整頓

設計データベース

CAD：設計ルール

生産性向上

余裕時間の創出

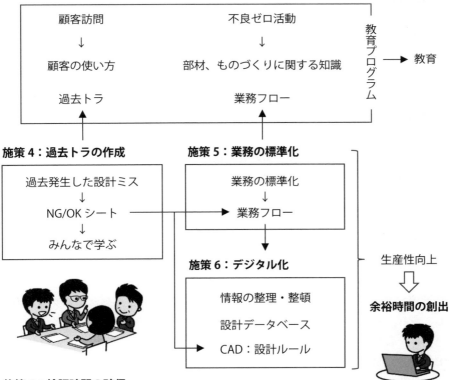

施策 7：検証時間の確保

　　○顧客の使い方で検証　○検証時間の確保　○n増し検証

Tool 14 設計ミスゼロへのアプローチ

業務の標準化とデジタル化

設計業務の根本問題は、業務の標準化ができていないことです。それゆえムダなことに手をつけ、教育不足によって知識を補うことができず、デジタル化も進まない状況を招いてしまいます。そこで業務を標準化し、デジタル化を図るようにします。

▶業務の標準化の進め方

その際にちょっと古い進め方ですが、**巻紙分析**が有効です。

手順1：業務フローを洗い出す
　　2：各業務のインプットとアウトプットのドキュメントを貼る
　　3：過去発生した業務に関してNG/OKシートを作成し貼る
　　4：過去発生した業務に対して発行した設計変更指示書を貼る

実際にやってみると業務全体の流れがひと目でわかり、感覚的にとらえられ、不要な業務や足りない業務、ドキュメントが明確になりました。最近ではAIによる音声認識を使い、業務フローを自動作成しています。

▶デジタル化（設計支援システムの構築）

設計業務支援システムは、業務管理システムと設計データベース、図面・仕様書検索システム、1日（1時間）見積システムの4つのシステムで構成されます。

業務管理システムでは、業務フローを管理します。設計データベースは、設計マニュアルや設計ノウハウ、市場・顧客情報、材料選定ガイド、製品情報、ものづくり（加工・組立・検査）情報、製品評価データなどが蓄積されています。業務管理システムとリンクし、業務におけるインプットを自動チェック（照合）し、設計ミスをなくします。

図面・仕様書検索システムは、図面・仕様書の検索時間を短縮します。そして、1日（1時間）見積システムは短時間で見積りを作成します。

設計業務の標準化とデジタル化は設計ミスの防止ばかりではなく、業務の生産性も向上させ、設計リードタイムの短縮にも寄与します。

第 5 章 ▶ クレームゼロはものづくり企業の使命

設計ミスをなくし、生産性を向上させ、リードタイムを短縮する

【業務の標準化の進め方】 巻紙分析　**実例**

手順1：業務フローを洗い出す
　　　2：各業務のインプットとアウトプットのドキュメント → 貼る
　　　3：過去発生した業務に関し、NG/OK シートを作成 → 貼る
　　　4：過去発生した業務に対し、発行した設計変更指令書 → 貼る

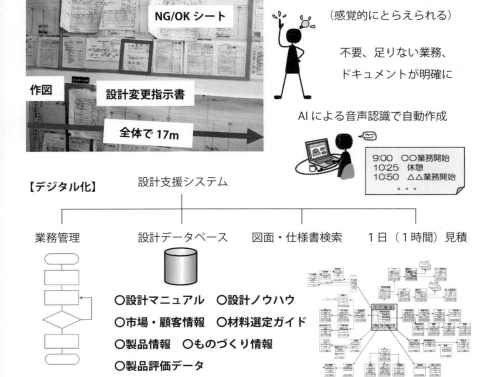

設計ミス防止 ＋ 生産性向上 ＋ リードタイムの短縮

Tool 14 　設計ミスゼロへのアプローチ

5　設計ミス対策は絶大な効果をもたらす

　ものづくりの源流工程である製品設計部門におけるミス対策（業務改善）は、非常に大きな効果が得られます。

　設計ミスは、知識不足、標準化がされていない、検証不足の3つが主因です。その背景には、業務が忙しい、時間がないという現象があり、そのためにうっかりが発生し、さらに忙しくなり時間がなくなる、という悪循環を生み出していました。その悪循環から抜け出すべく、制御機器メーカーの製品設計部門で設計ミス対策を実施しました。

▶リードタイムが激減

　まずムダな業務を排除し、全体業務の13％を削減しました。次に、創出できた時間で過去トラを作成し、みんなで学習しました。それにより、半年で33％の設計ミスが削減でき、設計リードタイムを22％短縮できました。

　ここまでの活動で全体の22％の余裕時間が創出できたので、業務に集中できる環境づくりと業務の標準化、デジタル化を進め、1年半で設計ミスを88％削減し、設計リードタイムを52％短縮を実現しました。そして、残された2つの課題である、知識不足と検証不足に取り組んだのです。

▶知り得た情報を教育プログラムに組み込む

　知識不足に対しては、顧客を訪問して自社部品の顧客における使い方、検査の仕方、要望などを聞きました。また、現場で展開している不良ゼロ活動に参加し、部材とものづくりに関する知識を獲得しました。これらの知識は教育プログラムに組み込み、全員で学び直しました。

　検証不足に関しては、新製品の量産試作の数を、歩留りが従来の72％から99％に達するまでn増ししました。それにより、客先不良も従来の6カ月で10.7件から1件に抑えることができました。

　以上の活動から本来業務に集中できる時間が確保され、業務の質を高める活動が常態化され、残業・休出を減らすことも可能にしました。これは、設計業務のあるべき姿を実現したことになり、大きな成果となりました。

第 5 章 ▶ クレームゼロはものづくり企業の使命

設計業務のあるべき姿を実現する

【設計ミスの要因】

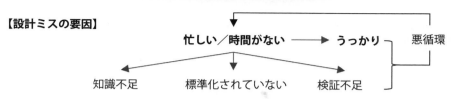

【制御機器メーカー（製品設計部門）：業務改善（設計ミス対策）】

1. ムダな業務の排除 ───▶ 全体業務の 13％削減 ───▶ **余裕時間の創出**

2. 過去トラの作成 → みんなで学習

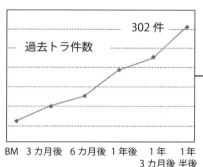

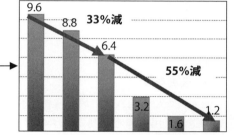

ムダの排除＋リードタイムの短縮

全体業務の 22％削減

余裕時間の創出

3. 集中できる環境づくり
4. 業務の標準化
5. デジタル化

⇩

☆設計ミス：88％削減

☆設計リードタイム：52％削減

⇩

6. 教育の実施
7. 検証時間確保

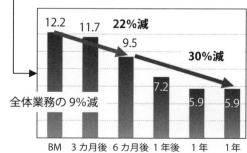

☆歩留り：量産時 72％ → 99％　☆客先不良：10.7 件 → 1 件／6 カ月

209

Tool 15　部材の品質マネジメント（購買へのアプローチ）

1　購入品の品質マネジメント

　部材などの購入品は、本来であれば不良が入ってこないのが当然ですが、現実はそうではありません。サプライヤーや協力工場と良好な関係を保ちながら、不良が入ってこないようにする購入品の品質マネジメントは、4つのステップで進めます。

1. 出荷検査チェック
　サプライヤーや協力工場の出荷検査が、自社の使用条件で全数検査されているかについて調査します。行われていなかった場合は、是正してもらうように要請します。

2. 改善要求
　受入検査や工程検査、最終検査で不良を発見したら、検査データと現品を購入先に送り、出荷検査の判定基準の改訂と新たな検査項目の追加をしてもらいます。

3. 入れないしくみの導入
　クレームを通知したにもかかわらず、不良がなくならない場合には流入防止策を導入します。サプライヤーと協力工場には、毎日の不良件数（率）や現物、かかったコスト（損金）を知らせて改善を促します。

4. 共同改善
　改善要求をしてもなくならない場合は一緒に改善します。不良材料の流入に関して、改善するのが最も難しいのが異物です。サプライヤーや協力工場が異物改善の方法を知らないからです。

　プラスチック成形工場では「異物不良ゼロ」活動を展開し、異物不良をほぼゼロにしました。しかし、ある時期から急に異物不良が増加し、原因が材料にあることが判明しました。データに現物を添えて改善依頼をしたのですが、一向に良くなりません。

　そこで現場に行き、具体的に指摘し、その指摘事項を実施してもらうことにより元のレベルに戻すことができました。

第5章 ▶ クレームゼロはものづくり企業の使命

出させない、入れない、つくらせないしくみの導入

【購入品の品質マネジメント】

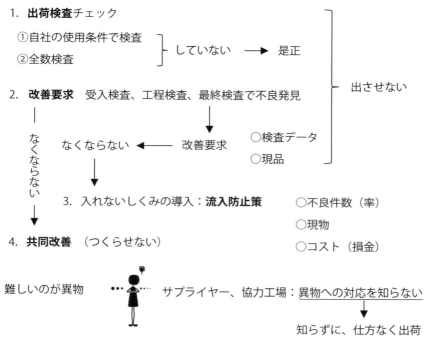

【プラスチック成形工場】

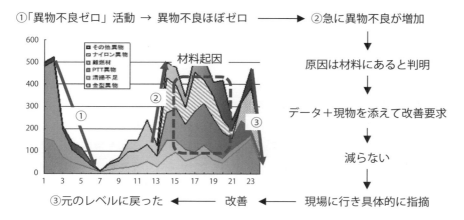

Tool 15 ▶ 部材の品質マネジメント（購買へのアプローチ）

部材不良の流入がなくならない理由

　協力工場からの不良の流入がなくならない理由は、協力工場の実態と発注元の品質マネジメントのギャップにあります。協力工場の品質力は「品質マインド」と「品質改善力」の2つで評価できます。実際にあった2つの協力工場の実態を見てみます。

▶ 改善ポイントが定まらない

　【大きな品質問題を抱えているにもかかわらず何もしない工場】
　1. 品質マインド：やる気がない、今までそれで許されてきた
　2. 品質改善力：やり方がわからない、やる人がいない
　【品質問題を抱え、自力で改善しようとしている工場】
　1. 品質マインド：やる気はある、自分たちでどうにかしようとしている
　2. 品質改善力：効果が出ずあきらめムード、やる人材がいない

　2社に共通していることは、**具体的に何をやっていいかわからない、改善をやる人材がいない、やる時間がない**ということでした。

　それに対し、発注元の4社の品質マネジメントは、
　A社：品質監査して指摘、自主活動に任せる
　B社：品質担当者が訪問して本音の要求をする、自主活動に任せる
　C社：部品検査データを共有、自主活動に任せる
　D社：品質スペシャリストによる評価、検査のやり方を教える
というものでした。

▶ 改善できる人の融通がつかない

　つまり、発注元も具体的なやり方がわからず、気がついたことを指摘するだけというのが実態でした。この双方の実態のギャップ（協力工場：知りたいのは具体的な施策、欲しいのは人材支援↔発注元：気がついたことを指摘するだけ、人材の支援なし）が、協力工場からの不良がいつまでもなくならずに、費用ばかりかかる状態を生み出していました。

　部材不良の流入を防ぐには、このギャップを埋めることが必要です。

第5章 ▶ クレームゼロはものづくり企業の使命

協力工場に合った品質マネジメント

【協力工場からの部材不良の流入がなくならない理由】

協力工場の実態 ◀────── ギャップ（ミスマッチ） ──────▶ 発注元の品質マネジメント
（実態）

品質力　1．品質マインド　2．品質改善力

【大きな品質問題を抱えているにもかかわらず何もしない工場】

　　1．やる気がない。今まではそれで許されてきた
　　　　　　　　　　　　↕
　　2．やり方がわからない（改善力がない）、改善をできる人がいない

【品質問題を抱え自力で改善しようとしている工場】

　　1．やる気はある　　　思いつきの改善
　　　　　　↕↓
　　2．自分たちなりにやっている → 効果が出ない → 半ばあきらめ
　　　　　　　　　　　　　　　　　　　↑
　　　効果の出るやり方がわからない、改善をできる人がいない

　　　具体的に何をやっていいかわからない／やるリソースがない

　わかってはいるけど…　　　　×不良がなくならない
　無理
　　　　　　　　　　　　　　　×費用ばかりがかかる

　　　　○品質監査：指摘　　　○情報交換

　A社：品質監査 → 指摘
　B社：品質担当者が訪問し本音の要求　　　自主活動に任せる
　C社：部品検査データを共有
　D社：品質スペシャリストによる評価、検査のやり方を教える

　実態：具体的なやり方がわからない（知識がない、経験がない）
　　　　気がついたことを指摘するだけ

ギャップを埋める必要がある

213

Tool 15 部材の品質マネジメント（購買へのアプローチ）

協力工場の部材の品質を上げるには

協力工場の部材の品質を上げるには、
○協力工場の品質マインドを上げる
○具体的な施策（ツール）を教え、実施してもらう
○必要時には改善できる人材を派遣する
ことが必要です。

具体的には、以下の3つ施策を実施していきます。

1. 品質方針説明会

家電生産工場では、エンドユーザーからのクレームに悩んでいました。そこで協力工場17社の代表3人（社長、品質担当、生産担当）に出てもらい、品質方針説明会を開きました。その中で、クレームの実態（どんなに困っているか）や各協力工場の品質状況、具体的な施策（改善ツール）と概要、効果を知らせ、改善依頼をしました。

2. セミナーの実施

協力会社の各工場でセミナーを開き、改善活動を展開してもらいました。その結果、6カ月間で67％の部品不良がなくなりました。

3. 改善ができる人材の派遣

協力工場の中で、プラスチック成形工場では不良が目標値に達しませんでした。そこで、改善ができる人を派遣しました。その結果、異物不良が75％削減でき、検査体制を整備することで部品不良の流入がゼロになりました。

特筆すべきは、活動を通した社長の感想でした。
○ツールを使うとアウトプットが全然違う
○一人ひとりの能力が上がってびっくりした
○目的の共有が結果と意識の持続に結びつく
○活動でチームの一体感が強くなる

効果が出ると、マインドは確実に変わります。

協力工場の品質マネジメント

【部材の品質を上げるには】　○品質マインドを上げる
　　　　　　　　　　　　　○具体的な施策（ツール）を教え、実施してもらう
　　　　　　　　　　　　　○改善できる人材を派遣する

【家電生産工場】

1. 品質方針説明会　　協力工場17社の代表3人（社長、品質担当、生産担当）
　　│　　　　　　　　①クレームの実態：どんなに困っているか
　　│　　　　　　　　②協力工場の品質状況
　　↓　　　　　　　　③改善依頼：具体的な施策（改善ツール）概要、効果

2. セミナーの実施　　各工場でセミナー：基本全員参加
　　│　　　　　　　　①ポカミス
　　│　　　　　　　　②異物
　　↓　　　　　　　　③検査作業改善

　自主活動　　6カ月
　　┊　　　　　67%の部品不良減
　目標　　　　
　未達　　　　ここでやめない
　　↓

3. 改善ができる人材を派遣

セミナー　活動開始　67%減　部品不良件数

【プラスチック成形協力工場】

3カ月間14人で活動 ──→ 不良75%減 ──→ 流入不良ゼロ

活動を通してわかったこと　○やみくもに活動するだけでは不良は減らない
　　　　　　　　　　　　　○**ツール**を使うと**アウトプット**が全然違う
　　　　　　　　　　　　　○一人ひとりの**能力が上がり**、びっくりした
　　　　　　　　　　　　　○**目的の共有**が、結果、意識の持続に結びつく
　　　　　　　　　　　　　○活動で**チームの一体感**が強くなる

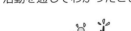

ツールで効果が出る → 効果が出ればマインドも変わる

Tool 15　部材の品質マネジメント（購買へのアプローチ）

協力工場の品質を上げたいなら一緒に苦労する

　部品不良が流入してくるのは、協力工場が「具体的にどうすれば不良がなくなるのか」「どうすれば流出しなくなるか」がわからないからです。発注元として、本気で部材不良の流入をなくしたいのであれば、一緒にやるという姿勢が必要です。それを実現するには、協力工場を管理している購買と生産の外注担当が、改善スキルを持つことが求められます。

▶協力工場を指導できる人材を育成

　家電品生産工場では、部品不良による最終顧客からのクレームが大きな問題になっていました。そこで、自社において「不良ゼロ・クレームゼロ」活動を進め、自社で流出しているクレームを止め、協力工場を指導できる人材を育成しました。その後は協力工場に、自社が部品不良によるクレームで困っていることを説明し、協力工場でも同じ活動を進めてもらうことにしたのです。

　不良の中で最も多い割合を占めるのが「ポカミス」でした。これに関しては、整理・整頓活動を進めてもらいました。その後、全員にポカミス教育し、12のルールを守ってもらうことにしました。

▶協力工場の事情を把握

　設備で部品をつくっている工場に関しては、金型や治工具の寿命管理をしてもらいました。さらに、設備の定期メンテナンスを徹底してもらいました。

　最も難しかったのが異物不良です。異物に対しては、現物不良の異物分析をして、徹底清掃を一緒にしました。その後、各異物に対する具体的な対策を進めました。

　以上の3つの活動により不良を減らした後、仕上げとして検査作業改善を進めてもらい、部品不良の流れ込みを防ぎました。活動に取り組んで良かった点は、一緒に活動することで協力工場の事情がわかり、信頼関係が再構築できたことです。協力工場に自社からの改善要求を理解・実行できる人材が育ち、その結果、新製品の早期立ち上げが実現したことでした。

第 5 章 ▶ クレームゼロはものづくり企業の使命

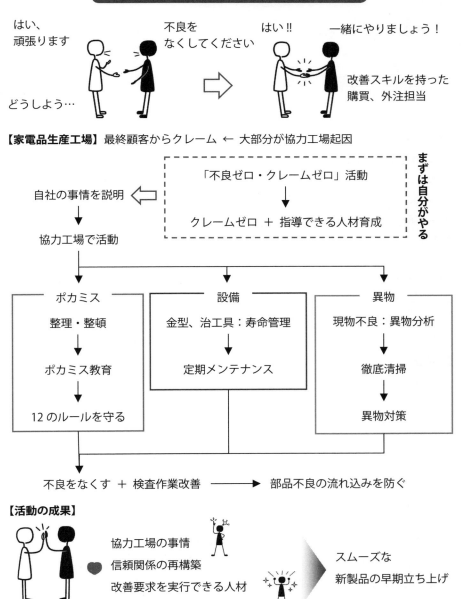

Tool 16 海外工場の品質マネジメント

海外工場の特徴

　海外工場の品質も、協力工場と同様に品質マインドと品質改善力で評価できます。ただしその根本的な差は、日本のものづくりのあいまいさと、海外の人たちの考え方や行動パターンから生じます。

▶海外工場の品質トラブル

　韓国、台湾、フィリピン、インドネシア、中国、米国で発生している品質トラブル706件を分析すると、7つの現象と2つの要因が見えました。作業では、「意味を理解しないまま作業をする」「ルールを守らない」「スキル不足」「人頼り（自動化されていない）」、設備では「設備に弱い」「原理・原則・構造を知らない」「自分たちでメンテナンスできない」、また異物に関しては「汚れに無頓着」「異物の感性が低い」、職場では「整理・整頓がされていない」「職場が雑然としている」という現象が見られました。

　これらの現象の要因は、「標準・基準の不備」と「教育・訓練の欠陥（OJT）」にありました。

▶各国の人の特徴

　各国の人たちに共通した考え方や行動パターンには、8つの特徴が見られました。

　①スタッフと現場のやるべきことがきっちり区分されている
　②明確な指示・答え（対策）を求める、事例が好き
　③スピーディーに効果が出ることを求める
　④評価と報奨を求める
　⑤学ぶことが好き、現場実践も好き
　⑥論理的／体系（手法：ツール）が好き
　⑦新しいモノが好き、デジタル化も好き↔日本と違う
　⑧できる人に従う、指示を待つ↔できない人の言うことは聞かない

　海外工場の品質マネジメントは2つの要因、そして各国の人たちの特徴に配慮し、日本との相違を理解した上で進めます。

第 5 章 ▶ クレームゼロはものづくり企業の使命

日本との相違を理解し、品質をマネジメントする

品質トラブルの現象と要因

【作業】意味を理解しないまま作業をする
　　　　ルールを守らない
　　　　スキル不足
　　　　人頼り（自動化されていない）
【設備】設備に弱い
　　　　＞原理・原則・構造を知らない
　　　　　→メンテナンスできない
【異物】汚れに無頓着 ＞異物の感性が低い
【職場】整理・整頓がされていない
　　　　＞職場が雑然としている

706 件
（韓国、台湾、中国、米国、フィリピン、インドネシア）

標準・基準の不備
教育・訓練の欠陥
　　　　　（OJT）

＋

人の特徴（考え方、行動パターン）

14 工場

①スタッフと現場の**区分**
②**明確な指示・答え（対策）**　⎫
③**スピーディーに効果**　　　　⎬ 求める
④**評価と報奨**　　　　　　　　⎭
⑤**学ぶこと、現場実践／事例**　⎫
⑥論理的／体系（手法：ツール）　⎬ 好き
⑦新しいモノ、デジタル化　　　　⎭
⑧**できる人**に従う：指示を待つ　↔　できない人の言うことは聞かない

配慮する

＝

海外工場に合った品質マネジメントをする

Tool 16 海外工場の品質マネジメント

品質を維持できる現地人材の養成

　海外工場の品質マネジメントには、3つのパターンがあります。

▶横展開型の活動

　日本の工場で品質改善活動を行い、その成功事例や失敗事例から導き出された経験則を、ルールとして海外工場に展開します。

　横展開は同じような製品をつくっている海外工場向けです。目的は、効果の拡大です。期間としては1テーマに6カ月ほどかかります。支援は、日本の工場実践で育成されたインストラクターが担います。

▶グローバルインストラクター訓練型の活動

　国内・海外の生産拠点から、人材（工場長、課長・監督者、リーダーの3階層）を集めて改善の実践活動を行います。ここで教育・訓練を受けた人材は各拠点に戻り、自工場・自職場で改善活動を進めていきます。活動結果は定期的に報告し、ベストプラクティスとして認定したものを他拠点に展開します。

▶国内踏襲型の活動

　日本の工場と同じ活動を、海外拠点で実施します。プロジェクトを発足し、日本からはインストラクターを派遣して支援します。

　目的は、人材育成による活動の定着と自律化です。活動期間は日本と同様、1年半から2年程度かかります。

▶5つの成功のポイント

　☆効果とスピード：短期間で確実に効果を出す、これにより信頼を得る
　☆論理性：体系的に進める、ストーリー／ステップで全体の道筋を示す
　☆インストラクター：明確に指示する、原因を考えさせない
　☆実践：教えたことを現場で実践する、イベントとして楽しむ
　☆評価と報奨：一人ひとりの貢献度を公平に評価して報奨する

　上記の中で、最も大切なのは評価と報奨です。これは日本にはないもので、海外の会社を直接コンサルティングした際に得た教訓です。

第5章 ▶ クレームゼロはものづくり企業の使命

海外工場における品質マネジメント

【3つのパターン】

パターン	生産形態	目的	期間
横展開	同じ製品	効果の拡大	6カ月
インストラクター訓練	いろいろな製品	人材育成／自主性	2週間
現地活動	生産形態に依らない	人材育成＋自律化	1年半～2年

【横展開】

【グローバルインストラクター訓練】

国内・海外拠点から人材を集め、改善活動 ──────▶ 自職場で自主活動

（工場長、課長・監督者、リーダー）　　　　　　　　　　　　│
　　　　　　　　　　　　　　　　　　　　　　　　　　　　　▼
　　　　　　　　ベストプラクティスの展開 ◀────── 定期報告会

【現地活動】

プロジェクト ──────▶ 海外拠点で活動 ◀────── インストラクター
　　　　　　　　　　　　　　　支援

成功のポイント

☆**効果とスピード** → 信頼 ◀─┐
☆論理性 → 全体の道筋を示す　│　それぞれの国（地域）に合わせた
☆インストラクター → **明確な指示**┘　マネジメントをしよう！
☆現場で実践 → イベントとして楽しむ
☆**評価と報奨** ⇐ **最も大切**

221

3 生産委託会社の品質マネジメント

　生産を委託している会社の場合、他社の製品を生産している可能性もあります。品質マネジメントにも配慮が必要になります。
　その方法が、品質チェックシートの活用です。

▶チェックシート活用の進め方
1. 事前に必要なデータを取得し、発生工程や発生要因を推定します。
2. 現場を訪問し、品質チェックシートを使って具体的な指摘を行います。その後は活動計画を作成して、委託先から要望があった場合には支援人材の派遣を手当てします。
3. 指摘事項を計画に沿って実施してもらいます。
4. 各指摘事項の実施により、効果が出たらルール化（標準・基準の作成）を図ります。その一方で、効果が出なかった場合には計画の見直しに着手します。
5. ルールを現場の管理・監督者、作業者に説明し、納得の上でルールを遵守してもらいます。

▶活用に際しての配慮事項
配慮するべき事項は3つです。
○必要最小限の訪問回数と訪問人数にする
○短期間で確実に効果を出す
○独立性と自主性を尊重する、もちろん機密厳守

▶家電品・中国生産委託会社における効果
　新製品の立ち上げをしようとしているこの会社では、不良率が29.1％と高止まり状態でした。そこで改善チームを派遣し、3日間で23項目を指摘し、受入検査体制の整備と異物対策、2S、NG/OKシートの作成と標準整備を実施してもらいました。
　その結果、各工程の不良はゼロになり、総合の不良率も1.8％と1/16まで減少しました。

第5章 ▶ クレームゼロはものづくり企業の使命

品質チェックシートの活用

【具体的な進め方】

1. 事前準備　データ分析→ 発生工程／要因の推定
2. 現場訪問　チェックシート→ 具体的な指摘

相互に合意

（添付シート）

3. 実施 ← 活動計画
　　　　　要望：支援人材派遣

効果 ←
↓
4. ルール化　実施したら ☑
↓
説明 ─→ 5. 守ってもらう

配慮事項

○必要最小限の訪問回数、訪問人数
○短期間で確実に効果を出す
○独立性、自主性、機密厳守

【家電品：中国の生産委託会社】

不良率 29.1% ─────→ 改善チームを派遣 ─────→ 23項目指摘
　　　　　　　　　　　（5人）　　（3日）

ワースト不良の推移

☆加工部品不良：97.7%→ 0%
☆成形部品変形：93.2%→ 0%
☆異物不良　　：84.1%→ 0%
☆成形不良　　：69.7%→ 0%

担当と納期を決め1カ月改善実施

○受入検査体制の再構築
○異物対策
○2S（更地化）
○NG/OKシート ─→ 標準整備

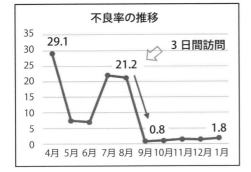

不良率：29.1% → 1.8%

（1/16）

短期間で大きな効果！

223

日本と海外の差はスキルと感性

　海外工場の品質トラブルの要因は、「標準・基準の不備」と「教育・訓練の欠陥（OJT）」です。したがって、海外工場の立ち上げや海外への生産委託の場合、手作業は「標準・基準の整備」と「ビデオ標準による教育・訓練のしくみの構築」で品質を維持することが可能です。

　しかし、設備起因の不良と異物不良は、それだけでは品質を維持することができません。設備の品質を維持するのがメンテナンスですが、この場合、作業を覚える以外にスキルを習得することがどうしても必要です。スキルを要する作業（たとえば、ネジにカジリが出てしまったときにどうするかなど）に関しては、スキルのあるベテランに作業をやってもらい、自分でやって体で覚えるという訓練が求められます。

　異物に関しては、感性を磨くことが不可欠です。感性を磨くには、マイクロスコープを使って異物の現物を見せ、グリーンライトで存在を見せ、その現物を自分で取り除くというプロセスを経ます。そのプロセスを経験することにより、目で見えない異物が感性で見えるようになります。

　海外工場の品質マネジメントでは、標準整備や基準の作成、教育・訓練のしくみづくりに、メンテナンスマンのスキルの習得とオペレーターの異物の感性を磨くというプログラムをぜひ加えておきたいところです。

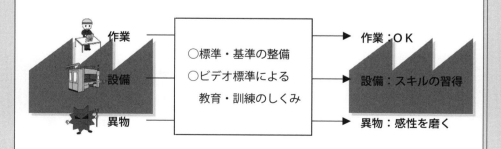

第6章

成功する
デジタル改善の秘訣

Tool 17 業務改善へのアプローチ

 8つの業務ロスをあぶり出す

　メールが多い、会議が多い、ミスする、クレームが来る、トラブルが多い、納期通りに仕事が終わらない、いつも忙しい、仕事が終わると「疲れた」と感じる——。管理・監督者やスタッフのみなさん、こんな問題はありませんか。これらは、本来すべき業務以外のムダな業務から発生します。

▶生活分析から見えたこと

　電子部品生産工場で製造課長、現場の監督者、スタッフの一日（5日間）の生活分析をしました。その結果、製造課長は47％、現場の監督者56％、品証スタッフ55％、開発45％、設計者50％、技術46％とムダなことをやっていました。

　その内容も各部署と役割で違っており、製造課長、開発、設計、技術は会議とメールが多く、現場の監督者と品証スタッフはトラブル対応と対策会議が多いということがわかりました。業務が忙しいのはムダな業務に多くの時間を使い、本来やるべき業務に時間が使われていないからです。

▶本来やるべき業務に時間を割けない理由

　業務には、ムダを生み出す8つのロスが潜んでいます。
　①メールロス：不要なメールの処理により発生する時間
　②会議ロス：不要な会議により発生する時間
　③探すロス：情報（書類やファイル）を探すロス
　④不要業務ロス：不要な業務やハンコによる承認（停滞）で発生するロス
　⑤AT/ST差ロス：業務の早い人と遅い人の差で生じるロス
　⑥ポカミスロス：ポカミスにより発生するロス
　⑦トラブルロス：トラブル対応により発生するロス（クレームなど）
　⑧IT化不足ロス：IT化していないために発生するロス
　　　　　　　　　（収集、入力、加工・分析、報告書作成、検索）

　これらのロスがムダを生み、本体の業務に使う時間を減らし、業務の問題を発生させています。

第 6 章 ▶ 成功するデジタル改善の秘訣

業務のロスが問題を起こしている

ムダな業務が多い

製造課長、係長、スタッフの一日（5 日間）の生活分析

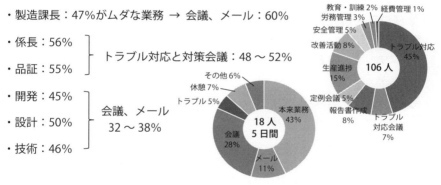

- 製造課長：47%がムダな業務 → 会議、メール：60%
- 係長：56%　｜
- 品証：55%　｝トラブル対応と対策会議：48〜52%
- 開発：45%　｜
- 設計：50%　｝会議、メール 32〜38%
- 技術：46%　｜

ムダな業務に多くの時間を使う → 本来やるべき業務に時間がかけられない

8つのロス

①メールロス
②会議ロス
③探すロス
④不要業務ロス
⑤AT/ST 差ロス
⑥ポカミスロス
⑦トラブルロス
⑧IT 化不足ロス

227

Tool 17 業務改善へのアプローチ

業務改善に向けた7つのステップ

業務とは、必要な情報を収集し、それを加工・分析して報告・活用する、いわば情報処理のようなものです。

業務改善とは、現状の業務に潜んでいるロスを排除し、ロスのない業務を標準化・デジタル化することです。これにより、効率的な業務プロセス（情報システム）をつくり上げることができます。

▶業務ロスを排除してしくみ化

業務改善は7ステップで進められます。

第1ステップ〜業務の実態把握
第2ステップ〜メールロスの排除
第3ステップ〜会議ロスの排除
第4ステップ〜不要業務の排除
第5ステップ〜情報の2S
第6ステップ〜業務ミス対策＋トラブル対応
第7ステップ〜標準化→デジタル化＝しくみづくり

第1〜6ステップで業務のロスを排除し、多忙から脱却して時間を創出します。その創出した時間で残業や休出をゼロにし、必要な知識を学習して、業務ミスとトラブルの再発防止のための活動をします。そして、第7ステップでロスがなくなった業務を標準化、デジタル化して業務のしくみをつくります。

▶「業務のしくみ」の三本柱

業務のしくみは、業務管理と評価のしくみ、教育のしくみの3つの柱で構成されます。「業務管理」と「評価のしくみ」はこれからの時代に対応し、一人ひとりのやる気を促す「ジョブ型雇用への対応」「成果制への移行」の基盤となります。

一方、「教育のしくみ」は新人の即戦力化と異動の円滑化を図り、業務の生産性（効率）を上げます。

第6章 ▶ 成功するデジタル改善の秘訣

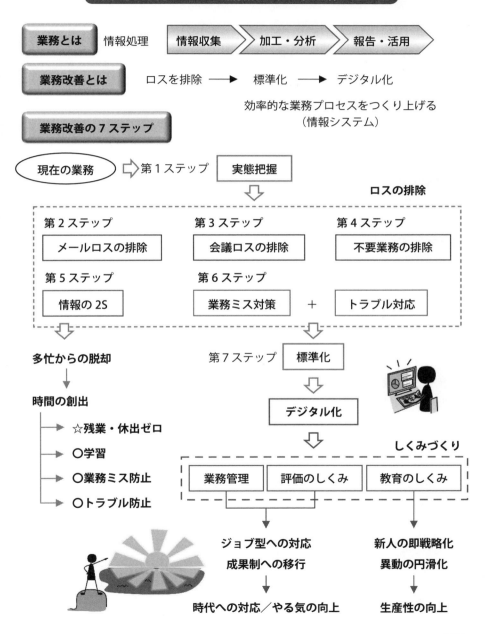

Tool 17 業務改善へのアプローチ

第1ステップ〜実態把握

　生活分析結果を見ると、みなさん一様に「こんなことやっていたんだ…。これじゃ忙しいよね？」という感想を述べます。つまり、意外と自分が一日何をやっているのかわからない、何で毎日忙しいのかわからない、というのが実態なのです。

▶自身の業務を分析してみる

　一方で現在、業務のデジタル化が一種の流行りとなっています。しかし、今やっている業務のロスを内在したままデジタル化すると、非効率な業務がしくみ化され、固定してしまいます。したがって、デジタル化する前に業務改善をすることが必要です。

　そのためには自分の業務の実態を知り、自分が一日何をしていて、何が問題で、どうすれば理想の業務になるのかを把握しておくことが問われます。しかし、ただでさえ忙しく、今まで改善をしたことがない人たちに向かって、「今やっている業務の内容と時間をすべて記録し、分析してください」とは言えません。

▶データの収集・分析は工数をかけないでできる

　そんな苦慮していたときに助け船となったのが、「AIの音声認識による生活分析システム」でした。一つの業務が始まるときに「業務開始！」、終わったら「終了！」と言ってもらうだけで生活分析ができます。実際に使ってもらったところ、みなさん楽しそうに生活分析に取り組み、そして出た結果に対して驚き、「定期的に生活分析をしてどんどん改善していこう」という前向きの意見も出てきました。

　改善をやるにはデータの収集と分析が必要です。だからと言って、そのデータの収集・分析するために大きな手間や工数、負担をかけていいということではありません。これからの時代はAIを活用し、データの収集と分析を自動化することで人の負荷をなくします。人は、その結果から改善に専念するという役割分担にすべきです。

第 6 章 ▶ 成功するデジタル改善の秘訣

Tool 17　業務改善へのアプローチ

第2ステップ
～メールロスの排除

　今の業務遂行にメールは必須です。しかし、本当に必要なメールだけを見て、それに対して返信をしているでしょうか。

▶メールの排除

　生活分析をした結果、メールに使っている業務時間の割合は、製造課長で18％、開発16％、設計11％、技術は18％でした。一日7.5時間稼働だとすると、毎日50～80分をメールの読み書きだけで費やしている計算になります。

　これらのメールは、本当にすべて必要でしょうか。不要なメールは排除し、必要なメールへの対応を効率化していきたいところです。

　そこでメールの利用実態を知り、まずは減らそうという気持ちを持ってもらいます。その後に必要・不要なメールを定義して、明らかに不要なメールを排除していきます。

▶メールソフトに組み込まれている機能の活用

　メールソフト（Outlook）に組み込まれている機能を活用し、メール処理を効率化します。

　①検索機能を拡張：検索精度・速度をアップ　→　探す時間を削減
　②仕分け機能を活用：仕分けフォルダー一括削除　→　確認時間の削減
　③ショートカットキー活用：操作スピードアップ　→　操作時間の削減
　④付属の翻訳機能活用：Google翻訳　→Outlook　→　操作時間の削減
　⑤フラグ設定：回答日がわかる　→　ポカミス（返信・回答忘れ）防止

　実際に取り組んだ工場では、1年間で一人平均47時間のメール処理時間を削減できました。

　また、メールの中身について分析したところ、業務ミスやトラブルが発生したときにメール送受信量が明らかに増えていることがわかりました。これは、業務ミス対策やトラブル対策を施すことで、メールの量が削減できることを意味しています。

第6章 ▶ 成功するデジタル改善の秘訣

そのメール、本当に必要ですか？

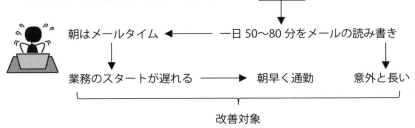

【メールの実態】課長、開発、設計、技術のメール：11～18%

一日 50～80 分をメールの読み書き
朝はメールタイム

業務のスタートが遅れる ── 朝早く通勤　　意外と長い

改善対象

不要メールの排除

本当に全部必要？

1. メールの実態 → 減らそうという気持ち
2. 必要なメール、不要なメールを定義 → 不要なメールを排除

メールソフトに組み込まれている機能の活用

① 検索機能 ──────▶ 探す時間
② 仕分け機能 ─────▶ 確認時間　　　　削減
③ ショートカットキー
④ メール付属の翻訳機能 ─▶ 操作時間
⑤ フラグ設定 ─────▶ ポカミス防止

【効果】47 時間削減／年・人

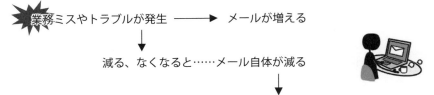

業務ミスやトラブルが発生 ──▶ メールが増える

減る、なくなると……メール自体が減る

業務ミス、トラブル対策＝メール削減

Tool 17　業務改善へのアプローチ

第3ステップ〜会議ロスの排除

　管理・監督者やスタッフが、一日のうちで多くの時間を使っている業務は会議です。生活分析を行うと、課長で42%、開発は28%、開発と技術が18%の時間を会議に費やしていることが判明したのです。中でも製造課長に至っては、一日のほとんどが会議で占められていることが日常となっていました。
　内容は、いつも参加している会議や、一定の周期で開催される定例会議、そしてトラブルや不良が発生するたびに召集される会議でした。以上のことから会議もメール同様に、本当に全部必要か、すべて出る必要があるかとの観点から排除していきます。

▶不要な会議の排除

　すべての会議を必要性から見直し、不要な会議は廃止します。
　①主催部門（者）が決まっていない　→廃止（開催時は決める）
　②何となく開いている朝会や昼会、夕会　→廃止
　③週1回か月1回の会議（根拠なし）　→廃止
　実際にやってみたところ、1年間で開かれた29,018回の会議のうちの76%を廃止しましたが、まったく困りませんでした。

▶会議の5原則

　どうしても必要な会議は「会議の5原則」で進めます。
　原則1：議題が決まっている
　　　2：資料は事前に配布
　　　3：参加メンバーは必要最小限
　　　4：最終的な結論の選択肢が決まっている
　　　5：議事録をその場で作成し、全員で承認
　会議の5原則でチェックすると、必要な会議の時間が短くなるばかりでなく、必要だと思っていた会議が実は不要だったということも明確になり、廃止することができました。

第 6 章 ▶ 成功するデジタル改善の秘訣

会議はなくせる、短くできる

【会議の実態】 課長：42％、設計：28％、開発：18％、技術：18％

一日のほとんどが会議

- いつも参加している会議
- 定例会議
- トラブルや不良対策会議

何の疑問も
持っていなかったが…

本当に全部必要？
出る必要ある？

不要な会議の排除

① 主催部門（者）が決まっていない → 廃止 → 開催時は決める
② 朝会、昼会、夕会 → 廃止
③ 根拠ない会議（週1回、月1回）→ 廃止 ｝ 必要時のみ開催

【効果】 29,018 回／年 → **76％削減**　　まったく困らなかった

会議の 5 原則

必要な会議 → 会議の 5 原則 → 時間短縮

1. 議題が決まっている	開催目的が明確、何を決めるかがわかっている
2. 資料は事前に配布	メンバーは内容の疑問点を事前に調査、解消資料を事前に準備する
3. メンバーは必要最小限	議題に責任を持っている人、議長が決められ、議事進行を議題に沿って行う
4. 結論が決まっている	事前にメールで共有され、論点が明確になっている。最善の案、次案の策が決められている
5. 議事録 → 全員で承認	書記が設置されている

会議の 5 原則でチェック→ 不要な会議を洗い出せる

Tool 17 業務改善へのアプローチ

第4ステップ
～不要な業務の排除

　私の経験では、米国の企業にはJob Description（業務分掌）というものがあり、その通り仕事をすることが義務づけされていました。そして、ハンコによる承認もありませんでした。

　それに対し、日本の企業に入社したときに業務分掌を教えられたことがなく、ハンコによる承認というしくみが存在していました。業務改善では、この2つのしくみをムダな業務と定義し、排除します。

▶成り行き業務

　業務分掌に規定がなく、業務名のない業務やいつの間にか仕方なくやっている業務を「成り行き業務」と呼びます。成り行き業務はいったん排除します。その後、必要になったら業務名をつけ、目的を明確にして標準化します。

　ある電子部品メーカーでは、全1,120業務中の30％が成り行き業務で構成されていました。その中の40％の業務を排除しましたが、それによって支障は出ませんでした。

▶ハンコによる承認の排除

　ハンコによる承認は本当に必要でしょうか。

　たとえば急ぎの資料に、上司のハンコが必要なのに上司が不在で、書類が停滞したことはありませんか。代わりに誰かがハンコを押して、済ませたことはないでしょうか。ハンコは、押す方にも時間的な制約を与えます。承認も同じことです。

　業務改善では、お客さまが必要とする、もしくは会社のルールで決まっている以外のハンコによる承認は廃止します。

　ある家電メーカーでは、一人当たり年間1,280時間のハンコによる承認の待ち時間を削減することができました。長年、必要性の検討をせず、何の疑問も持たずに続けてきた業務には不要な業務が潜在化しています。不要な業務を排除し、必要な業務のみを標準化します。

第 6 章 ▶ 成功するデジタル改善の秘訣

それ本当に必要な業務ですか？

成り行き業務

業務分掌にない業務
- ○業務名のない業務
- ○いつの間にかやっている業務
- ○仕方なくやっている業務

⇩

必要になったら ⇐ いったん排除 ⇐ 成り行き業務

↓

業務の目的を明確にし、業務名をつけ標準化

この業務ほんとにいるの？

【電子部品生産会社】 30％が成り行き業務

40％の業務を排除 ──→ 何の支障もない

ハンコ、承認の排除　「日本独特の風習」からの脱却

急いで作成　　　　　　　ハンコ待ちで資料が停滞

上司のハンコが必要 ──→

出張で不在　　　代わりにハンコを押す?!

ハンコほんとに必要？

お客さま、会社のルールが求める以外のハンコ、承認は廃止 ⇐

【家電生産会社】 ハンコ、承認の待ち時間：1,280 時間／人・年削減

長年、必要性の検討をせず何の疑問も持たずに延々と続けてきた業務

↓

必要な業務の標準化 ⇐── 不要な業務の排除 ⇐── 不要な業務が潜在化

237

Tool 17 業務改善へのアプローチ

第5ステップ
〜情報(ファイル)の2S

　ほとんどの企業において、現有システムには新しい情報（ファイル）と古い情報（ファイル）が混在しています。この混在状態が業務ミスの要因となり、情報を探す時間を長くします。

　情報は最新のものを必要、古いものを不要と定義し、情報の2Sを行います。すなわち不要なファイルは排除し、必要なファイルのみを管理して業務ミスの要因をつぶし、情報の検索スピードも上げます。

▶不要な電子ファイルの排除

　全ファイルの数と容量を把握し、不要なファイルを排除します。
　①使えない：データ更新が行われていない、保管期限が過ぎた
　②使っていない：すでにない業務や未使用なのにライセンス料を払っている
　③必要以上にある：個人持ちなどで重複している
　排除したファイルと残ったファイルは、数と容量を記録し、今後のデータの蓄積と検索が容易に行えるように管理します。

▶必要なファイルの管理

　必要なファイルの管理のしくみをつくります。
　①フォルダー：業務順にNo.をつけて並べる
　②ファイル：使う順にNo.をつけて並べる
　③常に最新のモノだけにしておく（ルール化する）
　必要か不要か迷うファイルがあった場合は、テンポラリーフォルダーにいったん収納するようにします。一定期間使用しなかったときは排除、使用した場合は残します。

▶定期的に2Sを実施

　定期的に情報の2Sを実施し、常に最新の情報が保管されている状態にします。情報を共有するしくみがあれば、個人持ちファイルをなくします。紙の資料で利用しているものは電子化し、ペーパーレス化を図ります。

第 6 章 ▶ 成功するデジタル改善の秘訣

> 業務ミスをなくし、業務の生産性を上げる

現有システム：新しい情報（ファイル）と古い情報が混在
↓
情報の2S ⇐ 業務ミスの要因／情報を探す時間を長くする

定義：最新のものは必要、古いものを不要
不要なファイルを排除→ 必要なファイルを管理 ┤ 業務ミスの要因をなくす
　　　　　　　　　　　　　　　　　　　　　└ 情報の検索スピードアップ

不要な電子ファイルの排除　全ファイルの数、全容量を把握

①使えない
　○データ更新が行われていないファイル
　○保管期限が過ぎたファイル
②使っていない
　○すでにない業務に関するファイル
　○使っていないライセンス（費用）
③必要以上にある
　○個人持ちなどで重複しているファイル

すべてのファイルをチェック
↓
不要なファイルを排除
○ファイルの数、容量を記録

必要なファイルの管理

①フォルダー：業務順に No. をつけて並べる
②ファイル：使う順に No. をつけて並べる　― データの蓄積と検索が容易
③常に最新のモノだけにしておく

　　　　　　　　　　　　　　　　　　　　　　使用しない → 排除
＊必要か不要か迷うファイル → テンポラリーフォルダー
　　　　　　　　　　　　　　　　　　　　　　使用した → 残す

定期的に 2S を実施　常に最新の状態にしておく

○情報を共有するしくみ　――――▶　個人持ちファイルも必要なし
○紙の資料で利用するものは電子化　――――▶　ペーパーレス化

Tool 17　業務改善へのアプローチ

第6ステップ
～業務ミス対策＋トラブル対応

　業務ミスは納期遅延（トラブル）を招き、トラブル（不良やクレーム）は業務ミスを招きます。トラブルはメールや会議を増やし、ムダな時間も費やします。そこで、業務ミスとトラブルをなくすことを心がけます。

▶業務ミス発生の芽を摘む
　業務ミスの要因は6つあります。
　①ムダなことをやっている
　「忙しい／時間がない→あわてる→うっかり…」というサイクルをたどりがちです。対策は、第2～4ステップで実施したロスの排除が中心になります。
　②データメンテナンス不足
　第5ステップで実施した情報の2Sで対策します。
　③トラブル
　「あわてる」ことに起因して「うっかり」が発生し、その結果として業務ミスを招いてしまいます。したがって、対策としてはトラブル（不良、クレーム）をなくすことに注力します。

▶トラブル対応の仕方を確立する
　④トラブル対策手順がない
　トラブル対策手順書がなく、発生してからあわてて対策しているのが実態です。そこでトラブル対策手順書を作成し、ガイドシステムを構築します。
　⑤過去の業務ミス情報がフィードバックされていない
　過去の業務ミス情報の教育と、業務フローへの盛り込みで対策します。
　⑥思考法がない、考えている時間がない
　今まで経験したことがないトラブルが起きたときの思考法がなく、日常忙しいことで考えている時間もありません。対策としては、複数人で時間をかけて論理的に考え、最善策（Plan-A）と次善策（Plan-B）を考えます。もしPlan-Aが失敗したときには、すぐにPlan-Bを実行します。

第6章 ▶ 成功するデジタル改善の秘訣

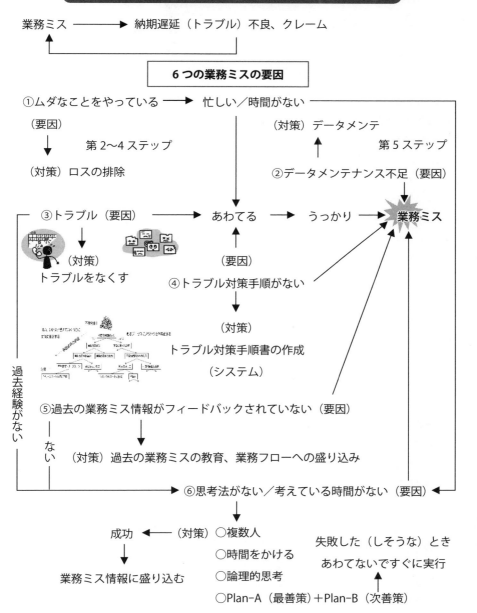

Tool 17　業務改善へのアプローチ

9　第7ステップ〜標準化

業務標準がないことで、以下の5つの問題が発生します。

▶ **業務標準がないことのデメリット**

①教育ができない

体系的な教育ができず、OJT式の教育になることで以下が生じます。
- ・人材の即戦力化ができない
- ・分業ができず業務の生産性が上げられない
- ・業務が属人化してマイペース業務になる。業務の生産性が上がらない
- ・異動ができずモラルが下がる
- ・業務の負荷が偏って不公平感が生じる。これもモラルを下げる

②業務ミスが発生する

③AT/ST差ロスが発生する

④業務管理ができない

業務のST（標準時間）がないと計画（業務スケジュール）がつくれず、公平な個人評価も不可能です。その結果、業務管理ができなくなります。

⑤デジタル化できない

業務が標準化されていないと、デジタル化ができません。

▶ **業務標準で生産性向上**

このように、業務標準がないと生産性やモラルも低下します。その結果、慢性的人手不足や残業の慢性化に陥るため、業務標準をつくります。

手順1：業務ミスなしで一番早い人を標準業務遂行者とし、業務の手順、かかった時間を記録し、業務のフローチャートを作成します。

手順2：フローチャートでは、過去ミスが発生した業務において注意喚起します。また、判断基準も明確にします。

手順3：業務フローチャートができたらデジタル化します。

業務標準をつくることにより、業務ミスをなくして生産性を上げる基盤（環境）が整います。

第 6 章 ▶ 成功するデジタル改善の秘訣

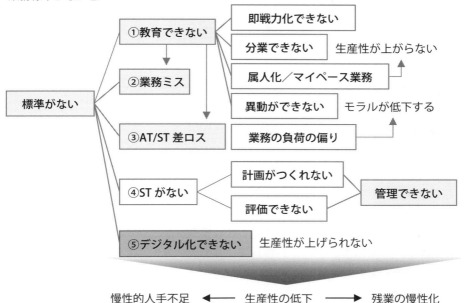

業務標準がないと生産性とモラルが低下する

業務標準がないと……

慢性的人手不足 ◀── 生産性の低下 ──▶ 残業の慢性化

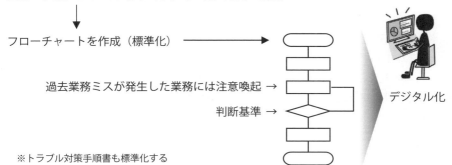

業務標準をつくる

標準業務遂行者を決める（業務ミスなしで一番早い人）

業務の手順、かかった時間を記録（AI 音声認識を活用）

フローチャートを作成（標準化）

過去業務ミスが発生した業務には注意喚起 →

判断基準 →

デジタル化

※トラブル対策手順書も標準化する

Tool 17　業務改善へのアプローチ

10 スタッフ部門のロス排除に大きな効果

　これまでの改善は、ものづくり現場だけが行ってきました。しかし、現場で効果が上がっているのを見て、「自分たちも業務を改善しなくては…」とスタッフ部門で業務改善を始める工場が増えています。

▶ 人員比率もスタッフは多くなりがち

　ある電子デバイス生産工場（売上150億円）で、ラインとスタッフの人員比率を調査すると、38：62とスタッフの方が1.6倍多い構成でした。それぞれのロスコストは、材料や設備を抱えるラインが14.8億円に対し、スタッフは18.2億円であり、売上の12％も占めることがわかりました。

　そこで、スタッフの部署別のロスを取ってみると、その比率は設計が31％、品証が18％、購買15％、工務11％、製造スタッフ11％、総務7％、物流7％という内訳になりました（ロスに関しては第7章で詳述）。

▶ 改善余地が大きい

　それらのロスの具体的な内容は、以下の通りです。

＊メール件数（年）：418,638件　→87％不要

＊会議（年）：29,018回　→76％不要

＊総ファイル数：16,000個　→63％不要

　　　　　　　　　　　　　　→探す時間：3,200時間（80％削減可能）

＊不要な業務：1,120件　→30％

＊ハンコによる承認の停滞時間（年）：256,000時間　→88％削減可能

＊業務ミス（年）：1,284件

＊AT/ST差の総和（年）：1,700,000時間　→20％削減可能

　これらの結果（数字）により、スタッフ部門におけるロスがいかに多いかがわかります。と同時に、これらはスタッフ部門における業務改善の余地が大きいことも示しています。人が増えればロスも増えます。これからの時代、スタッフも自分たちの業務を改善してロスを減らし、人が増えた分アウトプットが増えるような体制を築くことを勧めます。

244

第 6 章 ▶ 成功するデジタル改善の秘訣

業務改善で大きな効果を得る

これまでの改善：ものづくり現場だけ ⟶ 効果

↓

スタッフ部門：業務改善

【電子デバイス生産工場】

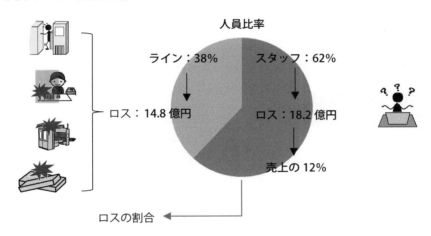

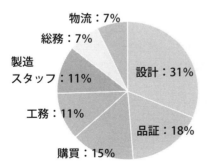

* メール → 87％不要

* 会議 → 76％不要

* ファイルを探す時間：80％削減可能

* 不要な業務 → 30％

* 停滞時間 → 88％ 削減可能

* 業務ミス：1,284 件

* AT/ST 差：20％削減可能

⇩

改善余地が大きい ⟵ スタッフ部門のロスは多い

⇩

自分たちの業務を改善 ⟶ 人が増えた分アウトプットが増える体制

245

Tool 18 生産最適化のためのものづくり SCM

◇1 SCMとは

　従来のものづくりは、顧客への納期対応のために**在庫ありきの生産体制**となっていました。その施策として、生産管理部門では見込み生産、まるめ生産、不良見込み生産のための計画を組み、調達（購買）部門では先行手配とまるめ発注を行い、製造部門では先行生産、まとめ生産、生産順序入れ替え、大ロット生産を行っていました。

▶ **顧客への対応力を意識**

　それでも、見込んだ通りの受注があれば問題はありませんでしたが、実際には予測はずれや予約キャンセル、生産中止などの事態が生じました。その結果、大量の在庫を抱え、それが経営を圧迫することになったのです。

　さらに、そのような状態にもかかわらず、顧客ニーズの多様化で多品種少量生産への移行が必要となり、顧客からの短納期要求への対応も求められるようになってきました。それらの状況に対応するため、生まれてきたコンセプトがSCMです。

▶ **モノをすばやくムダなく流す管理システム**

　SCMとは、Supply Chain Managementの略で、**原材料の調達から顧客への製品提供までの一連のプロセスを管理し、最適化する管理手法**です。基本的な考え方は以下の通りです。

　　○一連の業務プロセスを情報システムで管理する

　　○モノは、すばやくムダ（在庫、停滞）なく流す

　　そして、狙いは6つです。

　　①リードタイムの短縮

　　②納期遵守

　　③在庫の削減

　　④経費の削減

　　⑤顧客の短納期要求への対応

　　⑥機会損失の低減

第6章 ▶ 成功するデジタル改善の秘訣

【従来のものづくり】

顧客への納期厳守 ⇨ **在庫ありきの生産体制**

生産管理
- 見込み生産
- まるめ生産
- 不良見込み生産
- 先行生産 ●まとめ生産
- 生産順序入れ替え ●大ロット生産

調達　購買
- 先行手配
- まるめ発注

製造

予測はずれ
予約キャンセル
生産中止

出荷 　大量の在庫
⇩
経営を圧迫

顧客：ニーズの多様化　⇨　多品種少量生産への対応
　　　短納期対応

【SCMとは】

✨ SCM ✨

Supply Chain Management の略

原材料の調達から顧客への製品提供までの一連のプロセスを管理し、最適化する**管理手法**

【基本的な考え方】

一連の業務プロセスを情報システムで管理

サプライヤー → 部材 → 調達 → 生産 → 物流 → 販売 → 製品 → 顧客

すばやくムダ（在庫、停滞）なく流す

【狙い】

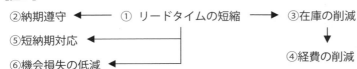

②納期遵守 ← ① リードタイムの短縮 → ③在庫の削減
⑤短納期対応 ←　　　　　　　　　　　　　↓
⑥機会損失の低減 ←　　　　　　　　　④経費の削減

Tool 18　生産最適化のためのものづくり SCM

 具体的な進め方の要点

SCMを実際に進めると、失敗・停滞してしまった理由は6つありました。
①トップが指示だけで直接関与しない
②上司の協力不足、業務優先でプロジェクトが進まない
③社内の意識・理解不足で従来の業務を変えてくれない
④営業が情報をくれない、サプライヤーが対応してくれない
⑤活動を推進できる人材がいない
⑥必要な投資をしてくれない（特にシステム開発）
以上の6項目に考慮した具体的な進め方が下記になります。

▶ 3つのポイントを重視

1. トップの意思表示
経営が在庫をなくしたいと言っても、現場では在庫があった方が楽です。その気持ちを変えさせるのがトップの意思表示です。トップは、会社の方針としてSCMを導入することを宣言します。

2. 必要性の認識
関係者全員を集めて時代の流れや顧客の要望、企業背景、現状、SCMの必要性を説明し、SCMの必要性を認識してもらいます。

3. プロジェクトの発足
営業および生産管理、購買、生産、システム、生産技術部門から代表を集め、プロジェクトを発足します。プロジェクトでは、モデル製品を選択して**SCM分析**（トラベラ分析、納期遅れ分析、欠品分析、在庫分析）し、それを実現する施策を立案します。施策は複数立案されますが、各施策において目標値の設定やメンバーの選出、実施スケジュールを決め、コンセプトを作成します。

▶ 全社報告会を通じて効果を共有
その後、コンセプトを実践してモデルSCMで効果測定し、目標に達していたら全社報告会を開いて、効果を認識してもらいます。そして、自工場の全製品から国内他拠点、海外拠点へと展開していくのです。

第6章 ▶ 成功するデジタル改善の秘訣

失敗しない → 成功するSCMの進め方

【SCMを進めた時に失敗・停滞する理由】

①トップの意志・熱意・率先垂範不足 ▷ 指示だけで直接関与しない
②上司の協力不足 ▷ 業務優先 → プロジェクトが進まない
③社内での意識・理解不足 ▷ 従来の業務を変えてくれない
④抵抗 ▷ 営業が情報をくれない、サプライヤーがVMI対応してくれない
⑤人材不足 ▷ 活動を推進できる人材がいない
⑥投資不足 ▷ 必要な投資をしてくれない（特にシステム開発）

【具体的な進め方】

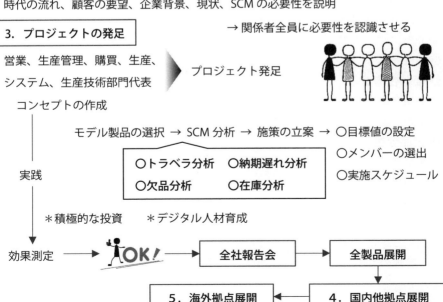

Tool 18　生産最適化のためのものづくり SCM

3　データ分析から課題を明確にする

SCM分析し、SCMを実現するための自社の課題を明確にします。

▶ トラベラ分析

製品に、トラベラと呼ぶエフをつけてラインに流し、各工程および工程間の処理時間と停滞時間、ボトルネック工程を把握します。家電品の生産工場では、作業時間は5.7％、停滞時間が94.3％という驚くべき事実がわかりました。そのような停滞の理由は、生産着手待ちが68％、検査待ちが30％でした。

▶ 納期遅れ分析

過去1年間に納期遅れした製品に対し、その理由を調査しました。その結果は、生産着手待ちによる生産遅れが54％、不良の検査待ちによる出荷数不足が23％、サプライヤーの欠品が21％でした。

▶ 製品在庫分析

1カ月以上停滞している在庫の理由を調査しました。その結果は、見込み生産が48％、まとめ生産が44％、先行生産が14％、後補充生産が8％、内示変更が6％でした。

▶ 部品在庫分析

部品在庫を調査した結果、まるめ発注が40％、データメンテナンス不足（業務ミス）が33％、安全在庫が27％ということがわかりました。

▶ 欠品分析

サプライヤーの欠品の理由を調査したところ、サプライヤー起因が52％、自社起因が48％でした。サプライヤー起因の欠品の理由は不良が45％、管理ミスが27％、人手不足が18％でした。自社起因では、追加注文や設計ミス、手配漏れが理由でした。

以上の調査から、工場が抱える課題（リードタイムが長く在庫が多い理由）は工程管理の不備や不良、欠品、故障、業務ミスの5つであることが明確になりました。

第 6 章 ▶ 成功するデジタル改善の秘訣

5つの分析により5つの課題が見つかった

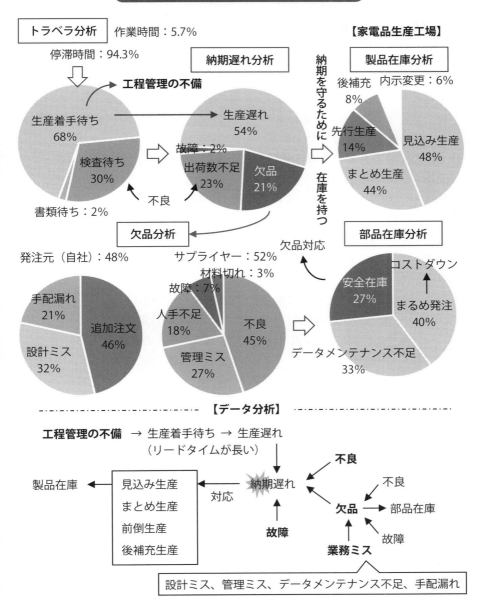

Tool 18 生産最適化のためのものづくりSCM

自社に合うSCM構築

　家電製品3工場、制御機器2工場、照明部品2工場、音響機器工場、情報機器工場、半導体（前工程）工場において、ものづくりSCMを22の施策で実現しました。特に太字で示した7つの施策は重要です。

▶22の施策でものづくりを最適管理

受注　1. **需要予測**　2. フォーキャスト管理　3. 座席予約
計画　4. **顧客と同期するしくみづくり（内示取り込み）**
　　　5. まるめ生産計画の廃止　6. 不良見込み生産計画の廃止
　　　7. 計画公開
調達　8. まるめ・まとめ発注の廃止　9. 安全在庫の見直し
　　　10. VMI
製造　11. 受注（ロット）生産（内示生産／まとめ生産の廃止）
　　　12. 不良の後補充生産　13. **TOCによる工程計画立案**
　　　14. ボトルネック改善　15. **工程管理システムの構築**
　　　16. 内製化一貫ライン　17. **ワンフロア管理（SCMライン）**
　　　18. 不良ゼロ（改善）、故障ゼロ（改善）
　　　19. 外注工程運搬回数の見直し
　　　20. SCM分析システムの構築
出荷　21. **倉庫スルー**
全体　22. 業務ミスの削減

▶3年以内に効果が表れた

　実施期間は、工場の規模や展開の拠点数によって変わりますが、短くて1年半、長くて3年でした。10工場で出た効果は、納期遵守率：94〜100％、リードタイム短縮：50〜70％、部材在庫削減：50〜60％、仕掛在庫削減：60〜80％、製品在庫削減：40〜60％、経費削減：5〜10％、生産性向上：10〜20％となりました。製品ごとに効果の差は見られますが、各工場とも目標を達成しています。

第 6 章 ▶ 成功するデジタル改善の秘訣

ものづくり SCM を実現する 22 の施策

受注

1. **需要予測**
2. フォーキャスト管理
3. 座席予約

計画

4. **顧客と同期するしくみ（内示取り込み）**
5. まるめ生産計画の廃止
6. 不良見込み生産計画の廃止
7. 計画公開

調達

8. まるめ・まとめ発注の廃止
9. 安全在庫の見直し
10. **VMI**

内示生産／まとめ生産の廃止

製造

11. 受注（ロット）生産
12. 不良の後補充生産
13. **TOC による工程計画立案**
14. ボトルネック改善
15. **工程管理システムの構築**
16. 内製化一貫ライン
17. **ワンフロア管理（SCM ライン）**
18. 不良ゼロ（改善）、故障ゼロ（改善）
19. 外注工程運搬回数の見直し
20. SCM 分析システムの構築

出荷

21. **倉庫スルー**

全体　22. 業務ミスの削減

（10 工場）
家電製品（3）
制御機器（2）
照明部品（2）
音響機器
情報機器
半導体

実施期間：1 年半〜 3 年

納期遵守率：94〜100%
リードタイム短縮：50〜70%
部材在庫削減：50〜60%
仕掛在庫削減：60〜80%
製品在庫削減：40〜60%
経費削減：5〜10%
生産性向上：10〜20%

253

Tool 18　生産最適化のためのものづくりSCM

 SCMを始める前に

　10工場でSCM研修を行った際に驚いたのは、どの会社の参加者も生産管理の理論を知らない、きちんと学んだことがない、ということでした。つまり、生産管理の業務を経験的に覚えているということです。まさに、OJTの弊害です。それゆえに、「見込み生産」や「まるめ生産」「不良見込み生産」など在庫ありきの生産計画を当然のことと受け入れ、何の疑問も持たず生産管理のテクニックとしてやっていたのです。

▶▶ **生産管理を基礎から学び直す**

　しかし、SCMは生産管理の応用系であり、基礎を知らずに取り組むと、理論に沿った体系的なSCMや自社に合ったSCMは構築できません。そこでSCMプロジェクトを始める前に、生産管理の基礎を教えることにしました。

　①生産管理概論
　②需要予測の考え方と進め方
　③生産計画とは
　④購買管理とは
　⑤外注管理とは
　⑥在庫管理とは
　⑦工程管理とは

　各セミナーの受講後には、ディスカッションと発表会を実施しました。

▶▶ **世界に通用する自社独自のSCMを**

　会の最後に感想を聞くと、生産管理部門の人たちは「今まで理屈がわからずにやっていたが、なぜそういうことをやるのかがわかった」。また全員から、「生産管理の全体像と、それを支える情報システムがわかった。SCM施策の革新性も理解できた」という感想を述べていました。

　これからSCMに取り組む方で、「生産管理」について本格的に勉強したことがない方は、ぜひイチから学んでみてください。その知識が、世界に通用する自社独自のSCMを構築する基礎に必ずなります。

第6章 ▶ 成功するデジタル改善の秘訣

生産管理の7つの機能／支える情報システム

生産管理：日々の生産が支障がなく行われるための業務体系
7つの機能 ↔ 情報システムが支えている

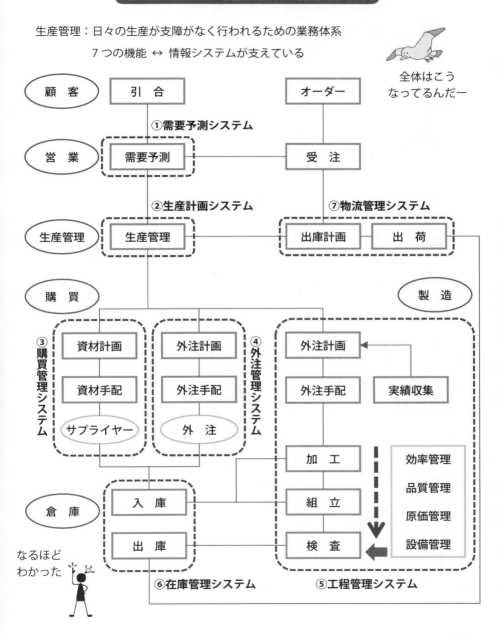

Tool 18 　生産最適化のためのものづくり SCM

 需要予測／顧客と同期する
しくみづくり

　需要予測は、生産管理のスタートとなります。その精度は、生産計画の精度や部材在庫の量に直接影響します。

▶需要予測は営業の仕事ではない

　大切なことは、受注は営業の仕事だからと言って、営業に任せ切りにしてはいけないということです。

　営業の需要予測には各担当の予算が盛り込まれ、実需より多く見積もる可能性があります。したがって、生産部門は自分たちでも需要予測し、営業の需要予測と比較して自らも判断することが肝要です。

　実際の需要予測は、
①過去3～5年の受注動向（生産量）をベースに基本カーブを書く
②市場動向や顧客動向、株価の変動、イベントなどを加味して修正
という手順で作成できます。

　電器生産工場で実際にやってみると、意外とこれがよく当たり、営業から逆に問い合わせがあったぐらいです。工場独自の需要予測により、営業と生産のコラボ体制も出来上がります。

▶顧客と直結するしくみづくり

　電子部品生産工場では、これまで営業からの内示で生産していました。

　しかし、内示と実需の差が生じ、それが在庫になっていました。そこで従来のしくみはそのまま残し、新たに顧客工場へ生産枠を提示することで、内示を直接取り込むしくみを導入（システム構築）したのです。

　取り込んだ内示は、協力工場に予約状況として知らせ、部品手配だけを行いました。そして、内示が実需として確定した時点で生産することにしました。このしくみを導入したことで、製品在庫を71％削減することに成功しました。

　さらに、このしくみを複数社に拡大することにより、機会損失の低減や生産リソースの有効活用もできるようになりました。

第 6 章 ▶ 成功するデジタル改善の秘訣

顧客、営業、協力工場とのコラボ

【需要予測】

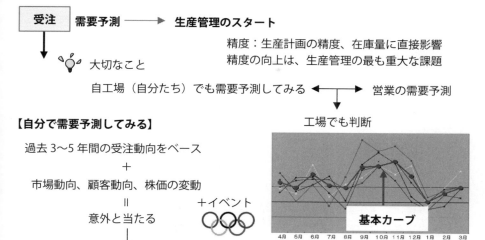

【自分で需要予測してみる】

過去 3〜5 年間の受注動向をベース
　　　　　＋
市場動向、顧客動向、株価の変動
　　　　　＝
　意外と当たる　　＋イベント

営業から問い合わせ ＝ 営業と生産のコラボ

【顧客と直結するしくみづくり】

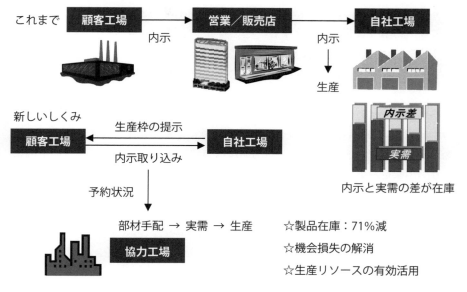

☆製品在庫：71％減
☆機会損失の解消
☆生産リソースの有効活用

Tool 18　生産最適化のためのものづくり SCM

VMI/TOCによる工程計画

米国生まれのSCMのうち、代表的なしくみがVMIとTOCです。

▶ベンダーと生産工場で在庫を統合するVMI

VMIは、Vendor Managed Inventoryの略で、無在庫経営を指向したビジネスモデルです。

狙いは、需要変動への対応、調達リードタイムの短縮（ゼロ化）、在庫削減（ベンダーと生産工場：二重在庫統合、生産工場：無在庫経営）、経費削減（ベンダーの受注作業の簡素化）の4つです。

進め方は、まず生産工場内もしくは工場に隣接した場所に部材倉庫（棚）を用意し、ベンダーは生産工場と決めた在庫レベルの部材を納入します。生産工場からの納入指示により、ベンダーはその部材を納入します。その後、ベンダーは減った分の補充を指示し、部材を納入します。

家電製品工場では、工場内に部材カウンターを設置し、生産ラインはカウンターに納入を依頼。カウンターからラインまで部材を運搬してもらうという形式を取り、VMIを実現しています。

▶TOCによる工程計画立案

TOCは、Theory Of Constraintsの略で、日本語では制約条件理論と訳されます。

基本的な考え方は、「制約条件（ボトルネック）工程の生産能力は工場の全体の生産能力に等しい」「工場全体の生産量を維持するにはボトルネックをフル稼働させる」の2つです。この考え方を用いて工程計画を立案します。その計画により、生産量を維持しながら在庫を削減することができます。

さらに、ボトルネックを改善することにより、在庫を増やさず生産量を上げることが可能です。具体的なボトルネックの改善には、ボトルネック工程に人員を配置する、もしくはボトルネック工程の改善を行う、という2つの方法が挙げられます。

米国生まれの2つのしくみ

【VMI】 🇺🇸 Vendor Managed Inventory　無在庫経営を指向したビジネスモデル

　　　狙い1：需要変動への対応
　　　　　2：調達リードタイムの短縮（ゼロ化）
　　　　　3：在庫削減
　　　　　4：経費削減

　①生産工場：工場内もしくは工場に隣接した場所に部材倉庫（棚）を用意
　②ベンダー：生産工場と決めた在庫レベルの部材を納入

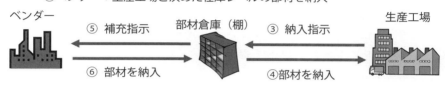

○工場内に部材カウンターを設置 → カウンターで納入依頼／カウンターから運搬

【TOCによる計画立案】　🇺🇸　Theory Of Constraints　　● 制約条件理論

①制約条件（ボトルネック）工程の生産能力は工場の全体の生産能力に等しい
②工場全体の生産量を維持するにはボトルネックをフル稼働させる

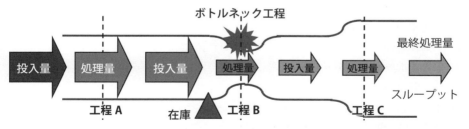

③工程計画はボトルネックに合わせて組む → 生産量を維持し在庫削減

〈ボトルネック改善〉

　ボトルネックの生産能力を上げる → 在庫を増やさず工場全体の生産量を上げる
　ボトルネック工程をフル稼働させる → ①人員配置
　　　　　　　　　　　　　　　　　　　②工程改善

Tool 18　生産最適化のためのものづくり SCM

8　現場の実態を把握する工程管理システム

　多くの企業は、生産管理の計画系システムは持っていますが、生産現場の実態を把握する実行系システムがない、もしくは不十分です。その結果、以下に示すように計画と実績の乖離を起こしています。
　○オペレーターや工程管理者の経験に頼る工程計画立案
　○現場の異常（不良、故障）がリアルタイムでわからない
　○停滞・在庫の状態がリアルタイムでわからない
　○実績がリアルタイムにわからない
　○適切な指示が出せない

▶**構成する7つのモジュール**

　この乖離を埋めるために、工程管理システムを構築します。工程管理システムは7つのモジュールにより構成されています。
　○工程計画システム
　○製造指示システム
　○実績収集システム
　○実績報告システム
　○進捗管理システム
　○在庫トラッキングシステム
　○工程計画調整システム

　このうち、最も重要なのが実績収集システムです。

▶**実績データはさまざまな管理の基礎データになる**

　実績収集システムは、入荷、設備、作業、在庫、検査、出荷の各工程からバーコードやICタグ、データ転送、音声認識、画像認識、キーボード入力などの媒体を経てデータを収集します。これらのデータは、工程計画調整システムで計画と実績の乖離を埋め、生産管理システムに送られます。

　また、実績データは実績報告や進捗管理、在庫トラッキング、原価管理システム、品質管理システムの基礎データにもなります。

第 6 章 ▶ 成功するデジタル改善の秘訣

工程管理システムの必要性と機能

大部分の企業では、生産計画系のシステムは持っているが、
生産現場の実態を把握する実行系システムがない（不十分）

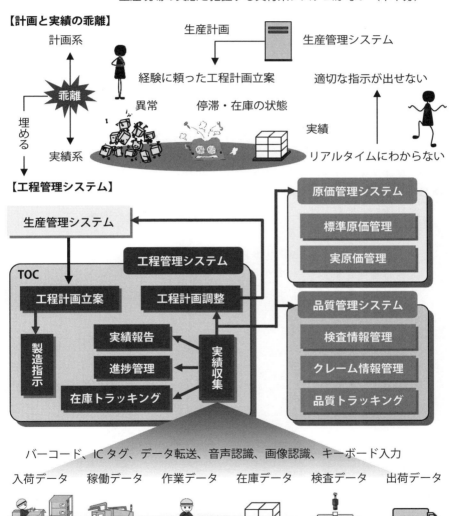

Tool 18　生産最適化のためのものづくり SCM

⑨ SCMに求められるワンフロア管理／倉庫スルー

　1955～1985年の30年間、日本では「つくれば売れる時代」が続き、その右肩上がりの増産に対応する生産システムが求められました。それが「大量生産システム」です。この大量生産システムは、専用設備と専門工、工程別編成という3つの特徴を持ちます。

　しかしその特徴ゆえに、次の時代に求められた多品種生産への対応ができず、SCMにも適しませんでした。そこで、SCMに対応するために考え出されたしくみが、ワンフロア管理と倉庫スルーです。

▶ **8つの施策で実現**

　○多品種少量生産へ対応し、リードタイムの短縮、在庫の削減
　　①少品種大量生産：一貫ライン
　　②中品種中量生産：EA化ライン
　　③多品種少量ライン：セル生産
　○仕掛在庫の管理、欠品防止、リードタイムの短縮
　　④工場内VMI
　　⑤工程内ストッカー
　○工程間の停滞をなくし、リードタイムの短縮
　　⑥みずすまし／AGV／AMR
　○モノの流れ、停滞を把握
　　⑦目で見る管理
　○リードタイムの短縮、製品在庫の削減、倉庫スペースの削減
　　⑧倉庫スルー

▶ **倉庫スルーの実際の効果**

　制御機器生産工場における効果は以下の通りでした。
　☆リードタイムの短縮：23日→1日（96％）
　☆在庫削減：0.55カ月→0.12カ月（72％）
　☆省人化：21人→13人（38％）

第6章 ▶ 成功するデジタル改善の秘訣

SCMに適する生産・物流システム

時代背景　　1955～85年（30年間）

つくれば売れる時代 → 右肩上がりの**増産に対応する生産システム**が求められた

● 多品種少量生産 ← ❶ 工程間に**在庫が必要** ← **大量生産システム**の誕生
　に対応できない　　　 → 停滞 → リードタイムが長い　　〇専用設備

● SCMにも適さない　❷ 工程の管理工数の増大　　　　　　〇専門工

　　　　　　　　　　❸ 品質不良に迅速に対応できない　　〇工程別編成

【ワンフロア管理と倉庫スルー】

　　　　　　　　　　　　　　　　SCMに求められる生産・物流システム

① 少品種大量生産：一貫ライン

② 中品種中量生産：EA化ライン　　品種／生産量への対応
　　　　　　　　　　　　　　　　　→ リードタイムの短縮、在庫の削減
③ 多品種少量ライン：セル生産

④ 工場内VMI
　　　　　　　　　　仕掛在庫の管理 → 欠品防止、リードタイムの短縮
⑤ 工程内ストッカー

⑥ みずすまし／AGV／AMR ――→ 停滞をなくす → リードタイムの短縮

⑦ 目で見る管理 ――→ モノの流れ、停滞を把握

⑧ 倉庫スルー ――→ リードタイムの短縮、製品在庫の削減、倉庫スペースの削減

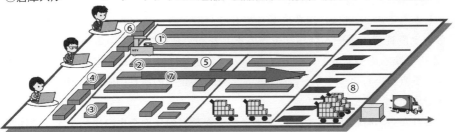

【**制御機器生産工場**】　☆リードタイムの短縮：23日→1日（96%）

　　　　　　　　　　　☆在庫削減：0.55→0.12カ月（72%）

　　　　　　　　　　　☆省人化：21人→13人（38%）

263

Tool 18　生産最適化のためのものづくりSCM

SCM誕生と新しいものづくりモデル創出

　SCMは、1975年頃に米国で始まりました。当時はPOS（Point Of Sales）が普及し始め、消費者の需要が把握できるようになりました。それにより「製造優位のプロダクトアウト型のものづくり」から「消費者発のデマンドチェーンマネジメント」に移行する必要性が生じ、SCMというコンセプトが生み出されました。

▶グローバル水平分業ものづくりというモデル

　SCMをシステムとして確立したのがデルコンピュータでした。従来の在庫を持って消費者に対応していたシステムから、注文を受けてから生産し、出荷する「ビルドツーオーダー（BTO）システム」に変え、在庫レスのものづくりのビジネスモデルを確立しました。その後SCMは、企画・開発、生産、営業の3つの機能をグローバルで分業する「水平分業ものづくり」へと発展し、現在に至っています。

　日本にSCMという考え方が伝わったのは2000年頃です。当時の日本の製造業は、つくれば売れる時代に普及拡大した大量生産時代のものづくりを続けており、在庫が経営を圧迫していました。そうした中で、SCMの登場を迎えたわけです。

▶時代に合った新システムへ移行を急ぐ

　しかしそのSCMは、現在に至ってもほとんどの企業が導入しておらず、昔からの生産管理システムにパッチ当てをしながら使い続けているのが実態です。「水平分業ものづくり」に関しても導入する企業はほんのひと握りで、相変わらず「垂直統合ものづくり」に固執して、それが企業の成長の限界を招いているようです。

　これからの時代、新しいビジネスモデルが将来の発展を生み出します。時代が変化したら、従来のしくみを騙し騙し使うのではなく、時代の変化に合わせて先行し、新しいシステムを構築することがものづくり戦略の柱となります。SCM構築は、そのきっかけとなるはずです。

第 6 章 ▶ 成功するデジタル改善の秘訣

SCM　1975 年生まれ

　　　　製造優位「プロダクトアウト型のものづくり」

　　　　　　　　↓　POS（Point Of Sales）の普及

　　　　消費者発「デマンドチェーンマネジメント」

1997 年　デル・コンピュータ　**BTO（Build To Order）**

　　　　　　　　　　┌─────────────────┐
　　　　　　　　　　│　戦略在庫として部品を持つ　│生
　SCM システムとして確立　⇐　│　　　　↓　　　　　　│産
　　　　　　　　　　│　受注してから組み立てる　│方
　　　　　　　　　　└─────────────────┘式

水平分業ものづくり

営業：世界
企画・開発
生産
EMS　ファウンドリー

　　　　2000 年　日本に伝わる　**大量生産時代のものづくり**
　　　　　　　　　　　　　　　　　　　　　　↓
　　　　　　SCM の導入　◀──────　**在庫**が経営を圧迫

　昔からの生産管理にパッチ当て
　新しいビジネスモデルの導入もなし

これらの時代のものづくり戦略：時代に先行し新しいビジネスモデルを導入する

| Tool 19 | 工場にものづくり DX を正しく実装する |

① DXの真意

　DXとは、Digital Transformationの略で、「デジタル技術を駆使し、製品やサービス、ビジネスモデルを創造し、従来の組織や業務を変革して生産性を上げるしくみ」のことです。DXには、企業を再成長させるために新たなビジネスモデルを構築する「戦略DX」と、組織や業務を変革して生産性を向上させる「社内DX」の2つがあります。

▶▶旧来型は開発の面倒な金食いシステム

　DXはデータベース、IoT、AIの3つのテクノロジーで構成され、多くの場合これらはクラウド上で稼働します。現在の中心はAIで、頭脳労働の自動化を図ります。従来のシステムは、自社製ハードウェア上にベンダーが提供するOS（Operation System）とDB（Data Base）がインストールされ、その環境下で自分たちがやりたいことを実現するアプリケーションを開発していました。これは、非常にコストがかかるシステムでした。

　OSとデータベースのライセンス料は毎年ベンダーに支払わなくてはならず、アプリケーションの開発には膨大な費用がかかり、ほんの少しの変更にも追加の開発費を払わなければなりませんでした。おまけにハードウェアとOSがバインドされており、一度その環境でアプリケーションを開発すると、他のベンダーには乗り換えられないという制限もあったのです。

▶▶DXシステムの3つのメリット

　DXシステムは、4つのしくみで上記の制限からユーザーを解放します。

　○クラウド：ハードウェアに依存せず必要な資源分拡張できる

　○オープンソフト：OSとDBがオープンソフトで安価で使える

　○ノーコード：プログラミングなしでアプリケーションが開発できる

　○サブスク：使った分だけ支払うしくみが使える

　これらのしくみは、①コストが安い、②互換性に優れる、③技術確信のスピードが速い、という3つのメリットをユーザーに提供します。課題は、クラウドでオープンソフトを使うためセキュリティーです。

第 6 章 ▶ 成功するデジタル改善の秘訣

DXとは

【DXとは】 Digital Transformation の略

デジタル技術を駆使し、製品やサービス、ビジネスモデルを**創造**し、従来の組織や業務を**変革**し、生産性を上げるしくみ

【2つのDX】

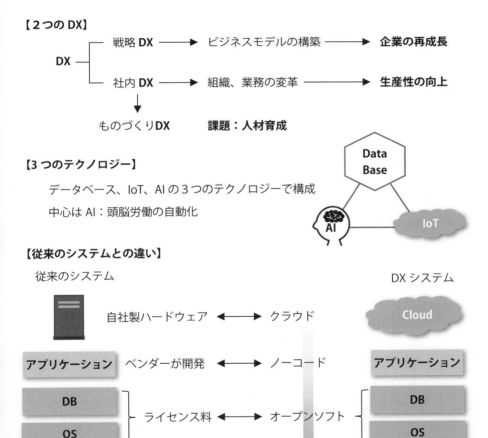

メリット：①**コストが安い**　②**互換性**に優れる　③**技術革新**のスピードが速い

　　　　　　　　　　　　　　　　　　　　課題：セキュリティー

Tool 19　工場にものづくり DX を正しく実装する

2　ものづくりDXの正しい像

　工場で実現すべきDXのことを「ものづくりDX」と呼んでいます。その狙いは10あります。
　1. 生産性向上　2. 品質向上　→ 3. コストダウン
　4. リードタイム短縮　→ 5. 在庫の削減 ⤴
　6. 顧客満足度アップ　7. 機会損失の低減　→ 8. 売上アップ
　9. ノウハウの蓄積／技能伝承　10. 教育・訓練のしくみづくり
　狙いを実現するシステムは、28のモジュールで構成されています。

▶7つの基幹システム
生産の流れを支援するシステムです。
　営業　①1時間見積り　　②AI需要予測
　生産　③生産管理　　④工程管理
　出荷　⑤AI自動外観検査　　⑥検査結果音声入力
　品証　⑦クレーム管理

▶21の業務支援システム
　生産　⑧AI音声認識による生産指示・報告（＊）　　⑨報告書作成（＊）
　　　　⑩設備稼働管理（IoT）　　⑪設備停止理由入力（＊）
　　　　⑫AIアドバイザー（＊）　　⑬職制／緊急コール（＊）
　　　　⑭申し送り、口頭指示記録（＊）　　⑮AIによる予知保全
　　　　⑯スマートグラスによる現場支援
　　　　⑰QTS（Quality Tracking System）
　　　　⑱ビデオ標準による教育・訓練支援　　⑲生活分析（＊）
　　　　⑳AIによる自動搬送：AMR　　　　　　（＊）AI音声認識
　品質保証　㉑品質情報のフィードバック
　開発・技術　㉒開発・技術データベース　　㉓図面検索
　企画・総務　㉔出張旅費精算　　㉕総務ホームページ　　㉖経営支援
　業務改善　㉗業務管理　　㉘デジタル改善

第 6 章 ▶ 成功するデジタル改善の秘訣

狙いと28のモジュール

【狙い】 1. 生産性向上　2. 品質向上 → 3. コストダウン
　　　　4. リードタイム短縮 → 5. 在庫の削減
　　　　6. 顧客満足度アップ　7. 機会損失の低減 → 8. 売上アップ
　　　　9. ノウハウの蓄積／技能伝承　10. 教育・訓練のしくみづくり

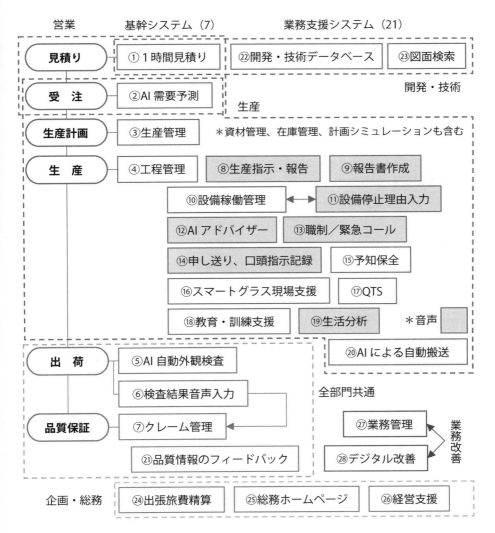

Tool 19 工場にものづくりDXを正しく実装する

ものづくりDXで得られる効果

ものづくりDXを導入することで15のロスが刈り取れ、生産性向上や品質向上、原価低減が実現できます。

▶ **直接部門で刈り取れる6つのロス**
　①探すロス　②手待ちロス　③不要作業ロス　④点検ロス　⑤監視ロス
　⑥検査ロス

▶ **間接部門で刈り取れる9つのロス**
　①情報収集ロス　　②情報（再）入力ロス　③情報加工／分析ロス
　④報告書作成ロス　⑤情報検索ロス　⑥伝達ロス／伝達ミス
　⑦教育・訓練ロス　⑧ペーパーロス　⑨トラブル対応ロス

▶ **経営に貢献する指標**
　〇1日見積りは機会損失を低減して売上アップに貢献
　〇AI需要予測、生産管理、工程管理の各システムはSCMとして機能し、機会損失を低減して売上アップに貢献
　〇AI自動外観検査はクレームゼロを実現して売上をアップ
　〇AI検査結果入力とクレーム管理は顧客対応力を上げて売上をアップ

▶ **実際の効果**

電子デバイス生産工場で、全部門からメンバーを24人選出してDXプロジェクトを推進してきました。具体的には、1年間で7,342万円をかけて28システム開発したところ、生産性が13％向上し、製造管理コストが37％削減（4億2,000万円）できました。

このほか成果として、デジタル人材（DB→24人、Web→10人、AI言語→5人）を育成することができました。これらの人材はプロジェクト後に、全業務への展開とシステムの継続・進展させてくれる原動力になります。こうした経験により、これまでは業務を人手で行っていましたが、DX対応で自動化することで生産性向上とスピードアップが図れることがわかりました。

第 6 章 ▶ 成功するデジタル改善の秘訣

効果は抜群！ デジタル人材の育成

【予想効果】15 のロスが刈り取れる→ 生産性向上、品質向上→ 原価低減

直接
①探すロス
②手待ちロス
③不要作業ロス
④点検ロス
⑤監視ロス
⑥検査ロス

間接
①情報収集ロス
②情報（再）入力ロス
③情報加工／分析ロス
④報告書作成ロス
⑤情報検索ロス
⑥伝達ロス／伝達ミス

⑦教育・訓練ロス
⑧ペーパーロス
⑨トラブル対応ロス

ポイント

1. **潜在ロス**の**顕在化**
2. **頭脳労働**の**自動化**

経営への貢献（指標）

1 日見積り ⇨ 機会損失低減 ⟶ 売上アップ

AI 需要予測 ⎫
生産管理 ⎬ SCM
工程管理 ⎭

クレームゼロ ⇦ AI 自動外観検査

顧客対応力 ⎧ AI 検査結果入力
⎩ クレーム管理

【電子デバイス生産工場】

対象 8 部署　プロジェクト人数：24 人 → 効果（100 人換算）

28 システム（期間：1 年）　投資：7,342 万円

生産性：13%向上、製造管理コスト：37%削減（4 億 2,000 万円）

デジタル人材：DB→24 人、Web→10 人、AI 言語→5 人

これからも継続・進展させるベース人材が育った（成果）

【なぜ効果が出るのか】DX、要するに業務の自動化

業務 = 情報処理 ⇨ 従来：人手 ⟶ DX：自動化（効率化）

効果 ｜ 業務の生産性向上／スピードアップ

271

Tool 19　工場にものづくり DX を正しく実装する

DX着手前に知っておきたい テクノロジー

ITテクノロジーを学び使うことにより、最先端で効率的な自社に合ったシステムをスピーディーかつコストミニマムで構築できます。

▶ データベースは2024年で65歳

データベースの概念が生まれたのは1959年です。初めはデータとプログラムが一体化していましたが、1969年に分離され、階層型データベースからリレーショナルデータベースへと発達し現在に至っています。

DXは、分散システムによるオープン系ソフトとして普及しています。特徴は安い、互換性に優れる、技術革新が早いの3つです。

▶ IoTはInternet of Thingsの略

インターネット（クラウド）を通じ、デバイスにより情報を収集するしくみです。2015年頃に世の中へ出てきました。

▶ AIはArtificial Intelligence（人工知能）の略

AIの歴史は古く、1957年に脳の神経組織ニューロンをモデル化したプログラム（学習器）からスタートしました。その後、専門家の知識やノウハウをルール化する「エキスパートシステム」、統計処理をする機械学習、「ディープラーニング」と発展してきました。ディープラーニングは、ニューロンを多層化したシステムです。今後のAIの中心テクノロジーになると見られています。

課題は、①学習、②精度、③論理性、④倫理性、⑤開発人材の5つです。5つの課題は、逆強化学習、ハイブリッド（エキスパートシステム＋機械学習）、ノーコード開発などのテクノロジーで解決されつつあります。今、最も注目すべきはオープンAIです。「生成AI」という名で世界最先端のテクノロジーとなっています。

テクノロジーの進化は著しく、どんどん便利に、安くなってきています。新しいテクノロジーを理解し、積極的に使うことにより、より安く、より質の良いDXシステムをスピーディーに構築することができます。

ITは古くて新しいテクノロジー

【データベース】

1959年 データベースの概念（データとプログラムを分離）

1969年 階層型データベース

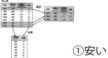

リレーショナルデータベース

（現在）分散システム／オープンソフト

① 安い
② 互換性に優れる
③ 革新のスピード

【IoT】 Internet of Things の略

インターネットを通じデバイスにより情報を収集するしくみ

＊1999年 ICタグの活用から生まれた言葉
↓
2015年頃に注目

自動運転／タブレット／稼働管理／スマートグラス／Cloud

【AI】 Artificial Intelligence（人工知能）の略

1957年 脳の神経組織ニューロン → プログラム（**学習器**）

（現在） **エキスパートシステム**

機械学習 ──→ **ディープラーニング** ←── 多層化

課題：①学習 ②精度 ③論理性 ④倫理性 ⑤開発人材

☆逆強化学習　☆ハイブリッド　☆ノーコード開発

進化し続けるAI
↓

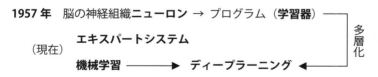

オープンAI ──→ 生成AI

テクノロジーの進化は著しい → どんどん使う → 安い、質の良いDXシステム

プログラミング言語を学ぶ

　DXシステムの開発で、ユーザーに深く関わってくるのがプログラミングです。実際に構築した「ものづくりDX」の使用言語の構成は、ノーコードが52％、ローコードが41％。プログラミングが7％でした。

▶ノー/ローコード開発で融通が利きやすい

　従来のシステムは、専門知識を持つエンジニアがプログラミング言語を使ってコードを記述し、アプリケーションを開発していました。それに対してノーコードとは、コードを書かずにアプリケーションが開発できる方法です。またローコードは、最小限のコード（カスタマイズ）で開発できる方法です。この2つの開発方法で専門知識が不要になり、最小限の教育で自分の欲しいアプリケーションが開発できるようになります。

　実際のDXシステムの開発では、ノーコード・ローコードを使いユーザーが自分で欲しいシステムを開発します。しかし、すべてのシステムがノーコード・ローコードでつくれるわけではありません。基幹システムのデータベースやWeb、AIを使ったアプリケーションの開発にはプログラミング言語が必要です。

▶デジタル人材育成投資のススメ

　そうしたプログラミング言語を学び、開発できる人材になるためには、「デジタル人材育成プログラム」で教育・訓練します。

1. ノーコード・ローコードの活用
2. データベースアプリケーションの基礎
3. VBA（Visual Basic for Applications）
4. Webアプリケーションの基礎
5. Pythonの基礎

　一人の現場作業者が本研修を受け、自分の職場のアプリケーションを開発しました。取り組み期間3カ月で19のシステムを開発し、かかった工数は804,375円に対して11,821,877円の効果を出しました。

第 6 章 ▶ 成功するデジタル改善の秘訣

デジタル人材育成を育成する

DX システムの開発でユーザーに深く関わってくるのがプログラミング言語

【使用言語】

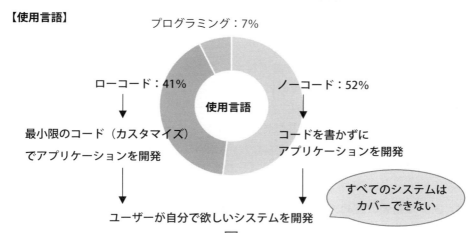

基幹システムのデータベースや Web、AI を使ったアプリケーションの開発

【デジタル人材育成プログラム】

1. ノーコード・ローコードの活用
2. データベースアプリケーションの基礎
3. VBA（Visual Basic for Applications）
4. Web アプリケーションの基礎
5. Python の基礎

自由参加
期間：3 カ月

【教育・訓練の効果】一人の現場作業者が生み出した効果

○取り組み期間：3 カ月
○開発システム数：19
○かかった工数：804,375 円
○コスト削減効果：11,821,877 円

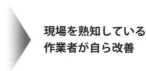

現場を熟知している
作業者が自ら改善

Tool 19 工場にものづくりDXを正しく実装する

6 効率的な導入の手順

　DXの導入をする際、まずは導入教育をします。具体的にはDX概論や戦略DX、社内DX、ものづくりDXの28モジュール、テクノロジー概論、言語概論、構築手順のセミナーを受けます。

　セミナー後に、やりたいことが明確な人はワンペーパー要件定義書を作成し、さっそく開発に移ります。何をやったらいいかわからない人は自分の業務を改善し、それによりテーマを見つけます。その際、ペーパーレスや情報入力ロスなどのテーマに取り組んでも構いません。

▶3つの開発の進め方

　開発は3つのコースで進められます。

　コース1：ノーコード・ローコードでの開発

　自分のやりたいことをノーコード・ローコードで実現します。

　コース2：自主開発

　プログラミング言語を学び、自分で開発します。

　コース3：外部パートナーとプロジェクトで開発

　生産管理や工程管理などの大規模システムは外部の開発会社をパートナーとして、共同でプロジェクトを立ち上げて開発します。

▶本開発形態での留意事項

　○要件定義書は自分でつくる

　失敗したプロジェクトの70％は、度重なる仕様変更が要因です。要件定義書の不備にその理由があります。したがって、要件定義書を自らつくることで開発者とのギャップを埋めます。

　○プロジェクトマネジメントは自分で行う

　プロジェクトマネジメントのポイントは以下の3つです。

　　◇開発範囲（スコープと呼びます）の明確化

　　◇各開発プロセスで必要なドキュメンテーションをつくる

　　◇定期および異常発生時の報告書の提出と納期厳守

第6章 ▶ 成功するデジタル改善の秘訣

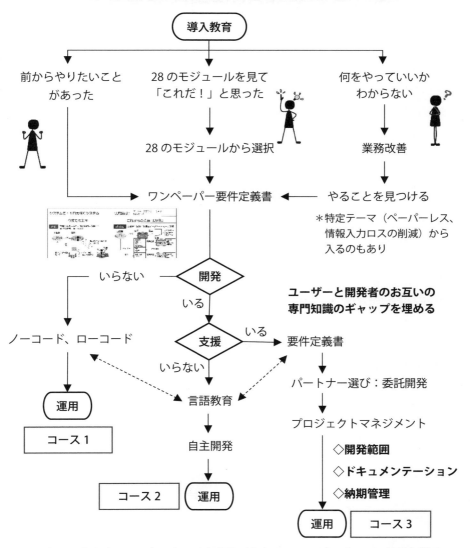

自社の戦略的DXについて考える

　DX大流行の始まりはアマゾンでした。当時、コロナ禍という環境も影響し、小売業ではEC（Electronic Commerce）＋D2C（Direct to Consumer）という新しいビジネスモデルを積極的に展開した企業が勝ち残り、従来の小売形態に固執している企業は相次いで経営破綻しました。その後、商品を展示するだけで売らない在庫を持たない店舗、無人のコンビニと小売りのDXは進化していきました。

　自動車業界では、CASE（Connected/Autonomous/Shared & Service/Electric）が新たな企業間競争を生み出し、交通に関してはMaaS（Mobility as a Service）が普及し始めました。

　以上のようにDXは本来、ITを活用したビジネスモデルで新たな収入源を得ることにより、自社を再成長させる企業戦略です。この動きは、自社製品からの情報の活用、医療や農業への参入、メタバースとありとあらゆる業界に広がっていきました。

　そして、それらを支えるのがグーグル、アマゾン、マイクロソフトなどのプラットフォーマーであり、今、世界経済を牽引しています。DXを理解する上で、これらの動きやDXは企業を再成長させることが目的ということを知っておくことが必要です。できれば、自社の持つ固有技術を活かす戦略的DXを考え、自社を再成長の道へと導くべきでしょう。

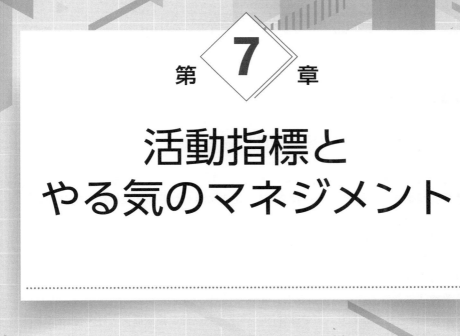

第7章

活動指標と
やる気のマネジメント

Tool 20　ロスの見方と考え方

 製造原価と改善活動

▶製造原価とは

　工場でモノをつくるには、作業と設備、材料、業務、施設、エネルギー、外注などが必要です。それぞれにかかる費用として、労務費や設備費、材料費、製造経費の合計を製造原価と呼んでいます。

　その製造原価が販売価格より安いときには黒字となり、高いときは赤字となります。つまり、会社が黒字か赤字かは、製造原価と販売価格の相対的な位置関係によって決まるのです。

▶利益の源泉はものづくりにあり

　製造原価の各要素にはムダが含まれています。そのムダが製造原価を押し上げ、販売価格との相対的位置関係を悪化させ、収益を圧迫します。

　改善活動とはそのムダを排除し、原価を下げ、利益を上げる活動を言います。そして、改善活動によりムダを徹底的に排除した原価を**極限原価**と呼んでいます。

　つまり、

会社の利益＝販売価格－製造原価（極限原価＋ムダ）

となります。

　グローバルで価格競争が激化する時代に、確実に利益を上げるためにはムダを徹底的に排除し、極限原価に近づけていくことが欠かせません。つまり、ものづくり現場のミッションは「モノをつくる＋極限原価に下げる」こととなります。そのような意味で、「**製造業における利益の源泉はものづくりにあり**」と言われています。

　ちなみに、製造業には他に開発部門と営業部門がありますが、開発部門のミッションは「新商品を創造すること」で、営業部門のミッションは「売上を上げること」になります。そして、これら2つの部門が活動する費用を捻出するために、利益を生み出さなければならないのが製造部門のミッションになるわけです。

第 7 章 ▶ 活動指標とやる気のマネジメント

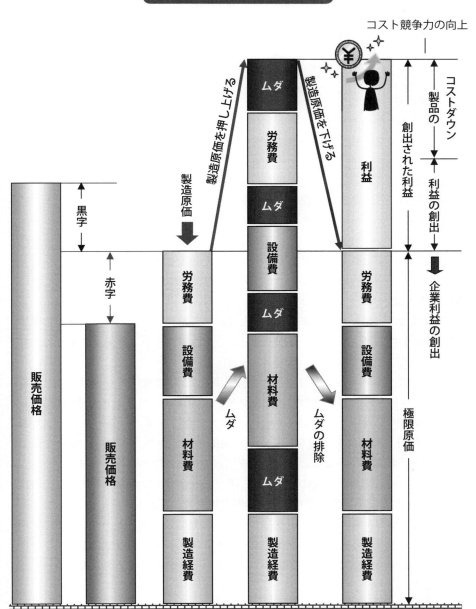

Tool 20　ロスの見方と考え方

 ムダとロスの関係

▶ ムダとは
製品原価を高める余剰なコストをムダと言い、8つあります。
【労務費】　1. 残業代：本来は必要のない残業代
　　　　　　2. 外注人件費：本来は必要のない外注人件費
【設備費】　3. 過剰設備費：過剰な設備にかかっている減価償却費
【材料費】　4. 廃棄材料費：不良や歩留りで廃棄した材料費
【製造経費】5. 外注費：外注に出している費用
　　　　　　6. エネルギー費：過剰な生産に使ったエネルギー
　　　　　　7. クレーム対応費：クレームで発生した費用
　　　　　　8. 在庫管理費：余剰在庫により発生する管理費用

▶ ロスとは
　ムダはロスにより発生します。ロスとは、材料や作業、設備、業務などの各生産要素におけるインプット（理想／理論）とアウトプット（現実／実際）の差です。

　たとえば生産ラインで、理想的には作業者に7.5時間働いてもらいたいと思ったとしても、実際には作業者間の作業時間の差やポカミスにより実質6時間しか働いていないとすると、その差の20％がロスになります。設備の場合、フル稼働（24時間）の計画を立てられますが、実際には故障やチョコ停、段取りにより60％しか稼働していないとすると、その差の40％がロスになります。

　そして、最も深刻なロスは不良です。本来、不良はゼロが理想ですが、実際には5％の不良が発生したとすると、その不良の廃棄・手直しに費用が発生し、5％のロスとムダが発生します。業務においても毎日定時で帰りたいのに、1時間半の残業をしたとすると、20％の残業代というロス（ムダ）が発生します。このように、ものづくりにはロスが存在し、ロスはムダを生み、ムダが原価を押し上げるのです。

第 7 章 ▶ 活動指標とやる気のマネジメント

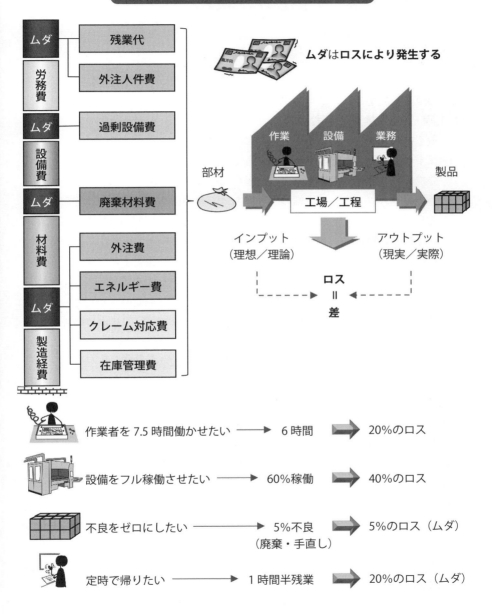

Tool 20　ロスの見方と考え方

ものづくり現場に潜む17のロス

ものづくり現場には、17のロスが潜んでいると言われます。

▶︎ 工程・作業・検査に潜むロス
①歩くロス：レイアウトが悪いために歩くロス
②探すロス：モノの置き場所がわからないために探すロス
③監視ロス：設備・品質トラブルが多いため監視を必要とするロス
④手待ちロス：人待ちや設備の空き待ち、部材の待ちなど待つロス
⑤AT/ST差ロス：作業の早い人の時間（ST）とそれ以外の人の時間（AT）の差の合計時間
⑥動作ロス：選ぶ、位置決めなどのムダな動作により発生するロス
⑦バランスロス：工程バランスが悪いために発生するロス
⑧ポカミスロス：ポカミスで発生するロス（段取り時や保全時を含む）
⑨検査AT/ST差ロス：標準検査時間（ST）以上の時間（AT）で検査していることにより発生するロス
⑩過剰検出ロス：良品を不良品と判定するロス（ムダ）
⑪見逃しロス：不良品を良品と判定しクレームを出すロス

▶︎ 設備のロスと不良・クレームによるロス
⑫故障ロス：設備が故障するために発生するロス
⑬チョコ停ロス：設備のチョコ停のために発生するロス
⑭設備起因の不良ロス：設備起因の不良で発生するロス
⑮段取りロス：設備の段取りのために発生するロス
⑯不良ロス：不良により発生するロスのことで、不良を廃棄することにより廃棄材料費というムダになり、手直しすれば手直しにより発生するロスを生み出す
⑰クレームロス：クレームにより発生するロスで、お客さまへの賠償や品証部門などのクレーム対応にかかる費用などのロスであり、最終的にはお客さまからの信頼を失う最悪のロス

第 7 章 ▶ 活動指標とやる気のマネジメント

ロスは現場に潜在化している

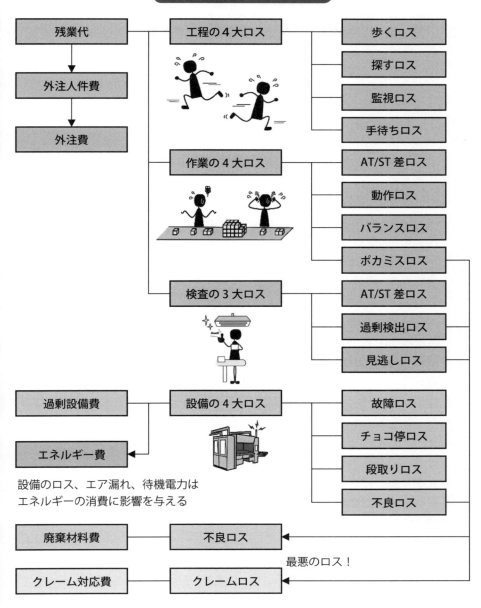

設備のロス、エア漏れ、待機電力は
エネルギーの消費に影響を与える

最悪のロス！

Tool 20 ロスの見方と考え方

4 業務にもロスがある

　業務にも13のロスが潜んでいます。しかし、現状の業務に対して何も疑問を持っていないと、そのロスに気づくことはありません。

▶ギャップから見えてくる13の業務ロス

　ロスは、業務のあるべき姿を現状の業務と比較し、ギャップを意識することで見えてきます。

　①メールロス：不要なメールにより発生するロス
　②会議ロス：不要な会議により発生するロス
　③探すロス：情報（書類やファイル）を探すロス
　④不要業務ロス：不要な業務により発生するロス（ハンコ、承認、回覧）
　⑤業務ミス：業務のミスにより発生するロス（判断ミスも含む）
　⑥AT/ST差ロス：業務が早い人の時間（ST）とそれ以外の人の時間（AT）の差の合計時間
　⑦情報収集ロス：情報を収集することにより発生するロス
　⑧情報（再）入力ロス：情報を（再）入力することにより発生するロス
　⑨情報検索ロス：情報を検索する際に発生するロス
　⑩情報加工/分析ロス：情報を加工/分析することにより発生するロス
　⑪報告書作成ロス：報告書を作成する際に発生するロス
　⑫教育・訓練ロス：新たな教育のしくみ（ビデオ標準＋AIアドバイザー）ではなく、従来のOJTで教育・訓練しているために発生するロス
　⑬在庫ロス：SCMが構築できていないために発生するロス（余剰在庫の管理費や死蔵在庫の廃棄費用など）

▶改善効果が大きい業務ロス

　業務に潜むロスは、業務を忙しくし、人を足りなくします。その結果、人を増やすなど外注を雇い、ムダな費用を生み出します。これらのロスは、普段は認識されていないため改善されず、実際に収集すると膨大な時間と金額に上ります。そのため、業務を改善すると大きな効果が得られます。

第 7 章 ▶ 活動指標とやる気のマネジメント

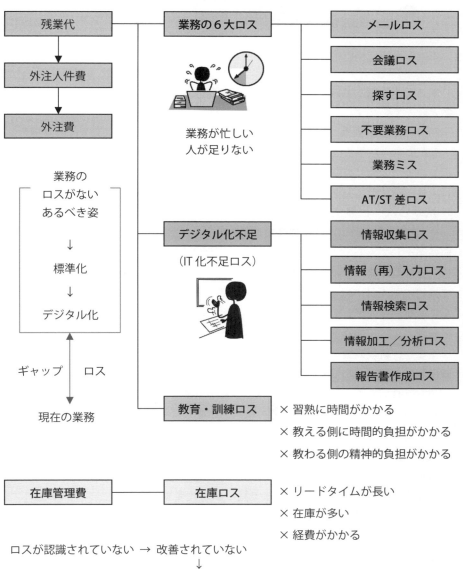

287

| Tool 20 | ロスの見方と考え方

⑤ ロスの連鎖

　ロスは、放置していると新たなロスを生み、ムダを生みます。これを**ロスの連鎖**と呼んでいます。

　制御機器を自動機で生産する職場を立ち上げましたが、当初は8台の設備を1人1直生産の職場を想定していました。しかし、実際に設備を立ち上げると、チョコ停が頻発して設備が止まり、止まるたびに作業者がリセットに動き、これにより「歩くロス」が発生していました。

▶次から次へと発生するムダ

　そして、このチョコ停の影響で1直生産では出来高が足りなくなり、1日2時間残業をしてもらうことになりました。これにより、「残業代」というムダが発生しました。その上、残業だけではカバーできず、生産体制を2直生産に変更して外注から人員の派遣を受けたのです。これで、「外注人件費」と夜間の「エネルギー費」がムダとして発生してしまいました。

　しばらくはその状態で生産できたものの、そのうち2直生産でも出来高が足りなくなり、新規設備を2台導入しました。これにより、2台の「過剰設備費」（減価償却）がムダとして発生したことになります。

　一方、設備のチョコ停が発生すると不良が出ました。直せるものは手直しし、直せないものは廃棄しました。その結果、手直しに必要な「残業代」と「廃棄材料費」のムダを生んでしまったのです。

▶活動コンセプトでロスの連鎖をとらえる

　初めは8台の設備を1人1直生産する体制だったのが、チョコ停多発により10台の設備を2人2直生産（計4人）で見る職場に変貌しました。このロスをコスト換算すると、設備1台2,100万円（減価償却7年）で年間600万円、外注人件費1人400万円で年間1,200万円、計3,300万円＋不良廃棄費＋エネルギー費のムダが発生し、儲からない職場となりました。

　このようにロスは連鎖するため、活動前に「活動コンセプト」をつくって連鎖をとらえ、活動と利益（経営）を直結させることが必要です。

第7章 ▶ 活動指標とやる気のマネジメント

ロスは連鎖し儲からない職場にする

〈立ち上げ時の職場〉8台の設備を1人で見ていた現場（1直生産）

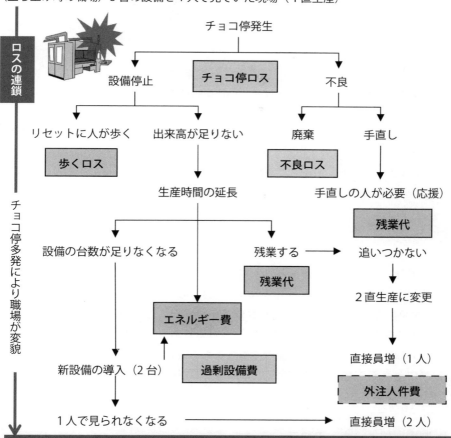

〈今の職場〉10台の設備を2人で見る現場（2直生産）＋手直しの応援あり

チョコ停の影響（連鎖）→ 本来は発生しないムダな出費 → 儲からない職場
（3,300万円＋不良の廃棄費＋エネルギー費）

活動前に活動コンセプトをつくる → 活動と利益（経営）を直結させる
（添付シート）

Tool 20 ロスの見方と考え方

ロスをコストに換算する

　ロスは設備や作業の時間と、不良や材料歩留りの個数（重量）で収集されます。時間は生産性の指標、個数（重量）は原価低減の指標となります。

▶経営への影響度が把握できる

　ロス時間をコスト換算した指標をロスコストと呼びます。たとえば、設備の「チョコ停ロス」をコスト換算すると、
　①チョコ停をリセットするために人が歩く時間×人件費
　②チョコ停のために設備が止まっている時間×減価償却費
　③チョコ停のために発生した不良の廃棄金額（ムダ）と手直し金額（ロス）
の合計になります。ロスをコストに換算することで、経営への影響度も把握できます。実際のロスを見てみます。

▶半導体後工程（設備がメイン）のロス

　設備による生産がメインの半導体の後工程では、設備のロスが最も多く第一の改善対象になります。次に不良ロスが多いですが、これは設備起因の不良であり、設備を改善することにより同時に不良のロスもなくせます。この工場の場合、ロスの占める割合は製造原価の31％となります。

▶プロセス系工場のロス

　部材を生産するプロセス系工場では、不良が改善対象になります。ロスの製造原価に占める割合は26％になります。

▶制御機器メーカーのロス

　この会社では、ロスのデータを収集してみて、初めて生産現場のロスより業務ロスの方が多いことがわかりました。そこで、改善対象は業務ロスとなります。ロスの占める割合は、製造原価＋管理費の22％でした。

　このように、ロスをコストに換算することで改善対象が見え、改善による効果の予測もできます。通常、各工場や会社のロスは製造原価＋管理費の20〜30％になります。したがって、改善により得られる効果は、改善対象にかかっている費用の20〜30％を想定します。

第 7 章 ▶ 活動指標とやる気のマネジメント

ロスで改善の方向性を決め、効果指標にする

ロスは時間と不良・歩留りの個数（重量）で表される

　　　　コスト換算
生産性　　ロスコスト　　　原価低減　　→　経営への影響が把握できる
　　（添付シート）

【半導体後工程（設備がメイン）のロス】

   設備起因

| 工程のロス | 作業のロス | 設備のロス | 不良のロス |

1,739 万円　　1 億 4,076 万円　　10 億 805 万円　　8 億 6,332 万円

製造原価の 31% がロス！　　　　　　┗→ 改善対象

【プロセス系工場のロス】

  異物起因

| 作業のロス | 設備のロス | 不良のロス | 歩留りのロス |

7 億円　　　　13 億円　　　　39 億円　　　　16 億円

製造原価の 26% がロス！　　　　┗→ 改善対象

【制御機器メーカーのロス】

| 工程のロス | 作業のロス | 設備のロス | 廃棄材料費 |

4,100 万円　　2 億 2,100 万円　　1 億 7,100 万円　　3 億 8,300 万円

製造原価＋管理費の 22% がロス！

| 外注費 | 業務のロス |　　→ 改善対象

2 億 400 万円　　19 億 5,500 万円 ┘　製造原価＋**管理費の 20～30%** がロス

| Tool 20 | ロスの見方と考え方 |

ロスはツールで改善する

ロスは、ツール（各種アプローチ）で改善します。

▶ **確実に効果を引き出す各ツール群**
　○歩くロス、探すロス　→実践2Sへのアプローチ
　○監視ロス、手待ちロス　→DXへのアプローチ
　○AT/ST差ロス、動作ロス　→標準整備へのアプローチ
　○ポカミスロス　→ポカミスゼロへのアプローチ
　○検査の3大ロス　→検査作業改善へのアプローチ
　○教育・訓練ロス　→ビデオ標準作成へのアプローチ
　○業務の6大ロス　→業務改善へのアプローチ
　○故障ロス　→故障ゼロへのアプローチ
　○チョコ停ロスと設備起因の不良ロス　→原則整備へのアプローチ
　○段取りロス　→段取り改善へのアプローチ
　○不良ロス　→不良ゼロの5原則、異物ゼロ、原則整備、ポカミスゼロ、キズゼロへのアプローチ（不良ゼロツール）
　○クレームロス　→クレームゼロ、不良ゼロツール、設計ミスゼロ、部材不良ゼロ、海外工場の品質マネジメント
　○在庫ロス　→SCMへのアプローチ
　○デジタル化不足の5大ロス　→DXへのアプローチ

▶ **改善を進める上での2つの課題**
　課題1：データ収集・分析と資料作成に時間がかかる
　半導体工場の改善で、データ収集・分析と資料作成に45％の時間をかけました。それを人手で収集すると月に1,210,500円の工数が発生しました。
　課題2：改善後の管理にもデータの収集と分析が必要
　2つの課題をITで解決します。AIの音声認識でロスの収集をすると、作業者のストレスなしで1/10の工数で実現できました。これからの時代は、ITも改善ツールの一つと言えそうです。

第7章 ▶ 活動指標とやる気のマネジメント

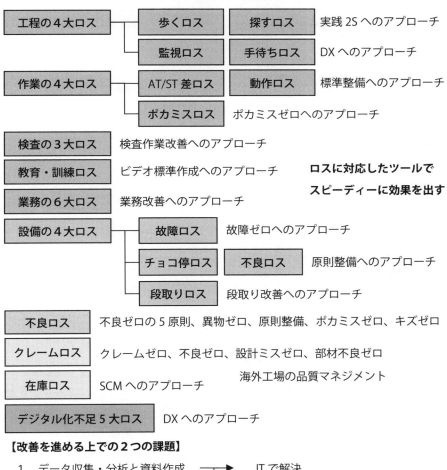

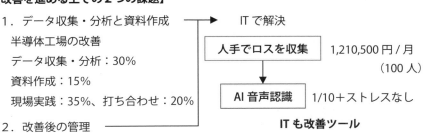

Tool 20　ロスの見方と考え方

8　ロスで改善対象を明確にして活動を管理

　ロスとムダという考え方は、改善対象を明確にし、改善の効果を把握するために使います。改善のスタートは、工場や会社の状態からトップが必要とした要望（目標値）とします。

▶企業の業績状況による２つの方向性

　企業には「売上が上がって人が足りなくなっている状態」と「売上が下がって（横ばいで）利益が減ってきている状態」の２つの状態があります。この２つの状態で、トップの要望や改善方針、達成して欲しい具体的な目標値が変わります。

　売上が上がって人が足りなくなっている状態では、生産性向上が求められます。そこで、まずはロス（時間）を刈り取ります。売上が下がって（横ばい状態で）利益が減ってきている状態では、原価低減が求められます。この場合には、ムダを最優先に刈り取ります。ひと昔前であれば、ムダ取りと言えば省人化のことでしたが、これからの日本は慢性的な人手不足の状態になります。したがって、省人化の選択肢はNGです。

▶活動コンセプトをグループコンセプトに展開

　トップからの方針と具体的な全体目標が示された後、ロス（ムダ）を収集し、どのロスをどれだけ刈り取れば目標値が達成できるかを、各活動グループ単位で「活動コンセプト」としてまとめます。活動コンセプトは、実際に活動するグループのチーム名（由来）やメンバー、改善対象、現状把握（ロスとムダ）、スケジュールが記され、それに沿って活動が進められます。これを「グループコンセプト」と呼びます。

　グループコンセプトの改善目標（予想効果）は積み上げられ、課のコンセプトや部（工場）のコンセプトとしてまとめられ、トップが望む工場（会社）の目標値が達成できるかを検証します。活動が始まると、１カ月に１回グループコンセプトを改訂し、活動の進捗や全体の目標値に対する達成度を把握します。このように、活動コンセプトにより経営と活動を直結させます。

第 7 章 ▶ 活動指標とやる気のマネジメント

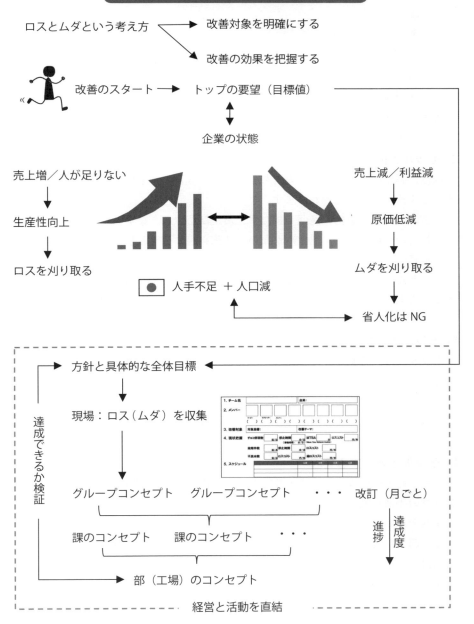

| Tool 21 | モラルアップへのアプローチ

◇1◇ モラルとは

　ここまで20のツールを紹介してきましたが、いくらツールがあってもそれを使う人にやる気がないのでは意味がありません。本節では、モラルの上げ方を解説していきます。

▶モラルの低下現象

　人は、長年同じ職場で同じ人たちと働き続けると、**キャリアプラトー**と呼ばれるモラル低下現象に見舞われます。

　○言われたことを何の疑問も持たず、ただひたすらこなす

　○毎日の業務に変化（進化）がない、変化を起こそうとしない

　○毎日忙しく、疲れ果てている

　みなさんの職場では、このような現象が起きていませんか。一つでも当てはまるようなら、それはみなさんの職場でモラルが低下していることを示しています。

▶モラルは行動のもと

　モラルとは、**行動規範**です。人は、心に思っていることがさまざまな行動の土台になります。ものづくり現場に必要なモラルとは、以下に掲げる3つです。

　○やる気・仕事への熱意がある

　○会社・職場への貢献意欲（愛社精神）を持っている

　○チャレンジ精神を持っている

▶モラルが低下する要因

　モラル低下の要因は、**管理・監督者がモラルを下げる言動をしている**、**モラルアップの手法を知らない**、の2つです。その結果、自分の言動により部下のやる気が低下しても、低下していることすら感じていないことがままあります。こうして、部下が困っていることや悩んでいることがあっても、相談に乗らなかったり支援しなかったりする姿勢を取り続けた結果、部下のモラルを低下させてしまいます。

296

モラル低下の現象と要因

【モラルの低下現象】

長年同じ職場で同じ人たちと働き続ける

キャリアプラトー

○**言われたこと**を何の疑問も持たず、ただひたすら**こなす**
○毎日の業務に**変化（進化）がない、変化を起こそうとしない**
○毎日、**忙しい。疲れ果てている**

【モラルとは】

♥ モラルとは：行動規範

　　　　　心に思っていること　　　行動のもととなる

♥ ものづくり現場に必要なモラル

　　　○やる気・仕事への熱意
　　　○会社・職場への貢献意欲（愛社精神）
　　　○チャレンジ精神

【モラル低下の要因】

管理・監督者：**モラルを下げる言動**

　　　　　　モラルアップの手法を知らない → 何もやっていない

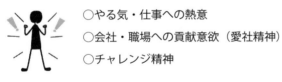

Tool 21 モラルアップへのアプローチ

2 自己実現のための モラルマネジメント

人には、3つの欲求があります（右図は「マズローの人間の動機づけに関する理論」から著者作成）。その欲求は、満足感により維持され、動機づけにより上がります。

▶ モラルのレベル

職場で働く人たちが持っているのが「集団欲求」です。これは、集団の中に属していたいという欲求です。いわば、人の本能とも言えます。次の上位欲求は「承認欲求」です。これは、人に認められたいという欲求です。本モラルアップの狙いとなります。

そして、最終的な欲求が「自己実現欲求」です。この欲求は、自分で何かを成し遂げたいという欲求です。承認欲求を満たした後、自分に自信を持ったときに起きる欲求です。自分で目標を立て、自分でやる気を奮い立たせ、目標達成までそのやる気を維持し続けます。

▶ モラルを上げる9つの施策

モラルを上げることをモラルマネジメントと言います。モラルマネジメントは9つの施策からなります。

1. まず自分がやる気を出す、自分がやる（率先垂範）
2. やる意味を教える／やる意味、やることを教育する
3. 適切な目標を与える
4. 目標に向かい活動・行動する／適宜アドバイスする
5. 成功させる
6. ほめる／公平に評価する
7. 困ったとき、悩んだときには一緒に考える
8. ワークショップ（マンネリ化対策）
9. やらない人への対応

以上の9つの施策は、「尊敬される上司になる」ことが前提条件となります。

第 7 章 ▶ 活動指標とやる気のマネジメント

9つの施策と前提条件

【モラルの3つのレベル】

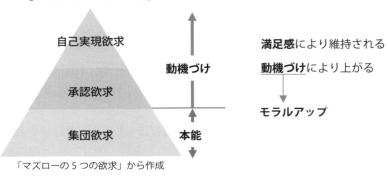

「マズローの5つの欲求」から作成

--- モラルマネジメント（9つの施策） ---

1. まずは自分がやる気を出す　　2. やる意味を教える

3. 目標を与える　　4. アドバイスする　　5. 成功させる　　6. ほめる

公平に評価する

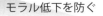

活動がうまく行かないとき　　モラル低下を防ぐ

7. 一緒に考える　　8. ワークショップ　　9. やらない人への対応
　　　　　　　　　　（マンネリ化対策）

前提条件：尊敬される上司になる

Tool 21　モラルアップへのアプローチ

まず自分がやる、そしてやる意味を教える

　人をやる気にさせる前に、まず自分がやる気になります。人にやらせる前に、まず自分でやってみせるのです。

▶率先垂範

　やっている姿を見せ、現場の人たちに「ああ、自分たちもこんなことをやるのかな…」「やってみたいな！」と感じさせます。

　やった体験を通じ、結果を出すことで指導スキルが身につき、活動を推進することに対して自信が持てます。これを**率先垂範**と呼んでいます。日本独自の手法です。

▶やる意味を教えるキックオフ

　人は、変化に対して本能的に不安を感じます。現場は忙しく、会社が改善活動をやると言っても、「改善活動をやる時間なんてない。生産が遅れる」という不安を感じ、「また改善？　今までもやったじゃない。本当に必要なの？」という不満を持ちます。現場の人たちの本音は、余計な（新しい）ことはしたくないのです。

　改善活動を始める前に、このような不安や不満を取り除きます。その方法がキックオフです。

　まずは、やる意味を教えます。「なぜ改善活動をやるのか」「やらないとどうなるのか」という率先垂範の活動の結果を説明し、トップメッセージを伝えます。

　そして、セミナー後は「なぜやるのか」「やらないとどうなるのか」に加え、阻害要件（時間がない、人がいないなど）について話し合ってもらい、感想と決意表明を述べ、その結果を発表してもらいます。

　セミナー後にディスカッション～発表と進めることにより、セミナーの内容を自分たちの立場まで落とし込み、理解することができます。その結果、現場の人たちは「会社がそれほど言うのなら、やってみようかな…」という気になります。やる気の芽生えを誘発するのです。

第 7 章 ▶ 活動指標とやる気のマネジメント

率先垂範／キックオフ

1. まず、自分がやる気になり、自分でやってみる

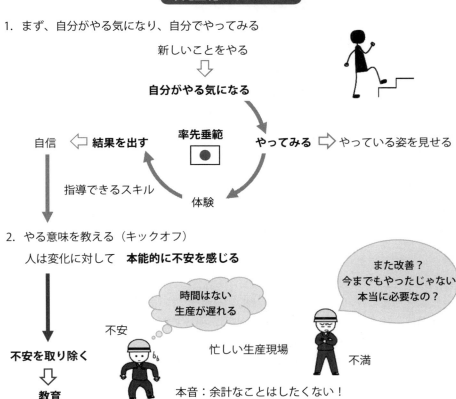

2. やる意味を教える（キックオフ）

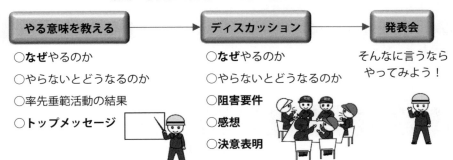

Tool 21　モラルアップへのアプローチ

目標を与え、アドバイスし、成功させる

　現場の人たちにやる気が芽生えたら、目標を与え、適宜アドバイスし、成功まで導きます。

▶ 適切な目標を与える

　人は目標に達していないと「損失」を感じ、やる気を出して目標を達成しようとします。その目標は、高過ぎるとあきらめ感が生まれ、低過ぎてもやる気が出ません。目標は、挑戦的ではあるけれども達成可能なもの、でなくてはなりません。

　このことを「適切な目標」と呼びます。最終的な目標は、適切な目標を積み上げていくことにより達成します。

▶ 毎日声をかけアドバイスする

　目標を与えたら、さっそく改善活動に入ってもらいます。

　活動は、スタートが肝心です。毎日現場に行って声をかけ、具体的にアドバイスします（1日1回声かけ方式）。

　声をかけることにより、現場の人たちは管理・監督者が「自分たちの活動に関心を持ってくれている」と感じます。そして、次第に「やらなくては」という気持ちに変わっていきます。

▶ 小さくてもとにかく成功させる

　具体的なアドバイスを適宜繰り返し、活動を成功させます。成功体験は人をやる気にさせます。小さな成功体験の積み上げは、やる気を持続させ、最終的にはチャレンジ精神を生み出します。

　そしてチャレンジし、自分の力でそれを克服した体験は「やればできる」という自信をもたらします。

　逆に、度重なる失敗体験は、「これは自分の手には負えない」という無力感を生みます。この無力感がやる気を損なわせます。したがって、目標を設定したら適宜アドバイスを行い、小さくても成功させ、失敗しないように導くことが求められます。

第 7 章 ▶ 活動指標とやる気のマネジメント

成功体験は人をやる気にさせる

3. 適切な目標を与える

人：**目標**を与える → やる気を出し、目標を達成しようとする

高過ぎると**あきらめ感が生まれ**、低過ぎても**やる気が出ない**

挑戦的 & 達成可能

適切な目標

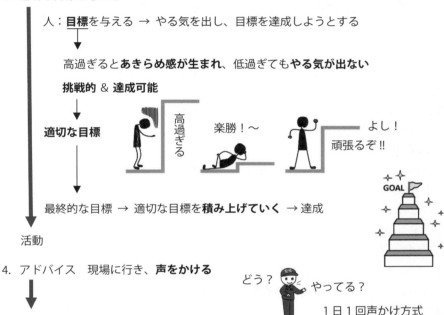

最終的な目標 → 適切な目標を**積み上げていく** → 達成

活動

4. アドバイス　現場に行き、**声をかける**

5. 成功させる

成功体験は人を**やる気**にさせる

小さな **成功体験の積み上げ** → **やる気を持続** ⟶ **チャレンジ**精神

自信 ← 克服した体験

度重なる失敗体験

「これは自分の手には負えない」という**無力感**を生み出す

やる気を失わせる

目標を設定したら**成功させ、失敗しないように導く必要がある！**

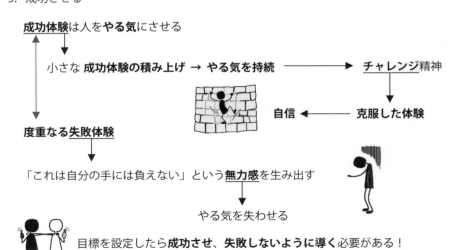

Tool 21　モラルアップへのアプローチ

5　「ほめる」はモラルを上げる最高のマネジメント

成功したら、すかさずほめます。成功しなくてもほめます。脳の中には報酬系と呼ばれるシステムがあり、ほめられると刺激（ドーパミンが大量に分泌）され、やる気が引き出されます。たとえ成果が上がらなくても、ほめられると報酬系が刺激され、やる気になります。

▶ ほめる

ほめることによって、モラルを向上させる理論はたくさんあります。
　♡人はほめられると、自分が認められたと感じてやる気を出す
　♡ほめることを言語報酬と呼ぶ
　♡上司が部下をほめたり認めたりすることで部下はやる気になり、組織への貢献意欲や一体感、評価・処遇への満足感、評価に対する信頼感が増し、組織と個人の関係強化を図ることができる

ほめることは、モラルを上げるための**最高のマネジメント**なのです。

▶ ほめ言葉ベスト10

とは言え、どんな言葉でほめていいかわからない人もいますので、ほめ言葉ベスト10を挙げてみました。人は、ほめられないと確実にやる気をなくします。モラルを上げたいと思っているなら、常にほめましょう。

第1位：いいね〜
第2位：ありがとう
第3位：さすが、○○くん
第4位：頑張ってるね、頑張れよ
第5位：成長したね
第6位：期待してるよ
第7位：頼りにしてるよ
第8位：すごいね
第9位：プロだね
第10位：おまえのこと、オレは好きだな

第 7 章 ▶ 活動指標とやる気のマネジメント

ほめることはモラルを上げるための最高のマネジメント

6. ほめる

脳の**報酬系システム** → ほめられると刺激 → やる気

ドーパミンが大量分泌

成果が上がらない → ほめられると報酬系が刺激

（ほめる→ モラル向上）理論

♥ 人はほめられると、自分が認められたと感じ、やる気を出す

♥ ほめることを**言語報酬**という

♥ 上司が部下をほめたり認めたりすることで、部下はやる気が出る
　　→ 組織への貢献意欲、一体感、評価・処遇への満足感、
　　　評価に対する信頼感が増す → **組織と個人の関係強化**が図れる

人は、一度ほめられてもすぐに**忘れる** ─────→ **ほめ続ける**ことが大切！

何をやっているかな〜
いいねぇ〜

認めてくれた
うれしい

ほめるネタを見つけに
現場に行き、声をかける

ほめ言葉ベスト −10

第 1 位：いいね〜　　　　　　　　第 6 位：期待してるよ
第 2 位：ありがとう　　　　　　　第 7 位：頼りにしてるよ
第 3 位：さすが、〇〇くん　　　　第 8 位：すごいね
第 4 位：頑張ってるね、頑張れよ　第 9 位：プロだね
第 5 位：成長したね　　　　　　　第 10 位：おまえのこと、オレは好きだな

ほめられない → **やる気をなくす** ⇨ 常にほめる　♥

Tool 21　モラルアップへのアプローチ

活動がうまく行かないときの打ち手

　必ずしもすべての活動がうまく行くとは限りません。うまく行かないとき、3つの施策によりモラルの低下を防ぎます。

▶理由を一緒に考える

　活動がうまく行かないとき、絶対に叱ってはいけません。うまく行かなかった理由は、目標設定の失敗かアドバイス不足、失敗するまで放置していた、の3つです。つまり、自分に責任があるのです。

　うまく行かない場合は対策を一緒に考えます。具体的には、目標の再設定か方向転換、一からやり直す、の3つがあります。ただ、うまく行かないことは、一概に悪いこととは決めつけられません。一緒に考えて新しい方向に向かうことで、逆にやる気が高まることも考えられます。

▶ワークショップでグループ間交流

　3カ月から6カ月ほど活動していると、マンネリ化現象が発生してきます。プラトー現象（高原状態）と言われる状態です。予防策としては、ワークショップ（グループ間交流）を定期的に開きます。

　職場の垣根を超え、グループ間でコミュニケーションを取ることにより、新しいアイデアが生まれたり仲間意識が芽生えたりします。こうして、自分だけが苦労しているのではないことがわかり、ともにチャレンジしていこうという気持ちになります。

▶やらない人への対応は粘り強く

　中には、やる気になってもらえない人がいます。そういう人を放置しておくと、グループや職場全体のやる気が失われていきます。そういう人に対しては再度活動の必要性を説明し、やらない理由を聞いて解決策を提示し、やるようにお願いします。

　これが、これまでの全員参加型日本式改善活動のパターンです。しかし最近になって、この方式はこれからの時代に合っているのかという疑問を持ち、変えるべきではないかと考えています（コラムで詳述します）。

第 7 章 ▶ 活動指標とやる気のマネジメント

モラル低下を防ぐ３つの施策

7. 一緒に考える

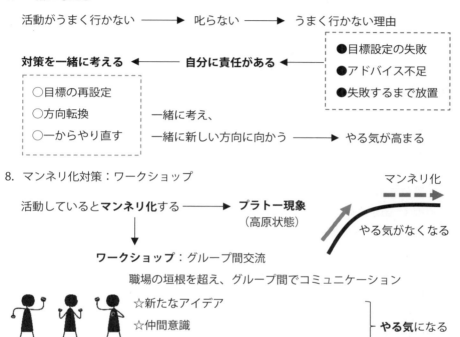

8. マンネリ化対策：ワークショップ

9. やらない人への対応

307

Tool 21　モラルアップへのアプローチ

7　尊敬される上司になる

モラルアップを進めるのは「尊敬される上司」で、8原則があります。

▶ 尊敬される24項目

原則1：モラルが高い
　やる気を感じさせる、会社に対する忠誠心がある、職場に対して愛情がある、チャレンジ精神を持っている

原則2：情に厚い
　誠実で潔い

原則3：頭が良い
　論理的思考・柔軟な思考ができる、バランス感覚を持っている

原則4：実践力
　現場知識が豊富、行動力・交渉力がある

原則5：責任感
　任せてくれる、精神的にタフ、頼りになる

原則6：指導力
　哲学、ビジョンを持っている、マネジメント力がある

原則7：育ててくれる
　勉強させてくれる、やりたいことやチャレンジをさせてくれる

原則8：親しみやすい
　ゆったりと構え、常に笑みを欠かさず、細かいことにこだわらない

▶「ついていきたい」と思わせる上司に

求められているのは、「信頼される上司」になるということです。部下は上司を信頼すると、「この上司についていこう」という気持ちになります。その気持ちがモラルマネジメントを可能にします。

信頼されていない上司や嫌われている上司が、いくらモラルマネジメントをしても部下のモラルは上がりません。上司は、自分が尊敬される上司になる努力をすることが不可欠です。

8原則24項目

原則1：モラルが高い

やる気を感じさせる
会社に対する忠誠心を持っている
職場に対する愛情を持っている
チャレンジ精神を持っている

原則2：情に厚い

誠実
潔い

原則3：頭が良い

論理的思考
柔軟な思考
バランス感覚

原則4：実践力

現場知識が豊富
行動力
交渉力

原則5：責任感

任せてくれる
精神的にタフ
頼りになる

原則6：指導力

哲学、ビジョン
マネジメント力

原則7：育ててくれる

勉強させてくれる
やりたいことをやらせてくれる
チャレンジさせてくれる

原則8：親しみやすい

ゆったりと構え
常に笑みを欠かさず
細かいことにこだわらない

信頼 「この人についていこう！」
　　　という気持ちになる

信頼されていない上司 ⟶ 尊敬される上司になる努力

・ほめない　・叱る　・失敗を追及する　・話を聞かない　・信じない　・相談しにくい

「やる気」を出せば何かが変わる!

　「モラルアップへのアプローチ」は、私の講座の中でも一番好評なセミナーです。セミナー後の感想では「上司にも聞いて欲しい」というものが多く、セミナーに参加したみなさんは自職場のモラルの低さを感じつつ、上司に変わって欲しいと思っているようです。

　ところで、日本人のモラル（やる気）は、グローバルレベルでほぼ最下位ということをご存じでしょうか。日本の生産性は低く、結果として近年までの30年間で、給料が上がっていない現実から目を背けることはできません。それゆえ、ここ1,2年の日本の課題は「賃上げ」であり、それには生産性の向上が求められているわけです。

　つまり今の日本は、「やる気がない→改善しない→生産性が低い→給料が上がらない」という悪循環に陥っているのです。この状態から抜け出すためには、まずは私たち一人ひとりがやる気になることが欠かせません。その上で、「ツールを使い、生産性を上げ、コストを下げ、自分の給料は自分で上げる」という好循環を生み出す必要があるのです。

　そのような意味で、「モラルアップへのアプローチ」は非常に重要なツールであり、改善ツールを活かすために必要不可欠なものとなります。

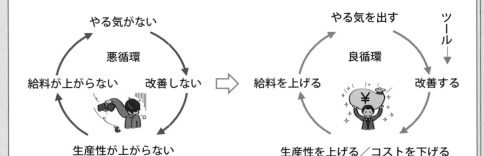

改善ツールの適用法
～全部門展開へ

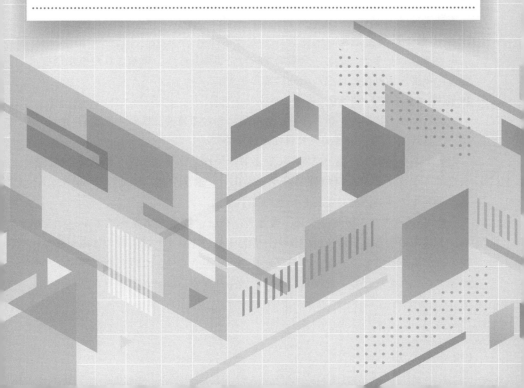

工場キックオフを軌道に乗せる方法

　ほとんどの場合、活動の始まりは工場からです。狙いは、生産性向上と品質向上、原価低減です。

▶ **キックオフ**

　メンバーにやる気になってもらうために「今の時代」のセミナーをし、活動の必要性と活動概要を説明します。その後、ディスカッションと発表をしてもらいます。

▶ **ロスセミナー**

　ロスセミナーを受けた後、自職場に戻ってロスを収集します。それをベースにグループコンセプトをまとめ、課→部→工場と活動を展開していきます。

▶ **全工場一斉2S活動**

　実践2Sのセミナーをし、全職場で一斉に2Sを実践します。

▶ **全工場一斉安全活動**

　災害ゼロのセミナーをし、全職場で一斉に実施します。指摘された不安全な状態は、職場別活動前に可能な限り対策します。

▶ **職場（テーマ）別活動**

　職場活動は小集団が主体となり、各職場における重要課題から活動を開始します。活動時間は20〜30時間／月程度が最適です。

　ポカミスや異物不良などに困っている職場では、プロジェクトを組んで早期解決を図ります。その後は経験則をルール化し、職場全体に展開します。このとき、モラルアップ活動も並行して進めます。

　一般グループの活動前に課長、監督者、品証、技術で率先垂範グループを組み、ツールの学習と実践を行います。活動中は、キックオフ資料の作成や各ツールのモデルを構築し、一般グループを成功へと導きます。こうした経験により教えるノウハウを取得し、他拠点（海外）展開を進めることができる人材に育てます。

第 8 章 ▶ 改善ツールの適用法〜全部門展開へ

工場展開の進め方

狙い：生産性向上、品質向上 → 原価低減

キックオフ　4 時間

↓

ロス（セミナー／ロス収集計画）2 時間 ――→ ロスの収集 ――→ コンセプトの作成
　　　　　　　　　　　　　　　　　　　　　　（1 カ月）　　　　（グループ）

↓

全工場一斉 2S 活動（セミナー → 準備 → 全職場一斉実践）　　　　　（課）
　　　　　　　　　　　　　　（1 カ月）　　　　（1 日）

↓

全工場一斉安全活動（セミナー → 準備 → 全職場一斉実践）　　　　　（部／工場）

（添付シート）

職場（テーマ）活動

（小集団活動）　　　　　　　　　　　　　　　　　　　　テーマ（プロジェクト）

（設備職場） **原則整備**	（作業職場） **実践 2S**	（検査職場） **検査改善作業**	（物流職場） **実践 2S**	**ポカミスゼロ** （6 カ月）	**異物ゼロ** （8 カ月）
↓	↓	↓	↓		
段取り改善	標準整備	デジタル化 （8 カ月）	デジタル化 （8 カ月）		
↓	↓				
異物ゼロ	ポカミスゼロ				
↓	↓				
ポカミスゼロ （12 カ月）	異物ゼロ （12 カ月）				

活動終了 → ビデオ標準 → 教育・訓練

活動時間：20〜30 時間／月

期間：2〜3 年

各職場／各テーマ ――→ 率先垂範グループ活動 ――→ ○キックオフの資料作成

　　　　　　　　　　　　　　　　　　　　　　　　　　○ツールのモデル構築

（モラルアップ）

他拠点（海外）展開 ◀―― 教えるノウハウ ◀―― 一般グループを成功へと導く

313

2 全社展開に向けた部門別活動

　通常はこうした工場の活動に触発され、また生産部門からの要望で他部門も順次活動を開始します。

▶生産技術
　狙い：設備トラブルゼロ、使いやすい設備設計、不良の出ない設備設計
　活動：原則整備、故障ゼロ、段取り改善、不良ゼロ（異物、ポカミス）

▶品質保証
　狙い：クレームゼロ、クレームの早期対応
　活動：検査作業改善、不良ゼロ活動への参加、品質保証体制の整備

▶製造技術
　狙い：不良ゼロ、歩留り向上
　活動：異物不良ゼロ、原則整備

▶生産管理
　狙い：納期遵守、リードタイム短縮、在庫削減
　活動：SCM、工程管理システムの構築、ワンフロア管理、倉庫スルー

▶購買
　狙い：欠品ゼロ、部材在庫削減
　活動：VMI、サプライヤー不良ゼロ活動の支援

▶設計
　狙い：設計ミスゼロ、設計業務の効率化（生産性向上）
　活動：過去トラDB、必要な知識の取得、業務の標準化

▶間接（総務、経理）
　狙い：業務ミスゼロ、業務の効率向上（生産性向上）
　活動：過去の業務ミスの学習、トラブル対策手順の作成、業務の標準

　活動形態は、小集団およびプロジェクト、研修、セミナーの4つがあります。それぞれの部門は、自分たちに求められる目標を達成するために、生産部門や他部門と共同で活動することもあります。

第 8 章 ▶ 改善ツールの適用法〜全部門展開へ

生産と連携して自部門の狙いを達成する

狙い：自分たちに求められる目標の達成 ━━▶ 自部門の活動＋他部門と共同活動

活動形態：小集団、プロジェクト、研修、セミナー ━━━━

生産技術 予防保全 → 改良保全

設計ミスゼロ **設計**
生産性向上

↓

過去トラ DB
業務の標準化

故障ゼロ／原則整備
異物ゼロ

品質保証 クレームゼロ
クレームの早期対応

↓

品質保証体制の整備

知識の習得

間接
業務ミスゼロ
生産性向上

要望

不良ゼロ

生産

↓

業務ミスの学習
トラブル対策手順
業務の標準化

不良ゼロ

製造技術

VMI SCM

不良ゼロ
歩留り向上

購買
欠品ゼロ
部材在庫削減

生産管理
納期遵守
リードタイム短縮
在庫削減

↓

サプライヤー、協力工場
不良ゼロ活動の支援

315

3 改善の効果と成果を明示する

　制御機器を自動機で生産しているある会社では、チョコ停回数が多く、設備に人がつきっきりになっていました。そこに中国移管の話が持ち上がり、それに対抗するために設備改善を実施しました。

▶改善で会社と人が生まれ変わった

　結果は、全ラインのチョコ停を71％減、故障49％減、段取り37％減、不良81％減を達成し、生産性が72％上がって夜間無人化に移行できました。こうして直接人員を49％減らし、損益分岐点を25％下げ、中国への移管を阻止することが実現したのです。

　しかし、この会社の真の成果は、研修で育成できたインストラクターの方でした。自らも学んだ上で一般グループを指導し、改善活動の効果をめきめき上げました。彼らはその後も9年間続け（現在も継続中）、生産性を87％まで上げ、直接人員をさらに43％減少させました。そして、そのノウハウを海外工場に展開し続けました。改善活動で育成した人材はその後、会社の知的資産となった恰好の例です。

▶グローバル競争に勝つ会社を目指して

　電子デバイスを生産するある会社は、海外工場との競争で下がり続ける製品価格と、一向に減らないクレームに悩まされていました。そこで、グローバル競争に勝つ会社を目指して全社改善活動をしました。

　まず、ロスコストのデータを収集してみました。そうすると、売上に対し22％のロスがあることがわかり、それに対し22の施策を立てて実施しました。その結果、生産性46％向上、クレーム67％減となり、損益分岐点を26％下げることに成功しました。

　また、SCMの構築により納期遵守率98％、製造リードタイム1/2、総在庫58％減となりました。さらに設計ミスゼロ、設計リードタイムを61％短縮できました。活動に着手したことで、真にグローバルで通用する会社へと変われたのです。

316

第 8 章 ▶ 改善ツールの適用法〜全部門展開へ

改善活動で人材育成、会社が変身

【制御機器メーカー】

インストラクター 5 グループ ──────▶ チョコ停 94％減 ──────▶ 一般展開
　　（15 カ月）　　　　　　　　　　　　　　　　　　　　　　　　（改善スピード：3.9 倍）

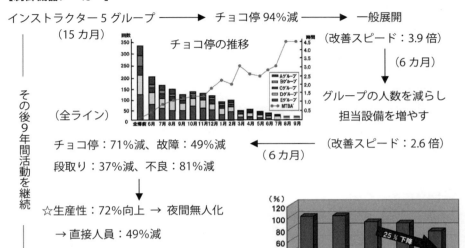

　　（全ライン）　　　　　　　　　　　　　　　　　　　　　　　グループの人数を減らし
　　　　　　　　　　　　　　　　　　　　　　　　　　　　　　　　担当設備を増やす

その後9年間活動を継続

チョコ停：71％減、故障：49％減 ◀────（6 カ月）──── （改善スピード：2.6 倍）
段取り：37％減、不良：81％減

☆生産性：72％向上 → 夜間無人化
　→ 直接人員：49％減
　　☆損益分岐点が 25％下降

☆生産性：87％向上　☆直接人員：43％減
☆ノウハウを海外工場展開　　 改善活動で育成した人材知的資産

【電子デバイスメーカー】

下がり続ける価格、減らないクレーム
　↓
売上の 22％のロス　　　┌─ 世界に負けないものづくり　　　　9 つの挑戦
　↓　　　　　　　　　　├─ 絶対的なグローバル品質の実現　　3 つの挑戦
22 の施策で活動スタート ┤　 世界をリードする技術　　　　　4 つの挑戦
　　　　　　　　　　　　└─ グローバル IT 時代のマネジメント　6 つの挑戦

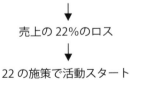 グローバルで通用する会社　　⇩

　☆生産性：46％向上、クレーム：67％ → 損益分岐点が 26％下降
　☆納期遵守率 98％、製造リードタイム 1/2、総在庫 58％減
　☆設計ミスゼロ、設計リードタイムを 61％短縮

317

7つの活動支援ツールを駆使

21の改善ツールのほかに、活動を支援する7つのツールがあります。

▶今の時代
「世界経済→日本経済→企業業績→雇用→賃金」の現況と将来予想を説明し、「これからの時代はどうなっていくのか」「自分はなぜ改善をやらなくてはならないのか」を認識します。改善活動においてやる気を起こさせるため、活動の開始前に行います。

▶品質事故の実態
「クレームゼロ活動」に入る前に聞きます。公になっている品質不正や品質事故の実態を知り、それらのもとであるクレームが発生するメカニズムについて理解します。

▶グローバルなものづくり／ものづくり企業の生き残り戦略
幹部研修や工場長研修で、「今の時代」のセミナーに続いて実施します。世界のものづくり企業の戦略を知り、自事業・自工場に展開したものづくり戦略を立案します。

▶論理的思考
現場に欠けている論理的思考の考え方と進め方を解説し、ツールを使うことにより論理的思考ができるようになることを理解します。

▶ディベート
論理的思考を体験する場として、普段の生産の中で悩んでいる施策をテーマとしてディベートを行います。

▶ベストプレゼンテーション
自分たちがやったことを正確に伝え、聞く相手を感動させるプレゼンテーションができる知識とスキルを身につけます。

▶地頭向上プロジェクト
本人の意思による自由参加で、「考える力」を磨く自主学習法を学んで実習します。

第 8 章 ▶ 改善ツールの適用法〜全部門展開へ

マインドチェンジ ＆ 地頭向上

【今の時代】

これからどんな時代になっていくのか、日本はどうしていくべきか

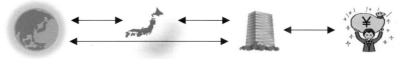

自分はなぜ改善をやらなくてはならないのか

【品質事故の実態】

品質不正　　　　クレーム　　→　発生メカニズム
品質事故　　　　　　　　　　　　　クレームゼロを目指す！

【グローバルなものづくり／ものづくり企業の生き残り戦略】

世界のものづくり企業の戦略を知る
↓
自事業・自工場のものづくり戦略を立案

議論
｜
体験

【論理的思考】

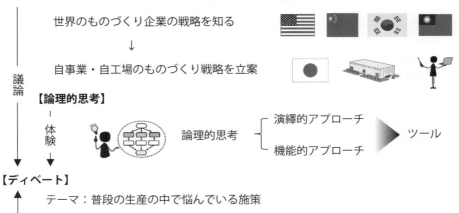

論理的思考　演繹的アプローチ
　　　　　　機能的アプローチ　　ツール

【ディベート】

テーマ：普段の生産の中で悩んでいる施策
　　　　施策のメリット、デメリットを検討　→　ベストの施策

体験

【ベストプレゼンテーション】

○やったことを正確に伝える
○聞く相手を感動させる　｝　プレゼンテーションの知識とスキル

【地頭向上プロジェクト】

「考える力」を磨く自主学習の方法を教える

319

5 リスキリングがもたらすもの

　21のツールで改善することにより、生産性と品質が向上します。これに伴って原価を低減でき、それによりトータルとして大きな成果がもたらされます。

▶▶給料が上がらないのは利益が上がっていない証拠

　生産性を上げることにより人手不足が解消できます。これは今、日本に求められていることです。生産性を向上した分、時間が創出されます。その分、残業が削減でき、業務に集中できるなど**気持ちの余裕**が生まれます。また、学習（リスキリング）する時間が増え、さらに生産性が向上します。

　品質を上げることにより生産性が向上し、原価が下がります。

　また、**原価を下げる**ことにより会社の利益が上がります。

　それにより、今の日本で最も注目されているテーマである個人の給料が上がります。創出された利益は、継続的に生産性を向上するために設備投資に使われます。具体的には新規設備やデジタル化投資です。

▶▶必要なのは余裕と安心感

　継続的な生産性向上が保証されると、会社に**安心感**が生まれ、人材育成に投資が回されます。この投資は、現業務の生産性と質を上げるための知識とスキルを習得する目的により長期的視野で行われ、最終的にはジョブ型雇用と成果制につながるプロ人材を育成します。

　以上のように21のツールによる改善（リスキリング）は、

　①時代への対応（人手不足や給料アップ）

　②会社の成長（設備投資や人材投資）

　③個人の成長（学習→知識とスキルの習得→プロ人材）

をもたらします。今の日本に欠けているのは、「グローバルで勝つという気概と戦略」と「社会、会社、個人の余裕と安心感」です。リスキリングは、日本が世界で勝つ気概と戦略を与え、それを実行する人材を育成し、社会と会社、そして個人に余裕と安心感を生み出します。

320

第 8 章 ▶ 改善ツールの適用法～全部門展開へ

新しい時代に生き残るために自分、会社、社会を変える

21 のツールによる改善（リスキリング）

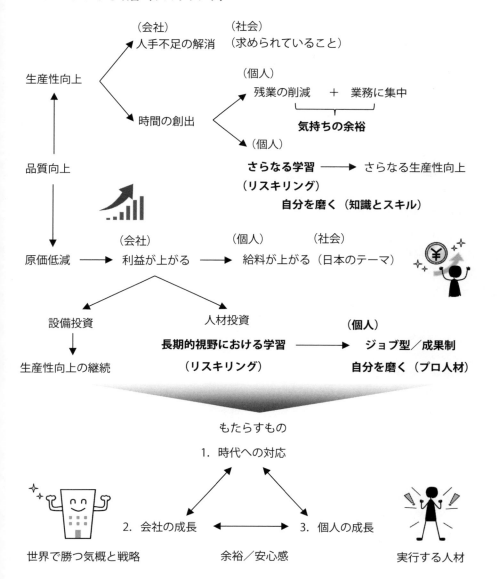

6 21ツールの要諦
〜一言で言うとこういうこと

Tool 1　災害ゼロへのアプローチ

1. まず、災害の怖さを知らせる（災害教育）
2. 28の危険な状態を知り、改善する
3. 20の危険な作業を知り、改善する
4. KYTは、実際の現場で、28の危険な状態と20の危険な作業をチェックしながら実施する

Tool 2　実践2Sへのアプローチ

1. 必要品の定義を明確にする
2. 更地化により1日で実施する

Tool 3　原則整備へのアプローチ

1. 設備トラブルの要因は20の原則の崩れ
2. 原則の崩れは清掃で整備する

Tool 4　故障ゼロへのアプローチ

1. 故障の原因は部品の劣化
2. 強制劣化は自然劣化状態にしなくてはならない
3. 故障ゼロは部品を自然劣化状態にし、定期的に交換することにより実現する（予防保全体制の構築）

Tool 5　段取り改善へのアプローチ

1. 準備不足によるロスは大きい
2. 作業改善、設備改善にはパターン改善を使う
3. 調整作業を改善する前に原則整備を行う

第8章 ▶ 改善ツールの適用法～全部門展開へ

Tool 6　標準整備へのアプローチ
1. すべての作業には標準がなくてはならない
2. 標準には7つの不備がある
3. 標準を整備すると、作業時間のバラツキやポカミスがなくなる

Tool 7　ビデオ標準作成へのアプローチ
1. 従来のOJT式教育・訓練はやめるべき
2. これからの時代の教育・訓練は、ビデオ標準を使ったしくみにする

Tool 8　不良ゼロの5原則
1. 不良の要因は78
2. 不良の対策は52
3. 不良は要素別改善でゼロにする

Tool 9　異物ゼロへのアプローチ
1. 異物不良をゼロにするには、異物の正体や発生工程を知り、徹底清掃を行う
2. 気流制御と静電気対策は重要
3. サプライヤーおよび協力工場からの異物の流入にも注意を払う

Tool 10　ポカミスゼロへのアプローチ
1. ポカミスをゼロにするには、まずポカミス教育を行う
2. 12のルールを守らせる（守るべきルールと禁止事項）
3. 集中力マネジメントをする（メモや休憩など）

Tool 11　キズゼロへのアプローチ
1. キズは結果である
2. キズゼロは、清掃、整理・整頓、原則整備、丁寧な手扱いで実現する

Tool 12　クレームゼロへのアプローチ
1. クレームをなくすには、顧客条件の全数検査を実施する
2. 不良ゼロ、検査の見逃しゼロ、部材不良ゼロ、設計ミスゼロ活動を展開する

323

Tool 13　検査作業改善へのアプローチ

1. 見逃し、過剰検出をなくすにはST検査を行う
2. 人依存の検査からの脱却のためにAIを活用する

Tool 14　設計ミスゼロへのアプローチ

1. ムダな業務を排除し、本来の設計業務に集中する
2. 過去トラを学ぶ
3. 顧客の使用条件や部材、ものづくりに関して学ぶ
4. 業務を標準化し、デジタル化する

Tool 15　部材の品質マネジメント

1. 部材の品質は、サプライヤー・協力工場と共同で上げる
2. 具体的に指摘する
3. 必要な知識や人を提供する

Tool 16　海外工場の品質マネジメント

1. 具体的な指摘をし、スピーディーに効果を出す
2. 品質チェックシートを使い、相互合意の上で実施
3. 必要な知識や人を提供する

Tool 17　業務改善へのアプローチ

1. ムダな業務を排除する
2. 業務ミスやトラブルの対策をする
3. 業務を標準化し、デジタル化する
4. 業務管理、評価、教育のしくみをつくる

Tool 18　ものづくりSCM

1. 需要予測
2. 顧客と同期するしくみづくり
3. VMI
4. TOCによる工程計画立案

5. 工程管理システム
6. ワンフロア管理
7. 倉庫スルー

Tool 19　ものづくりDX

1. DXの狙いは10
   生産性向上、品質向上、コストダウン、リードタイムの短縮、
   在庫の削減、顧客満足度アップ、機会損失の低減、売上アップ、
   ノウハウの蓄積／技能伝承、教育・訓練のしくみづくり
2. データベース、IoT，AIの3つのテクノロジーで構成される
3. 従来のシステムとの違いは、安さや互換性、技術革新のスピード
4. 技術的課題はセキュリティにある
5. 実施上の課題はデジタル人材育成
6. ものづくりDXは28のモジュールで構成される
7. 人材育成は将来のための投資

Tool 20　ロスの見方と考え方

1. ものづくりには30のロスがある
2. ロスがムダを生み、原価を押し上げる
3. ロスは連鎖する
4. ロスはツールで改善する
5. 自社の状況により改善の方向性（生産性向上／原価低減）を決める

Tool 21　モラルアップへのアプローチ

1. モラル低下の要因は上司にある
2. モラルを上げるためには尊敬される上司になる
3. モラルアップの施策は9つある
4. 一番大切なことは、ほめること
5. 尊敬される上司　8原則24項目

「アナログ改善×デジタル改善」は日本のものづくり戦略

今、日本のものづくりの競争力は落ちてきています。その根本的な原因は、ものづくり戦略の欠如です。競合である米・中・韓・台のものづくりの戦略は、

米：水平分業モデル（SCM＋身軽な経営：マーケティング／開発）
中：賃金の安さ→工場誘致→技術の取り込み→自立化
韓：先行技術開発→先行逃げ切り型経営（デバイス集中）
台：水平分業ものづくり（ファウンドリー、EMS）

という特徴を持っています。これらの国の戦略にないのはたった一つ。改善です。

アナログ改善は、日本のものづくり企業のみが有するグローバル競争力です。しかし時代が変わり、各国のものづくり企業は今、デジタル化を進めています。このデジタル化に対して、日本の企業は大きく遅れています。

そこで、早急にデジタル化を進め、各国に追いつかなくてはなりません。それによりデジタル化では同等（以上）、改善で優位という立場を確立し、グローバル競争に勝ちます。「アナログ改善×デジタル改善」は、日本のものづくり戦略の柱です。

参考文献

【第1章　Tool 1　災害ゼロへのアプローチ】

【第4章　Tool 10　ポカミスゼロへのアプローチ】

【第7章　Tool 21　モラルアップへのアプローチ】

日本認知心理学会 監修　原田悦子・篠原一光編　『注意と安全』　北大路書房（2011）

増本康平著　『老いと記憶』　中公新書（2018）

小松原明哲著　『ヒューマンエラー 第2版』　丸善出版（2008）

太田信夫 監修　中條和光 編集　『学習心理学』　北大路書房（2018）

岡村一成 編著　『産業・組織心理学入門』　福村出版（1994）

太田信夫 監修　金井篤子 編集　『産業・組織心理学』　北大路書房（2017）

A.H.マズロー／小口忠彦（訳）『人間性の心理学　モチベーションとパーソナリティ』　産業能率大学出版部（1987）

経営学史学会監修／吉原正彦（編著）『経営学史叢書Ⅲ　メイヨー＝レスリスバーガー　―人間関係論―』文眞堂（2013）

C.I.バーナード／山本安次郎・田杉競・飯野春樹（訳）『新訳　経営者の役割』ダイヤモンド社（1968）

【第4章　Tool 9　異物ゼロへのアプローチ】

太田信夫 監修　行場次朗 編集　『感覚・知覚心理学』　北大路書房（2018）

索 引

英数

2S診断シート	334
2原シート	337
3現シート	336
AI	272
AIの音声認識	42, 188, 194
AIの画像認識	188, 196
AT/ST差ロス	76, 226, 284
DX	266
EA（Easy Automation）化	96
IoT	272
NG/OKシート	158
SCM	246, 347
SCM分析	248, 250, 346
ST	242
ST検査	188, 190
TOC	258
VMI	258

あ

当たり源対策	168
内段取り	82
エキスパートシステム	272

絵コンテ	102
エネルギーゼロ状態	20

か

カーボンニュートラル	60
改良保全	70
過去トラ	202, 204
活動コンセプト	351
環境改善	160
管理的原因	56
記憶ミス	148
危険度チェックリスト	332
キャリアプラトー	296
強制劣化	64
極限原価	280
計画ミス	148
原因構造図	56
現行処置分析	50
検査時間／品質評価マトリクス	190
検査者思いの改善	188
現象	54
現象観察	48
現象の連鎖	48, 56
健全なクレーム対策	182

索　引

原則 …………………… 46	生活分析 …………… 200, 226
原理 …………………… 46	清掃基準書 ……………341
行動規範 ………………296	製造原価 ………………280
顧客条件による全数検査 …… 174, 176	設備点検基準書 ………338
故障レポート……………339	セーフティゾーン …… 22

さ

災害 …………………… 14	セーフティマップ …… 22
災害学習 ……………… 16	全体清掃 ……………… 48
作業改善の4原則 …… 80	総合対策 ………………166
作業時間／品質評価マトリクス … 94	倉庫スルー ……………262
作業者思いの改善 ……160	率先垂範 ………………300
作業の棚卸し…………… 92	外段取り ……………… 82

た

更地化 ……………… 38, 44	体調管理 ………………160
自己実現欲求 …………298	タイムチャート ……… 76
事後保全 ……………… 72	立ち下げ・立ち上げ手順書 … 20
自主休憩 ………………160	タッチ＆コール ……… 30
自然劣化 ……………… 64	段取り時間／品質評価マトリクス 76
実行ミス ………………148	段取り台車 …………… 78
実践型KYT …………… 30	注意力マネジメント … 18
集団欲求 ………………298	調整の調節化…………… 82
集中注意力 …………… 18	直接的原因 …………… 56
集中力マネジメント ………… 150, 188	ツール…………………292
寿命 …………………… 62	都合管理 ………………160
準備の3原則 ………… 78	ディープラーニング …272
承認欲求 ………………298	データベース…………272
職場のあるべき姿 …… 34	適切な目標 ……………302

329

徹底清掃準備リスト …………340	ほめ言葉ベスト10 …………304
同情回路 ………………… 16	**ま**
突発 ………………… 50	
トラベラ分析 …………250	巻紙分析 …………206
取り出しやすさを追求………… 34	マズロー …………298
な	慢性 ………………… 50
	ムダ ………………… 72
成り行き業務 …………236	メカニズム ………… 48, 56
ネガティビティバイアス ………… 16	メカニズムの解明 ……… 56
は	目で見る管理 ………… 20, 34, 48, 58
	や
パスライン清掃 ………… 56	
パターン改善 ………… 80	要件定義書 …………348
発生傾向分析 ………… 50	要素動作 ………………… 84
火消し隊 …………184	要素別改善 ………… 122, 172
ビデオによる災害学習………… 16	**ら**
標準 ………………… 88	
品質チェックシート …………344	ルールを守るヒトづくり ………… 42
不具合現象 ………… 46, 48	劣化 ………………… 64
不注意 ………………… 18	ロス ………………… 36
分解清掃 ………………… 48	ロスコスト …………290
分散注意力 ………………… 18	ロスコスト計算式 …………350
ポカミス教育 …………156	ロスの連鎖 …………288
ポカミス掲示板 …………158	**わ**
ポカミスゼロ・セミナー	
事前アンケート …………342	ワンフロア管理 …………262
ポカミス分析シート ………… 158, 343	ワンペーパー要件定義書 …………349

そのまま使える
カイゼン「お役立ち」シート

【災害ゼロ】	危険度チェックリスト
【実践2S】	2S診断シート
【原則整備】	3現シート
	2原シート
【故障ゼロ】	設備点検基準書
	故障レポート
【異物ゼロ】	徹底清掃準備リスト
	清掃基準書
【ポカミスゼロ】	セミナー事前アンケート
	ポカミス分析シート
【海外工場/協力工場】	品質チェックシート
【ものづくりSCM】	SCM4つの分析
	SCMのコンセプト
【ものづくりDX】	要件定義書：定義すべき項目
	ワンペーパー要件定義書
【ロス】	ロスコスト計算式
【改善ツールの適用法】	活動コンセプト

危険度チェックリスト

【危険な状態】　　　　　　　　　　　　　　　　　　　　　　　　場所、部位

職場	①雑然としている	□	（	）
	②モノが多い	□	（	）
	③不要なモノがある	□	（	）
通路	④狭い	□	（	）
	⑤見通しが悪い	□	（	）
	⑥仮置きがある	□	（	）
	⑦段差がある	□	（	）
	⑧凹凸がある	□	（	）
	⑨足が滑る部分がある	□	（	）
	⑩足をぶつける部分がある	□	（	）
設備	⑪回転物、駆動部がむき出し	□	（	）
	⑫鋭利なモノがむき出し	□	（	）
	⑬手がはさまれる部位がある	□	（	）
	⑭頭をぶつける部位がある	□	（	）
	⑮体の一部がはさまれるスペースがある	□	（	）
	⑯危険なエリアにカバー、囲いがない	□	（	）
	⑰ピットが空いている	□	（	）
	⑱ローラー上の歩行が可能	□	（	）
作業	⑲狭い	□	（	）
	⑳モノが落ちそう	□	（	）
	㉑手を切りそうな部分がある	□	（	）
台車	㉒不安定	□	（	）
	㉓落下防止柵がない	□	（	）
	㉔台車上が雑然としている	□	（	）

モノ（置き場）	㉕高く積んである	□	（	）
	㉖倒れそう	□	（	）
	㉗落下防止柵がない	□	（	）
	㉘重量物の置き場に囲いがない	□	（	）

【危険な作業】

場所、作業

危険な道具	①カッター	□	（	）
	②ハンマー	□	（	）
	③バネ	□	（	）
	④タガネ	□	（	）
	⑤ハンドグラインダー	□	（	）
	⑥電動カッター	□	（	）
	⑦先端が鋭利なモノ	□	（	）
危険な用具	⑧台車：転倒、落下	□	（	）
	⑨クレーン	□	（	）
	⑩ホイスト	□	（	）
	⑪リーチ	□	（	）
危険なモノ	⑫重量物	□	（	）
	⑬破片	□	（	）
	⑭コイル	□	（	）
	⑮金型	□	（	）
	⑯薬液、ガス	□	（	）
危険な作業	⑰二人作業	□	（	）
	⑱仮止め	□	（	）
	⑲両手ふさがり、足元が見えない	□	（	）
	⑳階段：重量物	□	（	）

2S診断シート

(1/2)

項目	診断内容	配点	自己診断	診断結果	小計
1. 活動全般	①活動コンセプトは明確に定められているか	2			
	②活動スケジュールが作成され、スケジュール通りに進められているか	2			
2. 現状分析	③動線分析が行われ、歩くロス、探すロスは定量的に把握されているか	2			
	④歩くロスと探すロスのロスコストが算出されているか	2			
3. 1S (整理)	⑤更地化は行われたか	2			
	⑥必要品リストは作成しているか	2			
	⑦不要品の必要以上あるものは倉庫へ、使えない・使っていないものは廃棄されているか	2			
	⑧不要品の停滞要因の分析がされ、持ち込ませないルールを決めているか	2			
	⑨通路や作業エリアの床が汚れていないか（油がこぼれていたりしないか）	2			
	⑩設備の上や周辺、または作業台の上や周辺に不要なモノはないか	2			
	⑪棚はモノであふれていないか	2			
	⑫使用頻度により置き場所が決められているか	2			
	⑬置き場所は定位置化されているか	2			
	⑭通路と作業域が明確に定められているか	2			
	⑮通路は直線化・直行化されているか	2			
	⑯台車、人の歩行が十分な通路を確保できているか	2			
	⑰部品・製品のIN/OUTの方向を定め、モノの流れが整流化されているか	2			
	⑱レイアウト変更後に動線分析され、効果が把握されているか	2			
4. 2S (整頓)	⑲置き方のルール（順序・頻度・混同防止）により、置き方を決定しているか	2			
	⑳置き場所と置いたモノの双方に表示がされているか	2			
	㉑設備の稼動状況がひと目でわかる表示はあるか／作業の進捗がわかるか	2			
	㉒作業台に置いてあるモノに表示はされているか	2			
	㉓棚に置いてあるモノに表示はしてあるか	2			
	㉔棚は取り出しやすさの工夫をしてあるか	2			
	㉕仕掛品は「次にどこの現場で使われるか」がわかるか	2			
	㉖搬送予定を過ぎている仕掛品はないか	2			
	㉗作業途中のやりっぱなしはないか	2			
	㉘モノの置き場所リストを作成し、何がどこにいくつあるかわかるか	2			
5. KYTの実施	㉙4ラウンドはすべて埋まっているか	2			
	㉚タッチ＆コールは全員の声がまとまっているか	2			
6. 現場での説明	㉛現場での説明は敏速に行われたか	2			
	㉜現場での改善点を的確に説明できたか	3			
7. 総合評価	㉝全員がステップ（進め方）の内容を理解しているか	3			
	㉞質問に明確に答えられたか	3			
	㉟発表は原稿を書いているか	3			
	㊱全員で元気良くわかりやすくできたか	3			
	㊲グループとして、まとまりある活動ができたか	3			
	合計	80			

(2/2)

申告者記入欄			
グループ名			
リーダー名			
グループメンバー			
テーマ			
対象	（設備・作業・業務）		
成果（万円）		効果　（万円）	
自己診断日	年　　月　　日	診断日	年　　月　　日
総活動時間	時間	活動ポイント：特徴、アピールしたいこと	
不要品摘出件数	品目　　　　　点		
不要品の重量	kg		
不要品金額	円		
KYT実施件数	件		

診断者コメント欄（その他、特筆すべき点）	
良かった点：何がどのように良かったか	不足していた点：何がどのように不足していたか
配点：20	

合格基準（達成点80点以上）	合計点	点
	判定	合格 ・ 不合格
	診断者	

3現シート

3現シート	グループ名：

1. データ分析

①発生工程：ワイヤボンディング　　②時系列：2023.4.11　13:51

③材料：L/F：DN-176GDE　　　　　④品種：KD-659442-BP

⑤設備：8028PPS　574号機　　　　⑥個人：

2. ワークの状態

ボンディングパッド上に正常にボンディングがされた状態で停止（リードも正常）

3. 設備の状態

前のパッド、リードとも正常にボンディングが終了した状態で停止している
（ボンディング不着誤検出）

観察された現象（立体図）

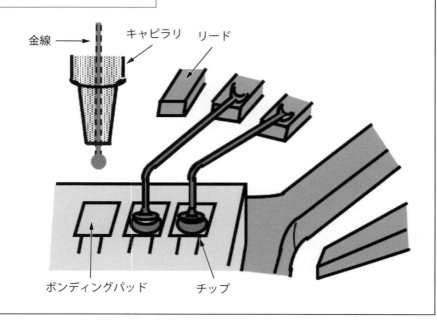

2原シート

グループ名：_____
設備名：8028PPS 574号機
対象部位：不着検出部

原理（対象部位の働き）：パッド側にボンディングし、オープンの場合に
不着検出が働き、アラームが出て設備を停止すること

原則（原理が成立する条件）

No.	原則	成立	崩れの状態	復元	復元後の状態
①	ディバータに異物（ごみ・汚れ）がないこと	○			
②	スプール接点に異物（ごみ・汚れ）がないこと	×	ごみ・汚れあり	○	清掃→ごみ・汚れなし
③	スプール接点が変形していないこと	×	変形あり	○	交換し、復元
④	スプール接点が摩耗していないこと	×	摩耗あり	○	交換し、復元
⑤	ワイヤガイドに異物（ごみ・汚れ）がないこと	×	ごみ・汚れあり	○	清掃→ごみ・汚れなし
⑥	ワイヤガイド固定ネジにゆるみがないこと	×	緩みあり	○	増締め 合マーク
⑦	ワイヤクランパに異物（ごみ・汚れ）がないこと	○			
⑧	ワイヤガイドの上蓋の組付不良がないこと	○			

対象部位の構造

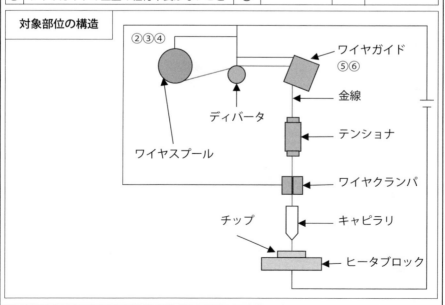

設備点検基準書

成形・取り出し機・点検基準書

No.	部位	周期・時間	道具	点検項目	方法
①	取り出しパネル	パネル交換時　300秒	スパナ	パット・ホース・各金具の破損がない	目視確認
②	非常停止	毎週火曜日　20秒	—	ボタンを押した状態で操作ができない	操作確認
③	冷却ファン	毎週火曜日　120秒	—	ファンが回転している	目視確認
④	取付台ボルト	第1火曜日　20秒	—	合いマークのずれがない	目視確認
⑤	エア圧力	第1火曜日　10秒	—	範囲内（0.4〜0.5MPa以内）	目視確認
⑥	X・Y・Z・α・β軸ベルト	第1火曜日　180分	—	損傷がない・動作時にガタがない	目視確認
⑦	X・Y・Z・α・β軸ガイドレール	第1火曜日　180分	—	損傷・油切れがない	目視確認

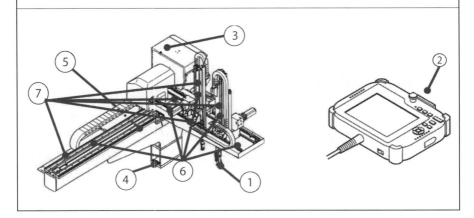

故障レポート

故障レポート				年　月　日

設備名		部位名		部品名	

推定要因：下記の中から選ぶ（複数可）

①ごみ　②汚れ　③錆び　④詰まり　⑤漏れ　⑥ゆるみ　⑦伸び　⑧ガタ

⑨摩耗　⑩キズ　⑪変形　⑫硬化　⑬帯電化　⑭ズレ　⑮クリアランス

⑯調整不良　⑰タイミング　⑱組付精度　⑲設置の水平度　⑳仕様外使用

前回故障した日		故障周期	

強制劣化	推定要因	

自然劣化	交換周期	

次回の交換予定	

故障部品の写真	故障部品の分解写真

部品故障	原因		対策	

担当者		呼出時間		修理時間	

ロスコスト	

修理ミス	有　無	理由		対策	

気づき

339

徹底清掃準備リスト

徹底清掃準備リスト		準備完了日：
実施日：	担当エリア／設備：	グループ名：

1. 清掃対象　　　　　　　　実施確認

- □ 清掃対象（改善対象異物）　□
- □ 担当（人数／エリア／時間）　□
- □ 仕上がり具合基準　□
- □ 異物不良率　□
- □ 異物サンプリング数　□
- □ 清掃後のダミー　□
- □ 設備、配管図面　□
- □ リスト／マップ　□

2. 清掃道具　　　　　　　　回収確認

- □ 掃除機／ワンダーガン　□
- □ ワイプ／セイム皮／スポンジ　□
- □ 純水／薬液　□
- □ モップ／ブラシ／チリトリ　□
- □ テープ／粘着ローラー　□
- □ 養生シート／パレット　□
- □ バケツ／コンテナ／容器　□
- □ 超音波洗浄機　□
- □ フィルタ／メッシュ　□
- □ マグネット　□
- □ 除電機　□
- □ 工具／測定具　□

3. 清掃用具　　　　　　　　使用確認

- □ 服装（スーツ／マスク／靴）　□
- □ 保護具（メガネ／ヘルメット）　□
- □ 手袋（使い捨て／耐切創／耐熱／耐薬品）　□
- □ グリーンライト　□
- □ 気流測定器（三脚式／釣り竿式）　□
- □ 静電気測定器　□
- □ パーティクルカウンター　□
- □ デジカメ／ビデオ／タイマー　□
- □ マイクロスコープ（異物撮影用）　□
- □ ファイバースコープ（配管内観察用）　□
- □ 粘着シート／粘着スティック／ピンセット　□
- □ カーボンテープ（異物 SEM/EDX 解析用）　□
- □ チャック袋（各サイズ）／ビニール袋／ペン　□

対象異物

清掃対象エリア

清掃道具

工具

清掃用具

清掃基準書

金型取付板　清掃基準書

No.	部位	周期・時間	道具	点検項目	方法
①	タイバー（4本）	毎週金曜日 180秒	ウェットウェス	ごみ・汚れ（ほこり）	目視確認
②	固定側のクランプ（4カ所）	毎週金曜日 360秒	ウェットウェス	ごみ・汚れ（ほこり）	目視確認
③	可動側のクランプ（4カ所）	毎週金曜日 540秒	ウェットウェス	ごみ・汚れ（ほこり）	目視確認
④	反操作側安全扉内側	毎週金曜日 120秒	ウェットウェス	ごみ・汚れ（ほこり）	目視確認
⑤	操作側安全扉内側	毎週金曜日 420秒	ウェットウェス	ごみ・汚れ（ほこり）	目視確認
⑥	操作側ダイプレートスライド	毎週金曜日 180分	ドライウェス	損傷・油切れがない	目視確認
⑦	反操作側ダイプレートスライド	毎週金曜日 180分	ドライウェス	損傷・油切れがない	目視確認
⑧	固定側の金型取付板	毎週金曜日 1,740秒	ウェットウェス	損傷がない 動作時にガタがない	目視確認
⑨	可動側の金型取付板	毎週金曜日 1,200秒	ウェットウェス	損傷がない 動作時にガタがない	目視確認

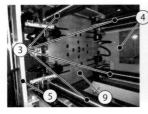 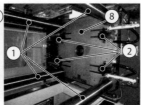 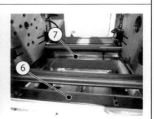

セミナー事前アンケート

ポカミスゼロ・セミナー事前アンケート	はい	いいえ	覚えていない
①作業をするとき、常に「ミスをしたくない」と思っていますか	☐	☐	☐
②標準は必ず守っていますか	☐	☐	☐
③自分の作業・ラインで過去発生したポカミスを知っていますか	☐	☐	☐
④今までミスをしたことがありますか	☐	☐	☐
「はい」と答えた方 ——→ ⑤〜⑦も回答			
⑤ミスを報告しましたか？	☐	☐	☐
⑥ミスしたとき、ラインを止めるかオフラインに排出しましたか	☐	☐	☐
⑦ミスしたとき、自分で修理しましたか	☐	☐	☐
⑧わからないことがあったとき、自分で判断したことがありますか	☐	☐	☐
⑨作業中に声をかけられたことがありますか	☐	☐	☐
⑩口頭で指示されたことがありますか	☐	☐	☐
⑪入力作業時、メモをしていますか	☐	☐	☐
⑫指示を受けるとき、メモをしていますか	☐	☐	☐
⑬疲れて「ミスしそうだな」と感じたことがありますか	☐	☐	☐
⑭寝不足、体調不良で作業したことがありますか	☐	☐	☐
⑮個人的な用事で帰りたくてイライラしたことがありますか	☐	☐	☐
⑯作業環境が悪い（暑い、うるさい）と感じたことがありますか	☐	☐	☐
⑰やりにくいと感じる作業はありますか	☐	☐	☐
⑱生産に追われ、あせり（イライラ）を感じたことがありますか	☐	☐	☐
⑲自職場の整理・整頓をやっていますか	☐	☐	☐
⑳作業終了後に片づけをしていますか	☐	☐	☐
㉑作業開始前に始業前点検をしていますか	☐	☐	☐
計			

ポカミス分析シート

ポカミス分析シート

No		現象名				初回	再発（		回目）

発生状況	発生日		影響度（発生工程）	自工程／後工程／検査工程／クレーム
	工程・設備・作業名		ロスコスト（工数／コスト）	工数：　　時間　コスト：　　　円／年
	製品名／品番		発生させた人(初/再発回数)	（初／　　　回目）

環境整備（職制）診断

	要因	判定	「いいえ」だったら対策
再発について	①過去発生したポカミスに関し注意を促したか	□はい　□いいえ	
	②ラインに NG/OK シートを貼っていたか	□はい　□いいえ	
標準整備	③標準はあったか	□はい　□いいえ	
	④標準を整備したか	□はい　□いいえ	
	⑤ビデオ標準になっているか	□はい　□いいえ	
	⑥ビデオ標準で再教育・訓練したか	□はい　□いいえ	
禁止事項	⑦作業中に声をかけなかったか	□はい　□いいえ	
	⑧口頭指示しなかったか	□はい　□いいえ	
	⑨作業中に大きな声などで邪魔をしなかったか	□はい　□いいえ	
集中力マネジメント	⑩自主休憩が取れるようにしたか	□はい　□いいえ	
	⑪日々、体調管理はしているか	□はい　□いいえ	
	⑫都度、都合管理をしているか	□はい　□いいえ	
	⑬要望のあった環境は改善したか	□はい　□いいえ	
	⑭やりにくさの改善はしたか	□はい　□いいえ	
	⑮生産計画の見直しをしたか	□はい　□いいえ	
	⑯供給と作業がリンクするしくみにしたか	□はい　□いいえ	
	⑰職場は整理・整頓されているか（現場観察）	□はい　□いいえ	

行動（作業者）インタビュー

	要因	判定	インタビュー
標準	①標準は守っていましたか	□はい　□いいえ	「いいえ」→ 理由を聞く
知らなかった	②ポカミス発生作業に注意して作業していましたか	□はい　□いいえ	〃
禁止事項	④わからなかったことを勝手に判断しましたか	□はい　□いいえ	「はい」→理由を聞く
	⑤作業中に声をかけられませんでしたか	□はい　□いいえ	「はい」→声をかけた人を聞く→本人に注意する
	⑥口頭指示ではなかったですか	□はい　□いいえ	「はい」→指示した人を聞く→本人に注意する
	⑨作業中に大きな声などで邪魔されなかったですか	□はい　□いいえ	「はい」→邪魔した人を聞く→本人に注意する
集中力マネジメント	⑦入力作業の場合：メモを取りましたか	□はい　□いいえ	「いいえ」→理由を聞く
	⑧疲れていましたか	□はい　□いいえ	「はい」→自主休憩の周期を話し合う
	⑨寝不足、体調不良ではなかったですか	□はい　□いいえ	「はい」→体調管理の進め方を話し合う
	⑩個人的な用事があり、あせっていませんでしたか	□はい　□いいえ	「はい」→都合管理の運用を話し合う
	⑪作業環境は悪く（暑い、うるさい）なかったですか	□はい　□いいえ	「はい」→要望を聞き、環境を改善する
	⑫やりにくい作業ではなかったですか	□はい　□いいえ	「はい」→やりにくい作業を改善する
	⑬生産に追われていませんでしたか	□はい　□いいえ	「はい」→生産計画を見直す
	⑭職場の整理・整頓はしていますか	□はい　□いいえ	「いいえ」→整理・整頓を一緒にする
	⑮作業終了後、片づけをしていましたか	□はい　□いいえ	「いいえ」→片づけをするようにお願いする
	⑯作業開始前に始業点検をしましたか	□はい　□いいえ	「いいえ」→点検するようにお願いする

対策

		対策部署

結果：１年間の再発なし	新たなルール

343

品質チェックシート

1. **対策すべき工程・設備・作業は明確になっているか** □

   工程：＿＿＿＿＿ 設備：＿＿＿＿＿ 作業：＿＿＿＿＿

2. **対策すべき不良は明確になっているか** □

   部材不良：□　ポカミス：□　設備起因の不良：□　異物不良：□

3. **部材の場合**

   ①受入検査で不良を検出しているか □

   ②サプライヤーに改善要求をしているか □

4. **ポカミスの場合**

   ①ポカミス教育したか □

   ②ポカミス発生時 NG/OK シートをつくり、作業者教育をしているか □

   ③過去に発生したポカミスを発生現場に掲示してあるか □

   ④標準は整備されているか □

   ⑤ビデオ標準で教育しているか □

   ⑥入力の際にメモを使っているか □

   ⑦口頭指示は禁止になっているか □

   ⑧声かけは禁止になっているか □

   ⑨作業中に邪魔していないか □

   ⑩自主休憩しているか □

   ⑪体調管理しているか □

   ⑫都合管理しているか □

   ⑬環境改善しているか □

   ⑭やりにくい作業を改善しているか □

   ⑮無理な生産計画を立てていないか □

   ⑯作業と部材供給はリンクしているか □

   ⑰作業台上の整理・整頓はできているか □

   ⑱片づけを徹底しているか □

   ⑲始業前点検をしているか □

   ⑳わからないことがあったら、職制に聞くことを徹底しているか □

5. 設備起因の不良の場合

①全体清掃をしたことはあるか　　　　　　　　　　　　　□

②分解清掃をしたことはあるか　　　　　　　　　　　　　□

③定期的に給油をしているか　　　　　　　　　　　　　　□

④定期的に設備点検しているか　　　　　　　　　　　　　□

⑥定期的に部品交換しているか　　　　　　　　　　　　　□

⑤設備の清掃・給油・点検・部品交換基準書はあるか　　　□

6. 異物不良の場合

①異物の正体はわかっているか　　　　　　　　　　　　　□

②異物の発生工程・設備・作業はわかっているか　　　　　□

③清掃基準書はあるか　　　　　　　　　　　　　　　　　□

④徹底清掃をしたことはあるか　　　　　　　　　　　　　□

⑤外気の流れ込みはないか　　　　　　　　　　　　　　　□

⑥外部からの異物の流れ込み対策をしているか　　　　　　□

⑦持ち込み異物対策をしているか　　　　　　　　　　　　□

⑧設備の生産後の清掃をしているか　　　　　　　　　　　□

⑨設備の定期清掃、給油、点検、部品交換をしているか　　□

⑩異物に配慮した設備設計がされているか　　　　　　　　□

⑪作業者の行動規制をしているか　　　　　　　　　　　　□

⑫製品・部品を丁寧に扱っているか　　　　　　　　　　　□

⑬手袋は汚れていないか　　　　　　　　　　　　　　　　□

⑭気流の制御をしているか　　　　　　　　　　　　　　　□

⑮エアブローは禁止しているか　　　　　　　　　　　　　□

⑯静電気対策をしているか　　　　　　　　　　　　　　　□

⑰イオナイザーの先端管理はしているか　　　　　　　　　□

⑱製品・部品入れの洗浄・静電気除去をしているか　　　　□

⑲治工具の洗浄・静電気除去をしているか　　　　　　　　□

⑳出荷検査で検出された異物不良の正体、発生源はわかっているか　□

SCM4つの分析

モデル製品を決め、4つの分析を行う。可能であれば、全製品を調査

【トラベラ分析】
各工程、工程間の処理時間と停滞時間、ボトルネック工程を把握する

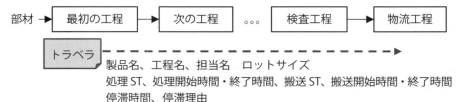

製品名、工程名、担当名　ロットサイズ
処理ST、処理開始時間・終了時間、搬送ST、搬送開始時間・終了時間
停滞時間、停滞理由

リードタイム短縮の可能性を探る

【納期遅れ分析】対顧客
顧客への納期遅れ件数、納期遅延率、遅れた原因を分析する

納期厳守のしくみを探る

【欠品分析】対サプライヤー
ラインへの欠品数、欠品理由、サプライヤーでの原因を分析する

欠品ゼロのしくみを探る

【在庫分析】
材料在庫、仕掛在庫、製品在庫の量（金額）と停滞時間、停滞理由、
ボトルネック工程を把握する

在庫削減の可能性を探る

```
1. 総在庫金額  2. 平均在庫月数
3. 停滞時間  A：3日以内  B：1週間以内  C：1カ月以内  D：3カ月以内
             E：6カ月以内
4．死蔵在庫の存在（6カ月以上）
5．在庫品目、在庫理由
    A：計画変更  B：見込み生産  C：まるめ生産  D：まるめ発注  E：安全在庫
    F：その他（理由を明確に）
```

```
1．各工程前後の在庫の量（数）  2．全工程の在庫の量、金額  3．停滞理由
```

SCMのコンセプト

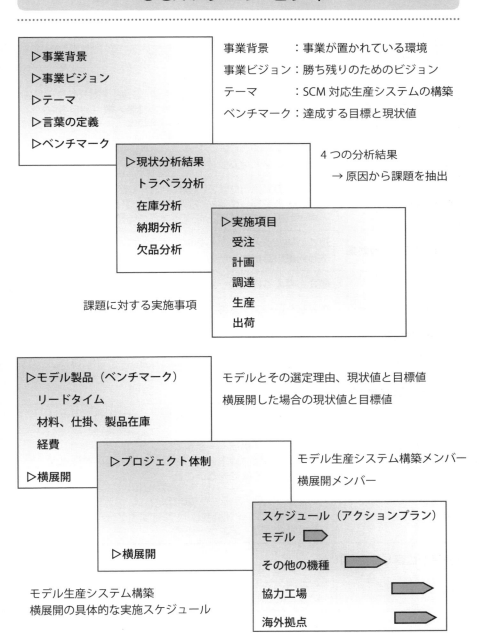

要件定義書：定義すべき項目

【ユーザーが定義】

項　目	内容
1.　システム概要	要求するシステムの概要を示す ・システム導入の目的　・導入工場（工程）・対象作業／設備 ・作業概要　・対象製品　・対象作業者人数（利用者数） ・対象数量（形態、ロット）・利用頻度　・リリース希望時期など
2.　システムイメージ	導入したいシステム全体のイメージ図（システム概念図）
3.　業務・処理フロー 💡	①導入前の業務（作業）・処理フロー（紙での業務、手入力） ②導入後の業務（作業）・処理フロー：**アルゴリズム** ・標準時間、停滞時間、在庫量などの問題点がわかる
4.　問題点と期待効果	現状の問題点と期待する効果 **予想効果の算出式**を明確にして算出
5.　機能一覧	**必要と考える機能の一覧。**データマスター一覧
6.　画面一覧	導入したいシステムの画面イメージ
7.　機能情報関連図 💡	**人、モノ、情報の関連**を示す。データの流れ
8.　作業ビデオ・写真	現状の対象作業の映像や対象物の写真

【システム開発側が定義】

9.　システム要件	**・使用言語**　・ハードウェア構成　・ソフトウェア構成 ・ネットワーク構成　・インターフェース構成 ・データベース構成　・業務ロジック ・使用する機器／端末台数　・他システムとの連携構成 **・本システムではできないこと**
10.　運用要件	・セキュリティ　・保守・運用制約 ・パフォーマンス、信頼性　・想定するデータ量 ・要求対応時間　・エラー処置

【両者が協議して定義】

11.　用語集	・製造側、システム開発（依頼する場合）側双方で使用している言葉を定義
12.　実施スケジュール	実施スケジュールを決める（**計画の遅れを把握→リスケ**）

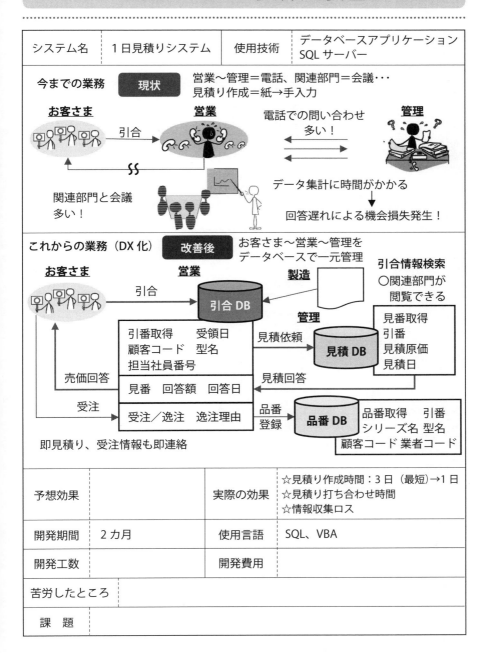

ロスコスト計算式

No.	ロス		計算
1	工程	歩くロス	歩行時間×回数×人数×労務費
2		探すロス	モノを探している時間×人数×労務費
3		監視ロス	監視時間×人数×労務費
4		手待ちロス	手待ち時間×人数×労務費
5	作業	AT/ST差ロス	標準作業者の作業時間（ST）とその他の人の作業時間（AT）の差の総和×労務費
6		動作ロス	不要な動作時間の総和×労務費
7		バランスロス	作業者間の作業時間の差の総和×労務費
8		ポカミスロス	ポカミスで発生した不良の費用（修理時間×労務費）+ポカミスを起こした作業の費用（作業時間×労務費）
9	検査	AT/ST差ロス	標準検査者の検査時間（ST）とその他の人の検査時間（AT）の差の総和×労務費
10		過剰検出ロス	不良件数×製品単価
11		見逃しロス	クレームにかかった費用：損害賠償費用+交換費用+品証担当者のかかった時間×労務費
12	設備	故障ロス	（故障時間×労務費）+（故障時間×減価償却費）
13		チョコ停ロス	チョコ停発生時の歩くロス+（チョコ停時間の総和×減価償却費）+チョコ停で発生した不良の費用
14		段取りロス	（総段取り時間×労務費）+（段取り時間×減価償却費）+（段取りで発生させた不良の費用）
15		不良ロス	不良の費用+（不良を発生した時間）×減価償却費
16	不良	不良ロス	不良の費用（ムダ）
17	クレーム	クレームロス	クレーム損害費用+交換費用（ムダ）+品証担当者のかかった時間×労務費
18	業務	メールロス	メール対応時間×回数×人数×労務費
19		会議ロス	会議時間×回数×人数×労務費
20		探すロス	ファイル（情報）などを探している時間×労務費
21		不要業務ロス	無効な業務に使った時間×人数×労務費
22		業務ミス	業務ミスで発生した損害+業務ミス時間×労務費
23		AT/ST差ロス	標準業務者の業務時間（ST）とその他の人の業務時間（AT）の差の総和×労務費
24	デジタル化不足	情報収集ロス	情報を収集する時間×人数×労務費
25		情報再入力ロス	情報を入力する時間×人数×労務費
26		情報検索ロス	情報の検索に要する時間×人数×労務費
27		情報加工／分析ロス	情報を加工/分析する時間×人数×労務費
28		報告書作成ロス	報告書を作成する時間×人数×労務費
29	教育・訓練	教育・訓練ロス	OJTと新しい教育・訓練のしくみ（ビデオ標準+AIの活用）を比較した差の時間と費用
30	在庫	在庫ロス	死蔵在庫の費用、在庫管理費（ムダ）

活動コンセプト（グループ）

1. チーム名　[　　　　　　　　　]　由来：[　　　　　　　　　]
2. メンバー　[ ]　[ ]　[ ]　[ ]　[ ]　[ ]　[ ]　[ ]
　　　　　　リーダー　サブリーダー　メンバー
　　　　　　（　）（　）（　）（　）（　）（　）（　）（　）
3. 改善対象　対象設備：[　　　　　]　改善テーマ：[　　　　　]
4. 現状把握　チョコ停回数 [　] 回/日　停止時間 [　] 分/日　MTBA [　] 分　ロスコスト [　] 円/年
　　　　　　　　　　　　　　　　　　（稼働時間：　分/日）
　　　　　　故障件数 [　] 回/月　停止時間 [　] 分/月　ロスコスト [　] 円/年
　　　　　　不良数 [　] 個/日　ロスコスト [　] 円/年　総ロスコスト [　] 円/年
5. スケジュール

	3月	4月	5月	6月

⇩ グループを集約

活動方針

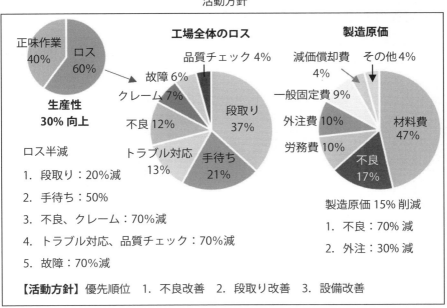

工場全体のロス／**製造原価**

- 正味作業 40%／ロス 60%
- 生産性 30% 向上
- ロス半減
  1. 段取り：20%減
  2. 手待ち：50%
  3. 不良、クレーム：70%減
  4. トラブル対応、品質チェック：70%減
  5. 故障：70%減

工場全体のロス：段取り 37%、手待ち 21%、トラブル対応 13%、不良 12%、クレーム 7%、故障 6%、品質チェック 4%

製造原価：材料費 47%、不良 17%、労務費 10%、外注費 10%、一般固定費 9%、減価償却費 4%、その他 4%

製造原価 15% 削減
  1. 不良：70% 減
  2. 外注：30% 減

【活動方針】優先順位　1. 不良改善　2. 段取り改善　3. 設備改善

〈著者紹介〉

中崎　勝（なかざき　まさる）
株式会社ロンド・アプリウェアサービス 代表取締役社長

1981年慶応義塾大学工学部卒業。同年株式会社ブリヂストンに入社。生産技術業務に従事。1987年日本デジタルイクイップメント株式会社に入社。システムエンジニアリング業務に従事。1992年に現在の株式会社ロンド・アプリウェアサービスを設立した。TPM、QC、IEのコンサルティングを経て、ものづくり現場の問題・課題をスピーディーかつ確実に解決する手法（ツール群）を自ら開発。現在までに海外も含め48社6団体（財団、協会）でコンサルティングを実施してきた。本書は21年間で開発したすべてのツールを紹介している。

「現場のプロ」×「DXリーダー」を育てる
決定版 学び直しのカイゼン全書　　　　　　　　　　　　　　NDC509.6

2025年1月30日　初版1刷発行　　　　　　　　定価はカバーに表示されております。

©著　者	中　崎　　　勝
発行者	井　水　治　博
発行所	日刊工業新聞社

〒103-8548　東京都中央区日本橋小網町14-1
電話　書籍編集部　　03-5644-7490
　　　販売・管理部　03-5644-7403
　　　FAX　　　　　03-5644-7400
振替口座　00190-2-186076
URL　https://pub.nikkan.co.jp/
e-mail　info_shuppan@nikkan.tech

印刷・製本　新日本印刷

落丁・乱丁本はお取り替えいたします。　　2025　Printed in Japan
ISBN 978-4-526-08367-9　C3034

本書の無断複写は、著作権法上の例外を除き、禁じられています。